国家社科基金
GUOJIA SHEKE JIJIN HOUQI ZIZHU XIANGMU
后期资助项目

数字经济的政治经济学研究

Research on Political Economy of Digital Economy

韩文龙　著

中国社会科学出版社

图书在版编目(CIP)数据

数字经济的政治经济学研究 / 韩文龙著. —北京：中国社会科学出版社，2023. 12
ISBN 978-7-5227-2763-9

Ⅰ.①数… Ⅱ.①韩… Ⅲ.①信息经济—研究—中国②政治经济学—研究—中国 Ⅳ.①F492 ②F0

中国国家版本馆 CIP 数据核字（2023）第 235599 号

出 版 人 赵剑英
责任编辑 王 衡
责任校对 王 森
责任印制 王 超

出 版 中国社会科学出版社
社 址 北京鼓楼西大街甲 158 号
邮 编 100720
网 址 http://www.csspw.cn
发 行 部 010-84083685
门 市 部 010-84029450
经 销 新华书店及其他书店

印 刷 北京君升印刷有限公司
装 订 廊坊市广阳区广增装订厂
版 次 2023 年 12 月第 1 版
印 次 2023 年 12 月第 1 次印刷

开 本 710×1000 1/16
印 张 13. 5
字 数 241 千字
定 价 69. 00 元

国家社科基金后期资助项目

出版说明

后期资助项目是国家社科基金设立的一类重要项目，旨在鼓励广大社科研究者潜心治学，支持基础研究多出优秀成果。它是经过严格评审，从接近完成的科研成果中遴选立项的。为扩大后期资助项目的影响，更好地推动学术发展，促进成果转化，全国哲学社会科学工作办公室按照“统一设计、统一标识、统一版式、形成系列”的总体要求，组织出版国家社科基金后期资助项目成果。

全国哲学社会科学工作办公室

前　言

随着大数据、云计算、人工智能和量子信息技术等数字技术的创新与发展，数字经济正在深刻地改变着我们的生产方式、生活方式和治理方式。在生产方式数字化转型中，社会生产和再生产过程中的生产、分配、交换和消费四个环节中都出现了新变化。在数字经济蓬勃发展大背景下，分析生产方式数字化变革中生产、分配、交换和消费四个环节的新现象、新规律和新趋势，有利于进一步丰富和发展马克思主义政治经济学和中国特色社会主义政治经济学的一些基本理论，也有利于更好把握和应用数字经济规律，进一步解放和发展数字生产力，提高劳动生产率，加快推动“数字中国”建设。

本书基于马克思主义政治经济学视角研究数字经济社会生产和再生产过程中“生产—分配—交换—消费”四个环节的新现象、新规律与新趋势，并做出理论阐释。

导论主要指出了本书的现实背景、理论意义和现实意义；给出了理论基础与相关文献评析；确定了研究目的、研究范围和研究方法；提出了研究的核心概念和主要观点；介绍了研究的主要内容、行文章节安排和逻辑结构；总结了本书可能的创新以及存在的不足。

第一章“数字经济发展的典型事实：以人工智能为例”。从世界范围看，数字经济的发展呈现了蓬勃发展的势头，数字经济在 G20 国家中已经占有越来越重要的地位。当然，由于数字基础设施和数字终端使用、数字技术创新能力等的差别，“数字富国”与“数字穷国”之间已经产生了较大的数字鸿沟。这需要通过全球治理体系来实现数字经济的均衡发展。就中国而言，我国已经是世界上第二大数字经济体，在世界排名前 30 的网络数字大型公司中中国公司占有约 1/3 的席位。为了进一步加快中国产业数字化和数字产业化的发展，需要加大数字基础设施建设力度，加大数字人才的培养力度，鼓励企业和科研机构加大数字技术研发力度，大力推动“数字中国”建设。

本章利用“解剖麻雀”的方法来分析数字经济中的关键领域——人工智能，重点研究人工智能对经济增长和就业产生的重要影响。以人工智能为核心的数字技术作为一项突破性的技术创新将对经济增长产生重要影响。基于国际数据的实证研究发现，总体来讲，工业机器人的使用对经济增长具有正向的促进作用。由于人工智能是一种偏向性的技术进步，即技术进步以非对称性的方式影响要素相对边际生产率，因而会对经济增长的多个方面产生异质性影响，导致经济增长在不同群体之间、不同行业之间以及不同国家之间产生不平衡性影响。对于中国而言，人工智能将是进一步促进经济增长的有力工具，我们既要大力发展和应用人工智能产业，也要解决好人工智能可能带来的负面冲击，如失业和收入分配等问题。研究发现，人工智能对就业具有破坏性的替代效应、创造性的补偿效应和跨期的时间效应。要正确认识人工智能对就业的消极影响和积极影响、短期影响和长期影响。结合中国实际，提出建议：加快人工智能产业的扩大再生产，创造更多就业岗位；加强职业培训和再就业培训，提高劳动者适应新技术变革的劳动技能；普及人工智能等新技术教育，培养适应人工智能时代的复合型人才；建立健全以社会保障和工资保险为核心的劳动者保护制度体系，降低劳动者可能面临的生存风险，以便积极应对人工智能发展和应用对中国就业的影响。

第二章“数字经济中的生产：数字劳动过程”。在数字经济背景下，传统的劳动过程正在向数字劳动过程转变。这种转变将会深刻影响雇佣关系、劳动的控制过程和劳动报酬支付形式等。根据劳动过程特征差异性的大小，可将数字劳动过程划分为传统雇佣经济领域下的数字劳动过程、互联网平台零工经济中的数字劳动过程、数字资本公司技术工人的数字劳动过程和非雇佣形式的产销者的数字劳动过程四种类型。这四种不同形式的数字劳动过程即表现出一定的共性，如在劳动组织架构上都从纵向科层式结构向扁平化方向发展。

“去劳动关系化”是数字劳动过程中出现的新趋势。“去劳动关系化”可界定为用人单位通过各种方式来规避与劳动者签订法律意义上的劳动合同而“去雇佣关系”的行为。“众包”“共享”和“零工”等是“去劳动关系化”的具体形式。随着劳动对资本的形式隶属向实际隶属转向，“去劳动关系化”成为资本追求更多剩余价值的介质和工具。“去劳动关系化”带来的直接后果是增加了就业的不稳定性，使得数字劳动者在劳资冲突中处于劣势地位。要让数字劳动者共享数字经济发展成果，需要发挥基本经济制度的优越性，建立健全数字劳动过程中的风险识别机制、权利保障机制、社会保险机制和政府规制机制，努力构建中国特色和谐劳资关系。

数字劳动中的“共享员工”也是一种新现象。数字劳动过程中的“共享员工”将成为未来雇佣模式发展的一个重要趋势。“共享员工”类似于“共享经济”下企业与消费者之间的线上匹配、线下交易、线上支付和反馈的互动模式，“共享员工”也体现了线上找人、线下交易、线上反馈的合作特点。“共享员工”是数字化生产方式下企业内部分工向社会分工的转变的结果，也是个体工人向社会总体工人的转变结果。“共享员工”模式给企业带来了灵活用工方式，也给劳动者带来了弹性就业形式，但是却也使得劳动者面临更大的收益不确定性和劳动权利弱化等问题。因此，需要加快“共享员工”问题的治理机制构建。

数字经济时代，劳动的范畴发生了巨大变化，数字劳动成为劳动新形态，也成为创造数字财富的重要源泉。在数字经济时代，数字劳动创造了满足人类生存和发展需要的各类数字物质生活资料和数字精神生活资料。数字劳动不仅创造了数字产品和服务等新社会财富，也改造了劳动者本身和其所处的社会关系，进而影响了社会生产和再生产进程。

第三章“数字经济中的分配：数字化新生产要素”。数字经济时代，数字化的信息和知识作为新生产要素，正在成为生产条件的重要部分。数字化信息和知识广泛渗入价值生产和价值实现过程，其归属和占有关系影响着最终的价值分配环节。新生产要素的加入不仅促进了社会生产力的极大发展，还对旧的生产关系进行调整，改变了原有的生产条件分配，从而影响到了最终的收入分配。对于中国而言，要加速各行各业的信息化和数字化，促进生产力的进一步发展，抓住新一轮科技革命中数字经济蓬勃发展的机遇，实现更多的经济价值；还要从源头处调整实现更加合理且均衡的生产条件分配，促进更为合理且均衡的收入分配。

在市场经济的收入分配中要突出数据要素贡献。与自然经济不同，市场经济中不仅自然资源和劳动是创造社会财富的重要源泉，而且资本、管理、技术和数据等逐渐成为社会财富创造的关键性要素。在数字经济时代，数据要素通过渗透效应等促进了劳动生产率的提高和创造出越来越多的数字财富这种新财富形态。数据要素应该按贡献参与分配。当前，在坚持基本经济制度基础上，要将按劳分配和按要素贡献分配有机结合起来推动数据要素在促进共同富裕中的作用，重点是要健全数据要素由市场评价贡献和按其贡献决定收入报酬的机制，同时要加强政府对收入分配的宏观调节作用。

第四章“数字经济中的交换：平台经济”。平台经济的发展拓宽了生产力的范畴，改变了生产过程中生产资料与劳动力的结合方式，但是却没有根本改变它所处的生产关系。平台经济的崛起，使得信息社会的生产关系变革趋势更加明显，如日益多元化和社会化的所有制结构、日益网络化和民主化的组织管理形式和日益多元化和知识化的分配方式。它仅仅是通过数字技术体系、市场组织形式和国际化的分工协作体系进一步调整了生产关系的部分内容，适应了新生产力发展的需要。数字经济时代，在资本主义发展的新阶段，即新帝国主义阶段，资本逻辑推动着平台经济全球化，实现了数字经济规模的快速扩张，推动了一般性生产关系和“生产的国际关系”的局部变革。总的来说，平台经济的发展为生产社会化提供了新的途径，也为实现马克思讲的人类社会发展三大社会形态理论关于“以物的依赖性为基础的人的独立性”的第二阶段向“个人全面发展”和“自由人联合体”的第三阶段演进奠定了生产力和生产关系基础。

数字税是平台经济全球化过程中不平衡发展带来的新挑战。数字税表面看是国际税收利益的分配问题，深层次原因是国家之间的经贸利益的博弈。面对数字税的挑战，作为世界第二大数字经济体，中国对外要争取数字税的国际规则制定权和主导权，对内要实现传统企业与数字企业的赋税公平，探索建立中国特色数字税体系。

第五章“数字经济中的消费：数字消费力”。数字经济时代，数字技术正在改变我们的消费内涵，一方面出现了消费内容的多样化、虚拟化和个性化，实现了消费模式的数字化和平台化；另一方面则创造出了新的消费需求，尤其是数字产品成为人们消费的热点。消费作为上一个再生产过程的终点和下一个再生产的起点，它既受到生产的制约，也会对生产产生重要影响。数字经济中的消费与生产同样具有这种辩证关系。数字经济时代，升级传统消费和发展数字消费需要实现生产力和消费力的均衡发展，同时需要从改革收入分配制度、实现消费结构转型升级、创新数字消费金融产品和扩大社会主义条件下的集体消费等途径来大力培育数字消费力。

第六章“数字经济赋能中国经济高质量发展”。新发展阶段，数字经济是赋能高质量发展的新动力。从马克思主义政治经济学视角来看，数字经济时代，社会再生产过程中的生产、分配、交换（流通）和消费四个环节正在实现数字化变革。数字生产力为高质量发展提供了新动力，数字分配力的普惠效应可以优化收入分配结构，数字流通力提升了资本周转与价值实现的效率，数字消费力将助推产业转型升级和进一步扩大内需。中国作为世界第二大数字经济体，为了进一步培育数字经济竞争力，需要通过强化反垄断保持数字经济活力，通过产业数字化、数字产业化、治理数字化和数据价值化“四化”做大做优做强数字经济，通过形成“四位一体”的科技创新体系以提高数字经济创新力。

第七章“主要结论与未来研究展望”。本章首先总结了主要研究结论，其次从两个方面对未来可能的研究方向进行了展望。

本书可能的创新点包括以下三个方面。一是应用了新的研究视角。现有研究主要从直接生产过程视角，总结了数字经济的发展规律和趋势等，但缺乏从社会生产与再生产过程中“生产—分配—交换—消费”四个环节对数字经济进行审视和理论阐释。基于此，本书侧重从社会生产与再生产过程的四个环节来阐释数字经济发展的新现象、新规律与新趋势等。

二是在研究内容上进行了拓展。本书的主要内容是数字经济领域中正在发生的新情况和新问题，如数字劳动过程中的四种形式、数字要素与收入分配新机制、平台经济垄断与数字税新挑战、数字消费与价值实现新模式等。这是对政治经济研究内容的一次拓展。

三是在研究方法上进行综合。关于数字经济的研究多沿用模型构建到实证检验的思路，具有理论研究的规范性，但是也缺乏了规范分析的深刻性和历史分析的厚重性。本书从政治经济学的生产力与生产关系的辩证关系出发，利用比较分析、历史分析、归纳和演绎等多种方法来阐释数字经济领域的新现象、新规律和新趋势。

本书存在的不足之处在于，由于研究能力等的限制，在研究过程中多采用了定性分析、历史分析和对比分析，有一定的定量分析，但是，采用的计量分析不够。另外，数字化生产方式下生产、分配、交换和消费四个环节的内容是比较丰富的，限于研究资料的限制，只凸显了最新现象，而对不同类型实践经验的比较研究和总结凝练不足。

目　录

导　论

第一节　研究背景与意义

一　研究背景

党的十八大以来，以习近平同志为核心的党中央高度重视数字经济的发展和“数字中国”的建设。2020 年 5 月 23 日，习近平总书记在参加全国政协十三届三次会议的经济界联组讨论时指出：“加快推进数字经济、智能制造、生命健康、新材料等战略性新兴产业，形成更多新的增长点、增长极。”① 2021 年 10 月 18 日，习近平总书记在十九届中央政治局第三十四次集体学习时强调：“不断做强做优做大我国数字经济。”② 党的二十大报告进一步指出：“加快发展数字经济，促进数字经济和实体经济深度融合，打造具有国际竞争力的数字产业集群。”③

随着大数据、云计算、人工智能和量子信息技术等数字信息技术的迅速发展，数字经济正在深刻地改变着我们的生产方式、生活方式和治理方式。中国信息通信研究院的研究报告显示，从广义核算口径来看，测算的 47 个国家 2021 年数字经济增加值规模为 38.1 万亿美元，同比增长 15.6%，占 GDP 比重为 45.0%④。其中美国数字经济位居全球第一，达到 15.3 万亿美元，中国为全球第二大数字经济体，规模达到 7.1 万亿美元。数字经济占各国 GPD 的比重逐渐增大，其中 2021 年美国等国家数字经济

---

① 《习近平关于网络强国论述摘编》，中央文献出版社 2021 年版，第 145 页。

② 习近平：《不断做强做优做大我国数字经济》，《求是》2022 年第 2 期。

③ 习近平：《高举中国特色社会主义伟大旗帜　为全面建设社会主义现代化国家而团结奋斗——在中国共产党第二十次全国代表大会上的报告》，人民出版社 2022 年版，第 30 页。

④ 中国信息通信研究院：《全球数字经济白皮书（2022 年）》，2022 年 12 月。

占 GDP 的比重超过了 65%。2022 年，中国数字经济占 GPD 的比重达到了 41.5%①，是全球数字经济增长最快的国家之一。

数字经济的发展推动着生产方式的数字化变革和劳动过程的数字化转型。数字化生产方式有利于加快产业数字化，有利于产业结构的转型升级和提高劳动生产效率。在生产方式的数字化转型中，社会生产和再生产过程中的生产、分配、交换和消费四个环节中都出现了新变化。例如，数字经济中的劳动过程也逐渐具有了数字化的新特征，正在改变传统的雇佣结构和关系，形成新的劳动生产关系。本书正是基于这一背景研究数字经济中社会总生产过程的生产、分配、交换和消费的新现象、新规律和新趋势。

二 研究的意义

（一）理论意义

马克思在《资本论》中分析了社会生产和再生产过程中的生产、分配、交换和消费四个环节的作用和变化。信息技术革命的到来，使得社会生产力实现了新发展，生产方式发生了新的变化。结合数字信息技术的新内涵，分析生产方式数字化变革中生产、分配、交换和消费四个环节的新现象、新规律和新趋势，有利于进一步发展马克思主义政治经济学和中国特色社会主义政治经济学的一些基本理论。

（二）现实意义

在全球化和数字化时代，准确把握全球新科技革命带来的新发展机遇，主动适应产业数字化转型趋势，不断提高我国数字经济领域的全球竞争力是我们面临的重大发展任务。深入研究和把握数字经济中社会总生产过程中生产、分配、交换和消费的新特点、新规律和新趋势，有利于更好把握和应用数字经济规律，进一步解放和发展数字生产力，提高劳动生产率，实现中国经济高质量发展。

第二节 理论基础与相关文献评析

一 理论基础

（一）生产力与生产关系理论

马克思在《资本论》等著作中论述了生产力、生产关系与生产方式的

① 中国信息通信研究院：《中国数字经济发展研究报告（2023 年）》，2023 年 4 月。

问题。但是，目前学界对这三者的关系理解有分歧[①]。从广义角度讲，生产方式是在特定社会形态下人们维持社会生活所需要的物质资料的谋取方式，是人们在生产过程中形成的人与自然、人与人之间的相互关系的组合体系。生产方式是物质生产方式和社会生产方式的统一。马克思在《〈政治经济学批判〉序言》中指出："人们在自己生活的社会生产中发生一定的、必然的、不以他们的意志为转移的关系，即同他们的物质生产力的一定发展阶段相适合的生产关系。这些生产关系的总和构成社会的经济结构，即有法律的和政治的上层建筑竖立其上并有一定的社会意识形式与之相适应的现实基础。"[②] 生产力与生产关系是辩证统一的，生产力决定生产关系，生产方式反作用于生产力。

从狭义角度讲，生产方式是将各类要素实现有机组合和统一的劳动方式[③]。生产方式是居于生产力与生产关系之间的一个纽带。对于生产方式、生产力与生产关系的联系，可以从宏观和微观两个角度把握，从社会发展形态来看人类经历了原始社会、奴隶社会、封建社会、资本主义社会和社会主义社会，每个社会都具有特定的社会生产方式。在具体的社会形态中，生产方式就是一种将要素组合在一起的劳动过程，涉及分工、协作、组织和管理等。

（二）劳动过程理论

劳动过程是人们有意识地将生产资料与劳动者相互结合生产使用价值的过程。马克思在《资本论》中指出，劳动过程包含有目的的活动或劳动本身、劳动对象和劳动资料三种要素[④]。劳动是人们创造使用价值过程中体力和脑力的支出和使用。马克思指出："劳动力的使用就是劳动本身。劳动力的买者消费劳动力，就是让劳动力的卖者为其提供劳动。"[⑤] 劳动对象是劳动者将自己的劳动作用于其上的物质的和非物质的生产资料等。劳动资料，从宏观层面指劳动者在保证劳动过程的进行中所使用的一切物质资料和物质条件，是人体器官的延长。具体层面而言，劳动资料包括充当劳动对象容器的劳动资料并构成生产的"脉管系统"；包括生产工具特别是机械性的生产工具，构成生产的"骨骼系统"和"肌肉系统"，在生产中具有决定性意义；还包括用以发动生产工具的动力系统和能源系统、运

---

① 吴宣恭：《论作为政治经济学研究对象的生产方式范畴》，《当代经济研究》2013 年第 3 期。

② 《马克思恩格斯文集》第 2 卷，人民出版社 2009 年版，第 591 页。

③ 吴易风：《论政治经济学或经济学的研究对象》，《中国社会科学》1997 年第 2 期。

④ 《资本论》第 1 卷，人民出版社 2004 年版，第 208 页。

⑤ 《马克思恩格斯文集》第 5 卷，人民出版社 2009 年版，第 207 页。

输和辅助系统，以及为实现各种劳动资料的最佳结合所必需的信息传递系统。

劳动过程理论主要以劳动价值论和剩余价值论为基础，分析劳动过程中资本与劳动的关系以及劳动利用、要素组合、监督与控制等问题①。资本主义劳动过程可以划分为四个阶段：工场手工业阶段、机器工厂阶段、福特主义大规模生产阶段和后福特主义大规模弹性生产阶段②。马克思分析了资本主义的劳动过程，重点关注了在资本主义私有制和资本雇佣劳动关系下，资本家通过延长劳动时间或提高劳动生产率等方式实现更多的剩余价值，进而不断剥削工人阶级的问题。要实现工人阶级由“自在阶级”向“自为阶级”的转变就需要形成工人阶级联合体，通过斗争实现共同利益。马克思的劳动过程理论深刻地影响了后来的马克思主义学者的劳动过程理论，研究的命题主要集中在劳动过程与剩余价值创造、资本积累中资本与劳动的关系、劳动过程中的控制与监督和劳资关系的构建等问题上。

（三）数字经济相关理论

数字经济是通过将数字要素作为关键性的生产要素投入生产过程，进而提高资源配置效率，实现经济高质量发展的新的经济形态。数字经济将会深刻改变人类的生产方式和生活方式，形成社会财富创造的新经济形态。数字经济受到梅特卡夫法则、摩尔定律和达维多定律三大规律的支配。通过互联网、大数据、云计算和人工智能等技术手段，以及平台经济等新组织模式可以加快资源的配置效率、实现产业间的高度融合。同时通过规模经济、范围经济及长尾效应可以实现新经济的快速扩张③。中国已经是世界上第二大数字经济体，数字经济规模占 GDP 的比重超过 1/3。数字经济正在改造传统产业，实现产业的转型升级，同时数字经济也在创造新产业、新业态和新模式，为中国经济创造新的增长空间。当前，工业互联网和物联网、智能制造、电商网购、线上服务等新业态已经成为中国数字经济发展的新动力来源。在释放消费潜力、拉动投资、创造就业和实现经济结构转型升级等方面发挥着越来越重要的作用④。

---

① 王晓晖：《劳动过程的内涵及研究方法》，《山东社会科学》2016 年第 10 期。

② 谢富胜：《资本主义劳动过程与马克思主义经济学》，《教学与研究》2007 年第 5 期。

③ 荆文君、孙宝文：《数字经济促进经济高质量发展：一个理论分析框架》，《经济学家》2019 年第 2 期。

④ 刘航、伏霖、李涛等：《基于中国实践的互联网与数字经济研究——首届互联网与数字经济论坛综述》，《经济研究》2019 年第 3 期。

二 相关文献评析

(一) 数字经济的内涵与影响研究

当前,“新一轮科技革命和产业变革正在重构全球创新版图、重塑全球经济结构”①。尤其是随着大数据、云计算、人工智能和量子信息等数字技术的快速发展,以及以生产基础性数字产品和服务的信息和通信技术等数字部门为核心的数字经济的大规模扩张②,数字技术和数字经济正在深刻改变着人类的生产方式、生活方式和治理方式③。数字技术可以有效降低经济成本④;数字经济可以推动产业的转型升级⑤,发挥释放消费潜力、拉动投资、创造就业等效应⑥。数字经济已经成为推动中国经济增长的重要支撑⑦,同时成为创造社会财富和赋能共同富裕的推动力量⑧。

数字经济是一种更高级、可持续的经济形态,以信息通信技术为核心的技术手段对社会经济的各个方面起着前所未有的促进作用⑨。数字经济也是微观经济活动受新科技导引而出现的一种市场经济现象,是发展到一定高度的新科技运用于经济活动的产物⑩。作为一个历史范畴,数字经济形态是经济系统中技术、组织和制度相互作用过程中的宏观涌现,这一过程中基于技术进行资源配置优化为导向的人类经济活动的高度协调和互动所塑造的新生产组织方式的不断演化,则构成了数字经济的本质⑪。数字

---

① 习近平:《习近平谈治国理政》第3卷,外文出版社2020年版,第245页。

② Bukht R., Defining H. R., “Conceptualising and Measuring the Digital Economy”, *International Organisations Research Journal*, 2018, 13 (2): 143-172.

③ 燕连福、谢芳芳:《福克斯数字劳动概念探析》,《马克思主义与现实》2017年第2期。

④ Goldfarb A., Tucker C., “Digital Economics”, *Journal of Economic Literature*, 2019, 57 (1): 3-43.

⑤ [美] 唐·泰普斯科特等:《数字经济蓝图:电子商务的勃兴》,陈劲、何丹译,东北财经大学出版社2003年版。

⑥ 刘航、伏霖、李涛等:《基于中国实践的互联网与数字经济研究——首届互联网与数字经济论坛综述》,《经济研究》2019年第3期。

⑦ 蔡跃洲、牛新星:《中国数字经济增加值规模测算及结构分析》,《中国社会科学》2021年第11期。

⑧ 张志勇、励贺林:《数字经济、价值创造和财富分配——基于税收视角的分析》,《国际税收》2021年第9期;夏杰长、刘诚:《数字经济赋能共同富裕:作用路径与政策设计》,《经济与管理研究》2021年第9期。

⑨ 马汉智:《“中非数字创新伙伴计划”助力非洲经济转型》,《进出口经理人》2021年第10期。

⑩ 何大安、许一帆:《数字经济运行与供给侧结构重塑》,《经济学家》2020年第4期。

⑪ 张鹏:《数字经济的本质及其发展逻辑》,《经济学家》2019年第2期。

经济与产业深度融合是中国未来经济发展的大趋势[①]。数字经济中，数据是数字经济最重要的投入要素，同时也是产业链中最关键的传播介质；产业链存在多个高端环节；创新发生在产业链各个环节，后端的场景创新与前端技术研发同等重要[②]。

数字经济深刻影响了制造业、服务业、金融业、对外贸易等部门。数字经济对制造业的影响逐步从价值重塑走向价值创造，为制造业转型提供新思路并赋能制造业转型，具体表现为从要素驱动到数据驱动、从产品导向到用户体验、从产业关联到企业群落、从竞争合作到互利共生四个维度[③]。从全球化角度来看，数字化投入对中国中低和中高知识密集制造业部门的全球价值链高端化具有显著正效应，研发力度更高的部门效用更优[④]。数字经济还有一定的就业促进效应，对非农就业，特别是受雇型非正规就业具有显著的促进作用，并且对创业者也产生了积极影响[⑤]。在数字经济时代须充分发挥智能化对就业质量的提升效应，减少劳动者在新旧岗位转换过程中可能带来的福利损失，应进一步加强教育培训、创业创新、社会保障等方面的政策力度[⑥]。就数字金融而言，数字金融发展促进了技术创新与地区创业，并进而推动了经济增长，即存在数字金融发展促进经济增长的创新和创业渠道[⑦]。就数字贸易而言，数字贸易是随着数字经济出现的新贸易形式，虽然赋予了传统贸易一些新内容和新特征而成为现代服务业，但主要还是以服务于传统经济活动为目的[⑧]。在以数字贸易为主导的全球化新时代，数字贸易发展推动数字产品嵌入全球价值链，改变了全球价值创造模式和全球价值链收入分配格局，形成了全新的价值链，推动了全球价值链的转型和重构[⑨]。数字经

---

① 方芳：《疫情之“危”凸显数字经济之“机”》，《人民论坛》2020 年第 S1 期。

② 邓洲：《基于产业分工角度的我国数字经济发展优劣势分析》，《经济纵横》2020 年第 4 期。

③ 焦勇：《数字经济赋能制造业转型：从价值重塑到价值创造》，《经济学家》2020 年第 6 期。

④ 何文彬：《全球价值链视域下数字经济对我国制造业升级重构效应分析》，《亚太经济》2020 年第 3 期。

⑤ 何宗樾、宋旭光：《数字经济促进就业的机理与启示——疫情发生之后的思考》，《经济学家》2020 年第 5 期。

⑥ 王文：《数字经济时代下工业智能化促进了高质量就业吗》，《经济学家》2020 年第 4 期。

⑦ 成学真、龚沁宜：《数字普惠金融如何影响实体经济的发展——基于系统 GMM 模型和中介效应检验的分析》，《湖南大学学报》（社会科学版）2020 年第 3 期；钱海章、陶云清、曹松威等：《中国数字金融发展与经济增长的理论与实证》，《数量经济技术经济研究》2020 年第 6 期。

⑧ 孙杰：《从数字经济到数字贸易：内涵、特征、规则与影响》，《国际经贸探索》2020 年第 5 期。

⑨ 徐金海、夏杰长：《全球价值链视角的数字贸易发展：战略定位与中国路径》，《改革》2020 年第 5 期。

济发展为国际税收带来了新挑战，即数字经济条件下企业的运营模式和价值形成机理发生了根本性的改变，为传统的国际税收规则带来挑战，也导致征税权分配格局的重新调整①。

得益于互联网革命，中国实现了数字经济和数字金融的快速发展②。近年来，中国数字经济增加值年均实际增长率明显高于美国和澳大利亚③。有学者研究了中国的数字经济发展概括，指出中国数字经济水平正在高速发展；中国数字经济发展存在区域"数字经济鸿沟"与两极分化现象，东部地区数字经济水平明显高于中西部地区；同时，地区经济增长水平、外资依存度、政府干预度、人力资本水平和居民工资水平均能够显著影响中国数字经济的发展④。从基础设施建设、人才创新能力、信息技术应用三个维度构建国际数字经济发展测评体系发现，中国数字经济发展水平排名全球第二，但数字化基础设施与发达国家之间存在显著差距，人才创新能力明显落后于美国⑤。目前，数字经济已经成为高质量发展的引擎，数字经济引领高质量发展的逻辑在企业层面形成了新的盈利模式，实现了范围经济与规模经济的结合⑥。

（二）数字化与生产方式变革研究

当今数字科技、数字社会表现出强大的生命力、竞争力和创造力。数字活力是大数据时代动力机制的核心要素⑦。以第四次科技革命为主导的数字化生产方式推动了工厂之间、工厂与消费者之间的"智能连接"，使生产方式从大规模制造向大规模定制转变，工业增值领域从制造环节向服务环节拓展，程序化劳动被智能化设备所替代⑧。数字化技术促进生产要素多维度协作，由此产生的协作效率对社会生产力形成革

---

① 张泽平：《数字经济背景下的国际税收管辖权划分原则》，《学术月刊》2015 年第 2 期。

② 张勋、万广华、张佳佳等：《数字经济、普惠金融与包容性增长》，《经济研究》2019 年第 8 期。

③ 许宪春、张美慧：《中国数字经济规模测算研究——基于国际比较的视角》，《中国工业经济》2020 年第 5 期。

④ 刘军、杨渊鋆、张三峰：《中国数字经济测度与驱动因素研究》，《上海经济研究》2020 年第 6 期。

⑤ 吴晓怡、张雅静：《中国数字经济发展现状及国际竞争力》，《科研管理》2020 年第 5 期。

⑥ 任保平：《数字经济引领高质量发展的逻辑、机制与路径》，《西安财经大学学报》2020 年第 2 期。

⑦ 董慧、李菲菲：《大数据时代：数字活力与大数据社会治理探析》，《学习与实践》2019 年第 12 期。

⑧ 刘湘丽：《第四次工业革命的机遇与挑战》，《新疆师范大学学报》（哲学社会科学版）2019 年第 1 期。

命性推动①。数字经济时代，通用性技术的快速发展和广泛赋能，正在重塑传统的生产模式，使整个生产过程朝网络化、协同化、生态化方向演变，其在加速物化劳动替代活劳动进程的同时亦进一步加剧了社会再生产过程的非均衡性②。

数字技术的快速发展与广泛应用对资本主义生产方式产生了重要影响，人工智能、机器人及3D打印等技术的导入将进一步替代人类劳动，提高劳动生产率；平台资本依靠无酬的数字劳动，可以从产业资本转移剩余价值；数据资源的垄断促成平台资本的垄断，为此产业资本不得不加深对平台资本的依附③。数字化生产方式正在重构国际生产关系，引起国际经济秩序发生新变化。数字化转型过程中，数字技术公司快速发展，网络平台成为国家重要的竞争载体，网络市场规模大、创新环境友好的国家将占据竞争优势，制造业向有利于资本、人才和技术密集的国家和地区集聚，投资加速向知识、技术密集程度高的地区流动，数字产业和网络发达的国家将在国际贸易中占据重要份额④。

（三）数字化劳动过程的新变化研究

数字劳动是指智力成果依靠数据信息构成的无形资产，以数据信息、数字技术和互联网为支撑，囊括工业、农业、经济、知识、信息，存在一定空间，消耗人们时间的数据化、网络化工作形式⑤。数字劳动最早由意大利学者泰拉诺瓦提出，他借用意大利自治主义马克思主义学派的“非物质劳动”理论将互联网中的免费劳动对“数字劳动”进行了初步的定义和阐释⑥。后来，福克斯从信息工作过程的角度对数字劳动进行了理论化⑦。有学者对福克斯的数字劳动概念进行了辨析，指出福克斯的数字劳动理论回应了哈贝马斯的交往范式理论，挑战了自治主义马克思主义理论的观点。也有学者区分了数字劳动与受众劳动、非物质劳动、

---

① 杨慧玲、张力：《数字经济变革及其矛盾运动》，《当代经济研究》2020年第1期。

② 王梦菲、张昕蔚：《数字经济时代技术变革对生产过程的影响机制研究》，《经济学家》2020年第1期。

③ 乔晓楠、郗艳萍：《数字经济与资本主义生产方式的重塑——一个政治经济学的视角》，《当代经济研究》2019年第5期。

④ 马名杰、戴建军、熊鸿儒：《数字化转型对生产方式和国际经济格局的影响与应对》，《中国科技论坛》2019年第1期。

⑤ 吴欢、卢黎歌：《数字劳动与大数据社会条件下马克思劳动价值论的继承与创新》，《学术论坛》2016年第12期。

⑥ Terranova T.，“Free Labor：Producing Culture for the Digital Economy”，*Social Text*，2000，18（2）：33-58.

⑦ Christian Fuchs，*Digital Labour and Karl Marx*，Routledge，2014.

物质劳动三者之间的关系①。

网络生产力催生了以信息技术为支撑、以平台为核心组织的多种新型经济模式，改变了传统的就业、生产、消费等活动的运作形式，并引发了劳动关系的新变化，如零工经济与劳动权利共享、社会工厂与散点控制等②。同时，数字劳动是资本剥削的延伸③。有学者指出，数字劳动的存在是把双刃剑，既是加速经济发展和产业转型的助推剂，也是人的异化和时间批判的催化剂④。数字劳动过程中产生了信息产品，通过对信息产品的占有和利用，平台经济中的价值剥削已经突破了雇佣劳动制度的范畴，剥削的深度和广度进一步提升，更多的普通用户作为免费劳工被纳入资本的剥削体系之中⑤。在数字时代，劳动过程合理化是企业竞争战略的关键，数字控制的扩大和数字经济中的主要企业所采用的组织结构是资本主义劳动扩大而非其减少的证据⑥。

（四）平台经济的垄断与数字税研究

平台经济既可以促进生产力的发展，也可以凭借技术特性、组织类型形成垄断竞争⑦。一方面，平台的组织特征极大地强化了平台企业的精准经济效应、速度经济效应、网络经济效应和协同经济效应⑧，有利于实现资源的优化配置⑨；另一方面，平台作为一种双边市场结构⑩，由于存在供应规模经济、强大的网络效应等，平台经济中容易出现“赢家通吃”的局面⑪，产

---

① 谢芳芳、燕连福：《“数字劳动”内涵探析——基于与受众劳动、非物质劳动、物质劳动的关系》，《教学与研究》2017 年第 12 期。

② 刘皓琰、李明：《网络生产力下经济模式的劳动关系变化探析》，《经济学家》2017 年第 12 期。

③ 郑吉伟、张真真：《评西方学者对数字劳动的研究》，《经济学家》2019 年第 12 期。

④ 刘璐璐：《数字经济时代的数字劳动与数据资本化——以马克思的资本逻辑为线索》，《东北大学学报》（社会科学版）2019 年第 4 期。

⑤ 刘皓琰：《信息产品与平台经济中的非雇佣剥削》，《马克思主义研究》2019 年第 3 期。

⑥ 菲利普·斯塔布、奥利弗·纳赫特韦、鲁云林：《数字资本主义对市场和劳动的控制》，《国外理论动态》2019 年第 3 期。

⑦ 谢富胜、吴越、王生升：《平台经济全球化的政治经济学分析》，《中国社会科学》2019 年第 12 期。

⑧ 李海舰、李燕：《对经济新形态的认识：微观经济的视角》，《中国工业经济》2020 年第 12 期。

⑨ 余文涛、吴士炜：《互联网平台经济与正在缓解的市场扭曲》，《财贸经济》2020 年第 5 期。

⑩ Rochet J. C., Tirole J., “Platform Competition in Two-Sided Markets”, *Journal of the European Economic Association*, 2003, 1 (4): 990-1029.

⑪ 李晓华：《数字经济新特征与数字经济新动能的形成机制》，《改革》2019 年第 11 期。

生垄断问题[①]。为了激励创新和保护消费者权益，需要加大数据市场和平台经济的反垄断和反不正当竞争[②]。平台经济也需要实现商业市场逻辑向市场逻辑与社会逻辑共融的转型发展[③]。

从世界范围来看，开征数字税已成为国际税制改革的新趋势。目前，英国、法国和欧盟内部等已经开启征收数字税的法律程序[④]。各国的征收方案中数字服务税课税模式不一样，但是，它们主要针对非居民数字企业课税[⑤]。数字服务税作为协调国际税收分配权的“临时”解决方案，对原有的国际税收制度体系形成了挑战[⑥]。因为数字税实质上构成一种准关税征收[⑦]，将会形成一种新型服务贸易壁垒[⑧]。为了协调国家之间的数字税利益，OECD 提出了“双支柱”改革方案[⑨]。但是，有学者认为，OECD 数字税提案存在基本原理方面的缺陷[⑩]。另外，数字税可能会扭曲企业决策[⑪]。由于数字税涉及国家之间、国家与跨国企业之间的利益分配，数字税问题需要进一步深入研究。

（五）数字经济中的收入分配问题研究

目前，我国收入分配领域存在诸多矛盾，宏观收入分配格局失衡，不同群体收入差距明显，收入不公现象依然存在。而造成这种现状的原因，

---

① Khan L. M. ，“Amazon’s Antitrust Paradox”，*The Yale Law Journal*，2016，126：710-805.

② 戚聿东、刘欢欢：《数字经济下数据的生产要素属性及其市场化配置机制研究》，《经济纵横》2020 年第 11 期。

③ 肖红军、阳镇、姜倍宁：《平台型企业发展：“十三五”回顾与“十四五”展望》，《中共中央党校（国家行政学院）学报》2020 年第 6 期。

④ Committee C. F. ，“Opinion Statement FC 1/2018 on the European Commission Proposal of 21 March 2018 for a Council Directive on the Common System of a Digital Services Tax on Revenues Resulting from the Provision of Certain Digital Services”，*European Taxation*，2018，58（8）.

⑤ 樊轶侠、王卿：《数字服务课税模式比较研究及其启示》，《财政研究》2020 年第 12 期。

⑥ Olbert M. ，Spengel C. ，“International Taxation in the Digital Economy：Challenge Accepted?”，*World Tax Journal*，2017，9（1）：3-46.

⑦ Hufbauer G. C. ，Lu Z. L. ，“The European Union’s Proposed Digital Services Tax：A De Facto Tariff”，Policy Briefs，2018.

⑧ 樊轶侠、王卿：《数字服务课税模式比较研究及其启示》，《财政研究》2020 年第 12 期。

⑨ OECD，*Tax Challenges Arising from Digitalisation—Interim Report 2018*，Paris：OECD Publishing，2018：140-147.

⑩ 彼得·A. 巴恩斯、H. 大卫·罗森布鲁姆、陈新：《数字税：我们如何陷入这一迷局，又应如何摆脱困境?》，《国际税收》2020 年第 8 期。

⑪ Olbert M. ，Spengel C. ，“Taxation in the Digital Economy-Recent Policy Developments and the Question of Value Creation”，ZEW-Centre for European Economic Research Discussion Paper No. 19-010，2019.

众说纷纭：工业化[①]、城市化[②]、经济政策[③]、户籍制度[④]、教育水平[⑤]、基础设施差异[⑥]、社会保障不公[⑦]、产业结构变迁[⑧]等，不一而足。从西方经济学功能性分配的视角来看，基本生产要素如资本、劳动和土地等，参与生产过程并对国民收入产生贡献，根据相应生产性服务的贡献大小来确定各生产要素的回报。而从马克思主义政治经济学视角来看，除劳动外的各种生产要素并没有创造新价值，不同利益群体是以生产要素所有制形式为分配的依据，凭借对生产要素所有权的占有，而参与到对劳动创造的新价值进行分割的过程。因此，在初次分配过程中“资强劳弱”的失衡关系才是我国收入差距和分配失衡问题的主要根源[⑨]。

随着互联网、大数据、云计算、人工智能等信息技术的发展，仅讨论传统生产要素之间的分配，已不能完整概括新科技革命背景下经济结构变化和经济社会发展的更多现象。数字经济时代已然降临，庞大的数字储备、迅猛的数据增长，以及在此基础上建立起的数字王国，不仅改变了人们的生活方式，改变了无数行业的传统模式，还改变了科学研究的习惯范式。数字经济从各个领域为世界经济带来新的发展机会，知名咨询公司麦肯锡指出，“数据已渗透到每一个行业和业务职能领域，逐渐成为重要的生产要素”[⑩]。可以看出，以发达信息技术为基础的数字化信息和知识，已

---

① Scott R.，“Rural Industrialization and Increasing Inequality：Emerging Patterns in China's Reforming Economy”，*Journal of Comparative Economics*，1994，19：362-391.

② 陈斌开、林毅夫：《发展战略、城市化与中国城乡收入差距》，《中国社会科学》2013 年第 4 期。

③ Adelman I.，Sunding D.，“Economic Policy and Income Distribution in China”，*Journal of Comparative Economics*，1987，11（3）：444-461.

④ Shi X.，Sicular T.，Zhao Y.，“Analyzing Urban-rural Income Inequality in China”，Paper Presented at the International Symposium on Equity and Social Justice in Transitional China，Beijing，Jul. 11-12，2002.

⑤ Sicular T.，Ximing Y.，Bjǒrn G.，et al.，“The Urban-rural Income Gap and Inequality in China”，*Review of Income and Wealth*，2007，53（1）：93-124.

⑥ 刘晓光、张勋、方文全：《基础设施的城乡收入分配效应：基于劳动力转移的视角》，《世界经济》2015 年第 3 期。

⑦ 余菊、刘新：《城市化、社会保障支出与城乡收入差距——来自中国省级面板数据的经验证据》，《经济地理》2014 年第 3 期。

⑧ 穆怀中、吴鹏：《城镇化、产业结构优化与城乡收入差距》，《经济学家》2016 年第 5 期。

⑨ 刘灿、王朝明等：《中国特色社会主义收入分配制度研究》，经济科学出版社 2017 年版，第 379 页。

⑩ “Big Data：The Next Frontier for Innovation，Competition，and Productivity”，http：//www.mckinsey.com/insights/mgi/research/technology_ and_ innovation/big_ data_ the_ next_ frontier_ for_ innovation，2017.

成为与资本、劳动、土地和能源等传统生产要素并列的关键要素。新科技革命下，数字化信息和知识作为一种新型生产要素，成为促进经济增长、结构转型和产业升级的新型动力，它能通过影响生产资料的演进、生产力的发展，从而对生产方式和生产关系产生作用。而对数字化信息和知识的相关配置也关系到生产关系和分配关系的变迁，占有数量更多、质量更好的数字化信息和知识，往往能获得更多收益，从而影响到收入分配的结果。

对数字经济时代的收入分配问题的研究，可追溯到20世纪90年代，美国一些学者和机构开始提出“数字鸿沟”这一概念[①]。即新兴信息技术在发展和普及过程中出现国家或地区间的不平衡，利用数字化信息和知识创造价值的新经济只是“富国现象”，领先国家或地区在信息和知识等优势下再次取得竞争优势，而落后国家或地区则在新科技革命的浪潮下面临“信息贫困”和“知识贫困”[②]。“数字鸿沟”具有明显的收入效应，能根据生产条件的分配差异而引起分化效应，使“信息富人”和“信息穷人”之间出现贫富分化，进一步辐射到城乡分化和地区分化[③]。而如今，随着相关技术的进一步发展，“数字鸿沟”并不再局限于国家或地区之间，各个不同群体之间也都存在明显的差别。由此，所带来的收入效应更加复杂，对数字化信息和知识是否有平等的接入机会、如何对其进行运用等，都会带来有差异的“数字红利”，从而对收入分配产生影响[④]。可以看到，既然新的重要生产要素已经出现，并广泛参与到社会生产和再生产的各个过程，那么对数字经济时代不同利益群体之间利益分配关系及其变化规律的讨论也越发重要。因此，学者指出，数据要素要使市场经济获得相应的报酬收入[⑤]，就要充分发挥数据要素创造财富的作用。同时数字经济对农

① 胡鞍钢、周绍杰：《新的全球贫富差距：日益扩大的“数字鸿沟”》，《中国社会科学》2002年第3期。

② 胡鞍钢、周绍杰：《中国如何应对日益扩大的“数字鸿沟”》，《中国工业经济》2002年第3期。

③ Tobias H., Hannes S., “A Study of Measurement Models for Digital Divide”, 2004 International Conference on Management Science & Engineering (13th), Lille, France, October 5 - 7, 2004, pp. 183-187.

④ 邱泽奇、张樹沁、刘世定等：《从数字鸿沟到红利差异——互联网资本的视角》，《中国社会科学》2016年第10期。

⑤ 杨铭鑫、王建冬、窦悦：《数字经济背景下数据要素参与收入分配的制度进路研究》，《电子政务》2022年第2期。

民收入具有正向促进作用[①]，要通过发展数字经济促进共同富裕[②]。

（六）文献评析

从以上研究可以看出，学者对数字经济做了多角度的研究，各类研究均有较好的理论价值和应用价值。但是，以上的研究更多地关注了数字经济现象层面的内容，而对数字经济的本质、规律和发展趋势等缺乏更加深刻的总结和阐释。基于此，本书从马克思主义政治经济学的视角，对数字经济社会总生产过程中的生产、分配、交换和消费环节进行理论分析，重点研究数字劳动过程中的新形式、“去劳动关系化”现象和“共享员工”问题，平台经济全球化和数字税，数字要素与收入分配，数字消费力和消费新内涵等问题。

第三节　研究目的和主要方法

一　主要目的

一是探索新科技革命背景下数字化生产方式的特点、规律和发展趋势，重点关注数字化生产方式与生产、分配、交换和消费四个环节的新现象、新规律和新趋势等。

二是通过研究数字化生产方式的变革来探寻数字经济发展规律，为实现中国的产业数字化和数字产业化提供经验借鉴，助推数字中国建设。

二　主要方法

马克思主义的生产力与生产关系的分析方法。坚持马克思主义的历史唯物主义和辩证唯物主义方法论，从生产力与生产关系的矛盾运动规律出发分析和阐释数字经济中生产、分配、交换和消费四个环节中的新现象、新规律和新趋势。

历史分析与逻辑分析相统一的方法。本书将梳理生产方式的变迁过程，以及劳动过程的演变历史，同时结合数字经济中的生产、分配、交换和消费四个环节的新现象、新规律和新趋势进行逻辑性的归纳和演绎

① 李怡、柯杰升：《三级数字鸿沟：农村数字经济的收入增长和收入分配效应》，《农业技术经济》2021 年第 8 期。

② 刘诚：《数字经济与共同富裕：基于收入分配的理论分析》，《财经问题研究》2022 年第 4 期。

分析。

典型案例分析法。对数字经济中的典型案例进行对比分析，实现从特殊到一般的升华。拟对比分析中国与美国等国家数字平台经济、数字消费等典型案例，从中总结经验和得到启示。

专家咨询法。在本书的各个阶段都会邀请数字经济、马克思主义政治经济学和信息技术等领域的专家进行咨询，以获得更多的研究信息和知识，进一步提高本书的质量。

第四节　核心概念和主要观点

一　核心概念

（一）数字经济

本书对数字经济内涵的界定主要参考 2016 年 G20 杭州峰会通过的《二十国集团数字经济发展与合作倡议》对数字经济的定义，即数字经济是指以使用数字化的知识和信息作为关键生产要素、以现代信息网络作为重要载体、以信息通信技术的有效使用作为效率提升和经济结构优化的重要推动力的一系列经济活动。数字经济的范围有广义、狭义和核心三种。广义的数字经济主要是指利用数字化进行驱动和升级的所有部门，包括产业数字化、数字产业化、数据价值化和治理数字化四个方面的内容；狭义的数字经济主要是指利用数字化工具的部分，包括数字部门和 ICT 产业部门。核心的数字经济主要是指 ICT 产业部门。本书的数字经济一般指广义的数字经济范围。

（二）数字化生产方式

从广义角度讲，生产方式是在特定社会形态下人们维持社会生活所需要的物质资料的谋取方式，是人们在生产过程中形成的人与自然、人与人之间的相互关系的组合体系。从狭义角度讲，生产方式是将各类要素实现有机组合和统一的劳动方式。在数字经济背景下，数字技术的发展并没有改变某一社会形态，而是将数字要素作为重要的生产资料加入生产过程，形成了数字化的生产方式。从这个角度讲，数字化生产方式就是数字要素参与生产的劳动过程，涉及分工、协作、组织和管理等内容。

（三）数字劳动

本书将数字劳动定义为在数字经济背景下，将数字化的知识和信息作为关键生产资料的生产性劳动和非生产性劳动。数字化的知识和信息作为关键生产资料是数字劳动区别于其他劳动的特殊性，而生产性劳动和非生产性劳动，则是数字劳动过程中的两种表现。在数字劳动过程中，劳动本身的目的还是通过改造数字化的劳动对象，生产满足人民多样化需求的产品和服务。其劳动对象主要是数字化的知识和信息，以及传统的劳动对象与它们的结合部分。数字劳动过程中，最具有典型特征的是劳动资料。劳动资料，从宏观层面是指劳动者在保证劳动过程的进行中所使用的一切物质资料和物质条件，是人体器官的延长。具体层面而言，劳动资料包括充当劳动对象容器的劳动资料并构成生产的“脉管系统”。

（四）平台经济

本书将平台经济定义为数字经济时代社会生产方式变革产生的一种新经济系统，它以现代通信和数字技术为基础，由数据采集、数据驱动、平台支持、专业分工、网络协同的经济活动单元所构成的新组织或新交换系统，它连接了生产、分配、交换和消费多个环节，形成了新经济关系。平台经济全球化修复了资本循环的时空链条，发展了社会生产力，正在重塑生产资料与劳动结合的方式，影响着生产关系的局部变革。

二 主要观点

第一，数字化生产方式正在创造新的社会财富形式。数据作为重要的要素参与生产过程后，财富的使用价值内涵更加广泛了，不仅包括物质内容，还包括非物质内容。尤其是在数字经济时代，以互联网、大数据、云计算、人工智能等新技术为牵引，创造了越来越多的虚拟财富。这些虚拟财富既满足了人们对精神生活多样性的需要，也促进了数字生产力的发展，实现了社会经济结构的转型升级，形成了新的经济增长点。

第二，以人工智能为核心的数字技术作为一项突破性的技术创新将对经济增长产生重要影响。由于人工智能是一种偏向性的技术进步，因而会对经济增长的多个方面产生异质性影响，导致经济增长在不同群体之间、不同行业之间以及不同国家之间产生不平衡性影响。对于中国而言，人工智能将是进一步促进经济增长的有力工具，我们既要大力发展和应用人工智能产业，也要解决好人工智能可能带来的负面冲击，如失业和收入分配等问题。

第三，以人工智能为核心的数字技术将会深刻改变人类的生产和生活方式，尤其会对现行的就业结构、就业范围和就业质量等产生深刻影响。

人工智能对就业具有破坏性的替代效应、创造性的补偿效应和跨期的时间效应。要正确认识人工智能对就业的消极影响和积极影响、短期影响和长期影响。结合中国实际，提出建议：加快人工智能产业的扩大再生产，创造更多就业岗位；加强职业培训和再就业培训，提高劳动者适应新技术变革的劳动技能；普及人工智能等新技术教育，培养适应人工智能时代的复合型人才；建立健全以社会保障和工资保险为核心的劳动者保护制度体系，降低劳动者可能面临的生存风险，以便积极应对人工智能发展和应用对中国就业的影响。

第四，数字劳动是数字经济背景下，传统的劳动过程正在向数字劳动过程转变。这种转变将会深刻影响雇佣关系、劳动的控制过程和劳动报酬支付形式等。根据劳动过程特征差异性的大小，可将数字劳动过程划分为传统雇佣经济领域下的数字劳动过程、互联网平台零工经济中的数字劳动过程、数字资本公司技术工人的数字劳动过程和非雇佣形式的产销者的数字劳动过程四种类型。这四种不同形式的数字劳动过程即表现出一定的共性，如在劳动组织架构上都从纵向科层式结构向扁平化方向发展。

第五，“去劳动关系化”是数字劳动过程中出现的新趋势。“非雇佣制”“众包”“共享”和“零工”等是“去劳动关系化”的具体形式。随着劳动对资本的形式隶属向实际隶属转向，“去劳动关系化”成为资本追求更多剩余价值的介质和工具。“去劳动关系化”带来的直接后果是增加了就业的不稳定性，使得数字劳动者在劳资冲突中处于劣势地位。要让数字劳动者共享数字经济发展成果，需要发挥基本经济制度的优越性，建立健全数字劳动过程中的风险识别机制、权利保障机制、社会保险机制和政府规制机制，努力构建中国特色和谐劳资关系。

第六，平台经济正在重塑生产方式，影响着生产关系的局部变革。平台经济的崛起，使得信息社会的生产关系变革趋势更加明显，如日益多元化和社会化的所有制结构、日益网络化和民主化的组织管理形式和日益多元化和知识化的分配方式。平台经济的发展拓宽了生产力的范畴，改变了生产过程中生产资料与劳动力的结合方式，但却没有根本改变它所处的生产关系。它仅仅是通过数字技术体系、市场组织形式和国际化的分工协作体系进一步调整了生产关系的部分内容，适应了新生产力发展的需要。总的来说，平台经济的发展为生产社会化提供了新的途径，也为实现马克思讲的人类社会发展三大社会形态理论关于“以物的依赖性为基础的人的独立性”的第二阶段向“个人全面发展”和“自由人联合体”的第三阶段演进奠定了生产力和生产关系基础。

第七，平台经济的全球化扩张，一方面极大地解放和发展了社会生产力，使得人类的生产方式和交换方式越来越变为世界性的了；另一方面也出现了数字生产力在全球范围内分布的不平衡，以及发达国家与发展中国家之间越来越大的数字鸿沟。当前，数字税是平台经济全球化过程中不平衡发展带来的新挑战。数字税表面是国际税收利益的分配问题，深层次原因是国家之间的经贸利益的博弈。

第八，数字经济时代，数字化的信息和知识作为新生产要素，正在成为生产条件的重要部分。数字化信息和知识广泛渗入价值生产和价值实现过程，其归属和占有关系影响着最终的价值分配环节。新生产要素的加入不仅促进了社会生产力的极大发展，还对旧的生产关系进行调整，改变了原有的生产条件分配，从而影响到了最终的收入分配环节。根据所有权和使用权是否分离、所有权本身是否归属于同一所有者，可以将数字化信息和知识这一新生产要素的占有和归属关系区分为四种类型。当数字化信息和知识的所有权被劳动者占有时，劳动者根据自身运用数字化信息和知识所带来劳动差异获得不同的劳动报酬，更好利用数字化信息和知识的个体劳动者能得到更多收益。当数字化信息和知识的所有权被资本家占有时，资本家相互竞争会影响和改变生产条件的分配和再分配，从而影响到收入的分配和再分配。当数字化信息和知识的所有权被劳动者和资本家共享时，劳动者和资本家凭借提供的数字化信息和知识共享数字产品带来的报酬，二者的利益得到相互促进。当数字化信息和知识的所有权和使用权相分离时，所有者和使用者分割数字化信息和知识带来的物质利益，分割比例受市场环境影响。对于中国而言，既要加速各行各业的信息化和数字化，促进生产力的进一步发展，抓住新一轮科技革命中数字经济蓬勃发展的机遇，实现更多的经济价值，还要从源头处调整实现更加合理且均衡的生产条件分配，促进更为合理且均衡的收入分配。

第九，数字经济时代，人们消费的内容出现了非物质化的趋势，消费的模式越来越网络化和智能化。数字技术深刻地改变了消费赖以存在的收入基础、消费内容和实现模式等，正在凸显资本循环过程中商业资本的重要性，以及资本积累的新趋势。当前中国要进一步扩大消费需求，需要不断发展数字生产力，培育数字消费力，形成新的经济增长点。

第十，数字经济已经成为推动中国经济高质量发展的新动力。从马克思主义政治经济学视角来看，数字经济时代，社会再生产过程中的生产、分配、交换（流通）和消费四个环节正在实现数字化变革：数字生产力为高质量发展提供了新动力，数字分配力的普惠效应可以优化收入分配结构，数字流通力提升了资本周转与价值实现的效率，数字消费力将助推产业转型升级和进一步扩大内需。为了进一步培育中国的数字经济竞争力并赋能经济高质量发展，需要重点强化数字经济领域的反垄断，加大产业数字化、数字产业化、数字治理化和数据价值化“四化”建设力度，构建企业—市场—国家—国际“四位一体”的数字科技创新体系，加强自主创新，重点突破“卡脖子”的技术问题，打造完整的数字经济供应链和产业链体系，保障产业链自主、安全和可控。

第五节　研究的主要内容与分析框架

一　主要内容

本书基于马克思主义政治经济学视角研究数字经济中社会生产与再生产过程中“生产—分配—交换—消费”四个环节的新现象、新规律与新趋势，并做出理论阐释；重点对数字劳动过程中的新形式、“去劳动关系化”现象和“共享员工”问题，平台经济全球化和数字税，数字要素与收入分配，数字消费力和消费新内涵等进行深入研究。具体包括以下内容。

第一，数字经济发展的典型事实：以人工智能为例。首先介绍世界和中国的数字经济发展概括，其次，以人工智能为例，重点研究数字技术对经济增长和就业等的影响。主要关注人工智能对经济增长的作用机制、多重效应和异质性问题，以及人工智能对就业具有破坏性的替代效应、创造性的补偿效应和跨期的时间效应。

第二，数字经济中的生产：数字劳动过程。重点研究数字劳动过程的四种形式，以及数字劳动与价值创造和分配的问题。同时，会重点关注数字劳动过程中出现的新现象——“去劳动关系化”现象、本质、影响和治理等，以及“共享员工”问题等。

第三，数字经济中的分配：数字化新生产要素。重点研究数字化的信息和知识作为新生产要素参与分配的理论依据、分配的不同情境、分配的不均衡性等问题，以及数据要素参与分配的依据和重要作用等。

第四，数字经济中的交换：平台经济。主要研究数字经济中的平台组织全球化问题。平台经济作为新的交换方式和组织方式正在重塑生产方式，影响着生产关系的局部变革。随着平台经济全球化的扩张，数字经济的组织方式和国际生产关系发生了新变化，尤其是数字税的出现对平台经济全球化带来了新挑战，因此将重点研究数字税的发展历程、本质以及发展趋势和中国应对等。

第五，数字经济中的消费：数字消费力。重点阐释数字生产力与数字消费力的互动关系，研究数字消费的新内容、新模式和新趋势，并利用马克思主义的消费理论工具对网红现象、直播带货等数字经济新现象进行分析。

第六，数字经济赋能中国经济高质量发展。重点阐释从社会再生产过程中的数字生产力、数字分配力、数字流通力和数字分配力赋能经济高质量发展。同时指出，通过反垄断治理保持数字经济活力，通过数字产业化、产业数字化、数据价值化和治理数字化建设培育数字经济竞争力，通过构建企业—市场—国家—国际“四位一体”的数字科技创新体系保持数字经济创新力等。

二 基本分析框架

本书的基本框架如图 0-1 所示，遵循了学术专著的基本写作规范，即“文献综述—理论分析—实证和经验分析—实例剖析—结论”的基本思路。在具体研究内容上，先综述相关的研究，然后从马克思主义政治经济学视角研究数字经济发展中“生产—分配—交换—消费”四个环节的新现象、新规律与新趋势，并进行深入的理论阐释，最后是主要结论与未来研究展望。

需要指出的是，数字经济作为新经济形态，对社会再生产产生了重要的影响。一方面，这种影响体现在以数字产业化为核心内容的数字经济新行业、新部门正在改变社会再生产两大部类的内部结构，通过结构效应和再生产效应影响了社会再生产的四大环节，进而提升了社会化大生产的能力，扩大了社会财富的范畴和规模。另一方面，数字经济中的产业数字化，不断实现了数字技术等与农业、工业和服务业的深度融合，对原来的社会再生产过程中的生产、分配、交换和消费等各个环节都会分别产生重大影响，进而通过生产率效应、分配效应、流通效应和消费效应等对社会再生产产生具体的影响。

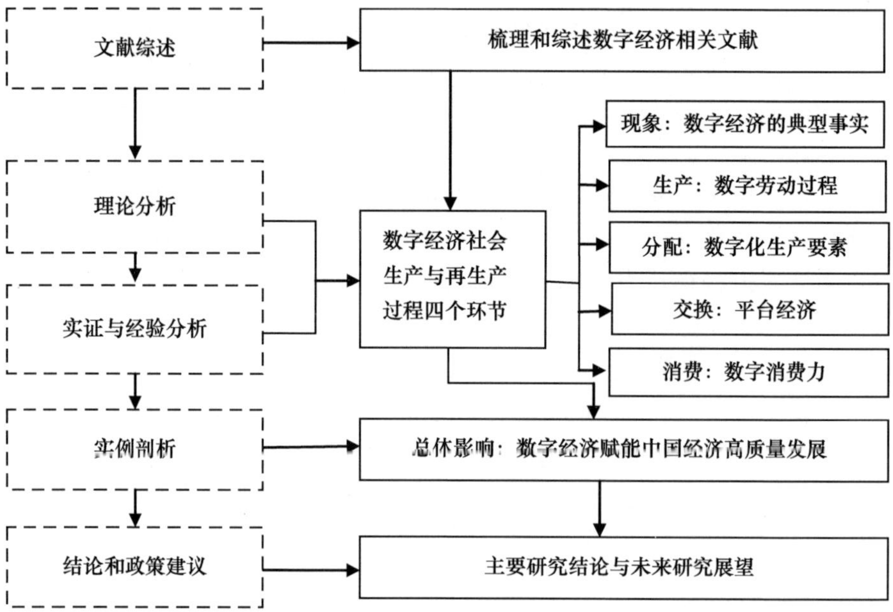

图 0-1 本书的基本框架

第六节 研究可能的创新点与存在的不足

一 研究可能的创新点

第一，应用了新的研究视角。从马克思主义政治经济学视角出发，研究数字经济中社会总生产的生产、分配、交换和消费四个环节的新现象、新规律和新趋势，重点研究了数字劳动过程、数字要素与分配、数字经济的交换新形式——平台经济、数字消费的新内涵等。

第二，在研究内容上进行了拓展。本书研究的内容是数字经济领域中正在发生的新情况和新问题，如数字劳动过程中的四种形式、数字要素与收入分配新机制、平台经济全球化与数字税新挑战、数字消费与价值实现新模式等。

第三，在研究方法上进行综合。关于数字经济的研究多沿用模型构建到实证检验的思路，具有理论研究的规范性，但是缺乏了规范分析的深刻性和历史分析的厚重性。本书从政治经济学的生产力与生产关系的辩证关系出发，利用比较分析、历史分析、归纳和演绎等多种方法来阐释数字经济领域的新现象、新规律和新趋势。

二 研究尚存的不足之处

本书存在的不足之处在于，由于研究能力等的限制，在研究过程中多采用了定性分析、历史分析和对比分析，有一定的定量分析，但是，采用的计量分析相对较少。另外，数字化生产方式下生产、分配、交换和消费四个环节的内容是比较丰富的，限于研究资料的限制，只凸显了最新现象，而对一般性现象研究不多，同时对不同类型实践经验的比较研究和凝练总结不足。

第一章　数字经济发展的典型事实：以人工智能为例

数字经济是借助于互联网、云计算、大数据、人工智能等信息技术推动人类经济形态由工业化向信息化和智能化转化的新经济形态。产业数字化、数字产业化、数据价值化和治理数据是数字经济发展的四个主要方向。数字经济正在深刻地改变我们的生产方式、生活方式和治理方式，尤其是对经济增长、就业和社会治理等产生了重要影响。考虑数字经济领域比较宽泛，为了聚焦研究内容，本章在介绍数字经济发展概括的基础上，以人工智能为例分析数字经济发展的一些典型事实。因为人工智能是数字经济发展的重要技术支持，也是数字产业化中影响非常重要的行业和部门。随着人工智能在生产和生活各个领域大规模的使用，数字经济将会逐渐向智能经济发展，届时人工智能将会发挥更大的作用，对经济社会施加更大的影响力。

第一节　数字经济发展概况

一　世界

随着互联网、云计算、人工智能、大数据和区块链等数字技术的创新和发展，数字经济发展进入了快车道。网络化、数字化和智能化已经成为人们生产方式和生活方式改变的新标签。数字技术的发展推动数据收集、使用和分析能力的快速提升，数字经济规模也不断扩张。《世界互联网发展报告 2022》指出，2021 年全球数字经济规模达到 38.1 万亿美元，美国和中国居全球前两位①。《全球数字经济白皮书（2023）》

---

① 《〈中国互联网发展报告 2022〉和〈世界互联网发展报告 2022〉蓝皮书发布》，中华人民共和国国家互联网信息办公室，2022 年 11 月 9 日，http：//www.cac.gov.cn/2022－11/09/c_ 1669622017232374.htm。

研究报告显示，2022 年全球 5 个主要国家的数字经济总量为 31 万亿美元，规模同比增长 7. 6%，2016—2022 年美国、中国的数字经济规模分别增加 6. 5 万亿、4. 1 万亿美元，保持持续快速增长，德国、日本、韩国列第三至第五位[①]。从全球范围来看，发达国家和发展中国家在数据经济发展方面有较大差距，尤其是美国、英国等发达国家在数字经济领域具有领先地位，除了中国、印度等新兴市场经济国家，广大的发展中国家的数字经济发展相对滞后。

在占比方面，2016—2022 年主要国家数字经济占 GDP 比重均提高 10 个百分点以上，其中韩国和德国数字经济占 GDP 比重分别提高了 18. 0 个和 17. 6 个百分点，日本提高了 14. 1 个百分点，中美两国在庞大的基数上也分别提高了 11. 2 个和 10. 4 个百分点。在数字经济增速方面，2016—2022 年中国数字经济年均复合增长 14. 2%，是同期美中德日韩 5 国数字经济总体年均复合增速的 1. 6 倍，增速稳居世界第一；德国产业数字化占数字经济比重连续多年高于美中日韩 4 国，2022 年则达到 92. 1%[②]。在结构方面，产业数字化占比较大，平均超过了 50%，其中，德国、英国、美国、法国、中国和巴西等国家的产业数字化水平较高，超过了 80%。从全球来看，在数字产业化方面，美国、德国、芬兰等国家占比较高。在产业渗透方面，数字经济对服务业的渗透率最高，其次是制造业，再次是农业。其中，英国、德国、韩国等在第一产业数字化方面具有相对优势，德国、美国和韩国等在第二产业数字化方面具有相对优势，中国、法国和日本等在第三产业数字化方面具有相对优势。

随着大量的从事数据收集、数据存储、数据分析和数据创造等的公司的创立，数据通过在商业平台的转化成为有价值的生产要素，参与到财富的创造中。数字平台的全球化扩张紧密连接了跨国的生产者、销售者和消费者，通过双边市场交换平台或多边市场交换平台，创新了商业模式，提高了交易效率。例如，亚马逊、脸谱、易趣、优步、爱彼迎等数字经济平台已经成功融入了欧美国家人们的日常生产生活中，成为具有较高使用黏性的数字经济平台。数字经济形成了新的增长动力，世界主要经济体中数字经济占比正在逐渐提高。截至 2021 年底，数字经济发展较好的 47 个国

① 《2023 全球数字经济大会丨〈全球数字经济白皮书（2023）〉在京发布》，央广网，2023 年 7 月 5 日，https：//www. cnr. cn/bj/chrd/20230705/t20230705_ 526316715. shtml。

② 《2023 全球数字经济大会丨〈全球数字经济白皮书（2023）〉在京发布》，央广网，2023 年 7 月 5 日，https：//www. cnr. cn/bj/chrd/20230705/t20230705_ 526316715. shtml。

家的数字经济规模超过 38.1 万亿美元，占 GDP 的 45.0%[①]。数字经济也创造了新的就业机会，与数字技术和产业相关的新产业、新模式、新业态等正在创造更多的新就业岗位。当然，产业数字化和智能化发展也会带来结构性失业等问题，这是发展数字经济需要面对的一项重大挑战。

从全球范围来看，数字经济保持了持续快速发展态势。近年来，G20 国家数字经济发展呈现一系列新特点和新趋势，2021 年第五届 G20 数字（经济）部长会议通过了《数字部长宣言》，将 G20 数字经济任务组升级为常设工作组[②]。在 G20 国家中，美国的数字经济处于领先地位，重点在数字前沿技术、制造业数字化和产业附加值等方面处于优势地位。目前，全球的数字信息公司中，美国的谷歌在搜索引擎国际市场占有绝对优势地位，亚马逊在在线销售领域占有全球 40%以上的份额，脸谱和推特等聊天通信公司在全球也占有较大市场份额。数字经济发展处于世界第二梯队的是中国、德国、日本、法国、英国和韩国等国家。其中中国是世界第二大数字经济体，在全球排名前 30 的大型数字公司中中资企业占有 1/3 的份额。处于第三梯队的加拿大、澳大利亚、意大利、印度、巴西、墨西哥、俄罗斯等国家的数字经济发展也较为迅速。值得注意的是，由于数字基础设施建设、数字技术终端使用和技术创新能力差距，世界范围内数字经济“富国”与“不发达国家”之间有较大的数字鸿沟。研究报告显示，至 2021 年底全球有 29 亿人仍无法上网，其中 96%处于发展中国家，约 3.9 亿人生活在没有移动宽带信号覆盖的地区[③]。“信息富国”与“信息穷国”之间的这种数字鸿沟会带来收入分配的不均和发展的不平衡，也会影响世界经济的整体增长质量。要面对数字经济发展带来的“数字鸿沟”等问题，既要尊重数字经济的基本规律，让市场在资源配置中发挥决定性作用；同时也需要发挥政府作用，在发展战略、法律法规、产业政策等方面采取积极行动，推动数字技术创新、实现数字成果共享和积极参与数字经济全球协作与治理体系。

二　中国

中国高度重视数字经济发展，大力发展数字基础设施，培养数字人才，

---

① 中国信息通信研究院：《全球数字经济白皮书（2022 年）》，2022 年 12 月 7 日，http://www.caict.ac.cn/kxyj/qwfb/bps/202212/t20221207_412453.htm。

② 《二十国集团数字经济部长会议简介》，中华人民共和国工业和信息化部，2022 年 5 月 13 日，https://www.miit.gov.cn/jgsj/gjs/hzjzlw/art/2022/art_660826c7cc484b009a2bd99004d50c05.html。

③ 人民网研究院：《中国信息通信研究院》，2022 年 6 月 29 日。

形成数字产业集群，推动产业数字化和数据产业化，以供给侧结构性改革为突破口，实现实体经济与数字经济融合发展，建设数字中国。抓住数字经济发展的重大战略机会，凭借良好的网络基础设施和规模庞大的网民，我国数字经济实现了跨越式发展。中国数字经济发展具有以下几个特点。

一是数字经济规模大。中国已经成为全球第二大数字经济体。2020 年数字经济规模达到 5.4 万亿美元，占 GDP 的比重超过 1/3。2008 年 6 月底，我国网民数量达到了 2.53 亿人，成为全世界网民规模最大的国家，2018 年中国网民规模达到了 9.02 亿，网络普及率达到 57.7%①。截至 2022 年底，中国网民规模达到了 10.67 亿，互联网普及率高达 75.6%，网络购物用户规模达 8.45 亿，较 2021 年底增长 319 万；海关数据显示，2022 年中国跨境电商进出口总额达 2.11 万亿元，同比增长 9.8%②，已经形成了蓬勃发展的数字经济消费市场和贸易市场。另外，中国在 5G、大数据应用、人工智能、移动支付、平台经济等领域具有比较优势和竞争优势。

二是数字经济产业化结构持续优化。数字经济主要沿着产业数字化和数字产业化两个方向发展。在产业数字化方面，数字技术和数字经济推动了农业、工业和服务业的数字化和智能化发展。数字技术的发展推动了传统产业的转型升级，实现了产业数字化和智能化。其中，在服务业数字化方面中国走在了世界前列。在数字产业化方面，数字技术发展催生了数字经济新产业、新业态和新模式。2022 年，数字产业化增加值规模达 9.2 万亿元，其中电信业平稳向好，电子信息制造业稳定增长，软件和信息技术服务业收入跃上 10 万亿元台阶，互联网和相关服务业研发投入持续增加，显示出数字产业化发展的强劲势头③。《数字经济“十四五”规划》指出，当前我国数字经济核心产业占 GDP 的比重为 7.8%，2025 年数字经济核心产业占 GDP 的比重将达到 10%④。在产业渗透率方面，数字经济对服务业的渗透率最高，对工业的渗透率次之，对农业的渗透率相对较低。从数字经济发展的区域结构来看，全国有 13 个省份的数字经济规模超过了 1 万亿元，广东、江苏、山东、浙江、上海、北京、福建等省份的数字经济发展居于全国前列，贵州、四川、重庆等西部省份的数字经济发展正在迎头

---

① 欧阳日辉、孟红霞：《数字经济，中国发生了什么》，《今日中国：中文版》2018 年第 12 期。

② 中国互联网络信息中心：第 51 次《中国互联网络发展状况统计报告》，2023 年 3 月 2 日。

③ 中国信息通信研究院：《中国数字经济发展研究报告（2023 年）》，2023 年 4 月 27 日，http：//www.caict.ac.cn/kxyj/qwfb/bps/202304/P020230427572038320317.pdf。

④ 转引自梁敏、宋薇萍《数字经济发展路线图明晰　数字中国建设加速推进》，《上海证券报》2021 年 3 月。

赶上，其数字经济增速相对加快。

三是数字经济吸纳就业能力不断增强。数字经济的发展可以通过替代效应和创造效应影响就业。替代效应简单地讲就是“机器换人”，创造效应简单地讲就是“人机合作”。数字经济的发展带来了结构性失业问题，但是也正在形成新的就业岗位。从就业的总体情况看，在中国数字经济对就业的创造效应已经逐渐超过替代效应。人力资源和社会保障部的数据显示，我国灵活就业从业人员规模已经达到 2 亿人，约 8400 万名劳动者依托互联网平台就业，约占全国就业人数的 11%①。数字经济正在创造新的就业形式，如众包、分包、临工、产销型劳动者和共享员工等，增加了劳动者就业的灵活性，但也使得就业者在劳动力市场中处于相对不利地位。

四是数字经济为中国经济高质量发展提供了新业态、新空间和新动能。中国经济发展已经进入新常态，正在向高质量发展转变。数字经济为中国经济高质量发展注入了新活力。以数字技术创新和数字产业发展为牵引，通过制造业智能化、现代农业+互联网、现代服务业数字化等实现了实体经济与数字经济的深度融合，不断创造出新业态、新产业、新模式和新技术，实现了传统产业结构的转型升级和新型产业的快速崛起。数字经济占 GDP 的比重已经超过 1/3，成为增长最快的领域。2003—2018 年，我国数字经济实现了快速发展，增速显著高于同期 GDP 增速，其中 2018 年数字经济名义增速达到了 20.9%，远高于 2018 年 GDP 的增速（6.6%）②。2022 年，中国数字经济增速达到了 10.3%，连续 11 年显著高于同期 GDP 增速③。

五是中国数字经济具有一定的国际竞争优势。中国数字经济不仅规模大，已经成为世界第二大数字经济体，而且具有一定的国际竞争力。首先，中国在数字技术领域处于世界领先地位。中国在 5G 技术、云计算、大数据、量子通信、人工智能、3D 打印和物联网等领域的技术处于世界领跑或并跑的位置。其次，中国的数字技术企业的数量和规模在全球占有一定优势。2022 年 8 月 2 日《财富》发布的世界 500 强排行榜中，中国企业（含中国香港企业）共 145 家，数量连续 3 年居首，全球范围内上榜的

① 国家发展和改革委员会：《数字经济的就业创造效应与就业替代效应探究》，2022 年 6 月 2 日，https://www.ndrc.gov.cn/wsdwhfz/202206/t20220602_1326795_ext.html。

② 中国信息通信研究院：《中国数字经济发展研究报告（2023 年）》，2023 年 4 月 27 日，http://www.caict.ac.cn/kxyj/qwfb/bps/202304/P020230427572038320317.pdf。

③ 中国信息通信研究院：《全球数字经济白皮书——疫情冲击下的复苏新曙光》，2021 年 8 月 2 日，http://conf.caict.ac.cn/kxyj/qwfb/bps/202108/P020210913403798893557.pdf。

6家互联网公司中，京东、阿里巴巴和腾讯在列①。2021年，中国信息通信研究院发布全球互联网上市公司30强名单，中国有11家企业进入名单，远超除美国外的其他国家②。尽管中国的互联网平台企业具有一定的数量和规模优势，但是，国际化水平和营收规模与美国公司相比还有很大差距。《2022全球市值100强上市公司排行榜》数据显示，2022年亚马逊的市值为16590亿美元，Alphabet的市值为18420亿美元，而中国排名最高的公司腾讯的市值仅为4590亿美元③。改变这一局面需要中国数字技术企业借助“一带一路”倡议等“走出去”，实现国际化发展。

第二节　人工智能与经济增长

一　人工智能的发展现状

人工智能是通往未来智能世界的钥匙，世界各主要经济体自2013年开始便陆续制订发展计划以抢占科技变革的先机，并将人工智能引入经济振兴、科技创新的相关政策战略中。美国已经将人工智能上升到国家战略层面，早在2016年5月就成立了人工智能委员会；日本在2016年初制定并推行高级人工智能综合发展计划，致力于集AI、物联网、大数据、网络安全的综合技术的发展；韩国在2015年成立了AI Star Lab，将人工智能列为项目五大关键领域之一；欧盟也在优先发展人工智能，2018年12月欧盟委员会发布了《人工智能协调计划》，提出“人工智能欧洲造”的理念。同样，中国也在持续关注人工智能的发展，国务院在2015年发布的《中国制造2025》报告中就提出要深化智能制造发展，并在2019年的政府工作报告中明确提出，要加强大数据、人工智能的研发与应用，拓展“智能+”，推动制造业转型升级。

世界各国除了在政策战略层面加快布局人工智能体系，其背后的技术支撑与相关产业也在大力推进，助力人工智能落地。在2009—2018年的10年间，中国的AI专利申请数量累计达68467项，是排名第二的美国的

---

① 《2022年财富世界500强排行榜》，财富中文网，https：//www. fortunechina. com/fortune500/c/2022-08/03/content_ 415683. htm，2022年8月3日。

② 中国信息通信研究院：《中国互联网行业发展态势暨景气指数报告（2021年）》，2021年9月9日，http：//www. caict. ac. cn/kxyj/qwfb/bps/202109/P020210923338177677850. pdf。

③ 普华永道：《2022全球市值100强上市公司排行榜》，2022年6月。

2.27倍，且中美的专利年增速均保持高速平稳增长（中美平均年增速分别为42%、19%）。在这10年间，全球AI论文发表数量总体上呈现递增趋势，排名前三的国家是中国、美国、英国，中国以30303篇的数量占据绝对榜首，中国、美国、英国的AI论文累计总数占全球累计总数的50%以上。在技术研究的领域上，中美的论文与专利产出更加聚焦于机器学习与计算机视觉领域。

在产业发展方面，截至2018年，全球人工智能企业总数达15916家，其中美国AI企业数4567家，中国3341家，英国868家，分别位列全球前三；全球新增企业数量在2016年达到峰值，随后两年逐年下降，而AI企业的融资额呈持续增加趋势，表明全球AI产业的创业者与投资者趋于理性，企业更加关注核心技术的转化能力，市场也倾向于选择可持续的商业模式。人工智能在行业应用上主要包括医疗、自动驾驶、金融等领域。随着深度学习和计算机视觉技术的不断成熟，全球正在加紧AI医疗影像的应用布局。就自动驾驶而言，多轮高额融资在加速自动驾驶技术的实现，且多个汽车品牌都对该项技术持乐观态度，但是受多种因素影响，自动驾驶企业的累计增长率波动较大。就AI+金融企业而言，中美两国的AI+金融企业数与人工智能总体产业的发展趋势基本一致，均是在2016年前后爆发，而后增长放缓①。

自2016年Alpha Go战胜围棋名手李世石后，世界各国都更加深刻地认识到了人工智能技术的真正潜力，也开始讨论人工智能对经济、社会可能造成的深远影响。麦肯锡研究所最新的模拟研究表明，到2030年，全球约70%的公司至少采用了五类人工智能技术中的某一种，按平均采用水平估算，人工智能可增加约13万亿美元的经济活动，比当今全球累计GDP高出16%左右，相当于每年GDP额外增长1.2%。这样的增长，是历史上其他任何通用技术都无法比肩的。此外，研究者也指出，人工智能对世界经济的影响并非是线性的，后期竞争的累计效应会驱动加速增长，故呈“S”形的增长轨迹。换句话说，人工智能在2030年对经济增长的贡献率大概是未来5年的三倍或以上②。

对于中国而言，人工智能发展是一个不容错过的战略机遇，它在解决人口老龄化问题、赋能传统制造业转型升级以及形成新经济增长点方面都

---

① 《乌镇智库：全球人工智能发展报告（2018）》。

② McKinsey Global Institute，“Notes from the AI Frontier：Modeling the Impact of AI on the World Economy”，2018-9-4，https：//www. mckinsey. com/featured-insights/artificial-intelligence/notes-from-the-frontier-modeling-the-impact-of-ai-on-the-world-economy#.

具有关键作用。埃哲森咨询公司发布的一项研究指出，将人工智能视为新的生产要素可在一定程度上缓解人口老龄化导致的经济增长放缓问题，并带来新的增长机遇。此外，以人工智能技术为支撑的“智能养老”“智能医疗”也为老龄化问题提供新的解决方案。而智能制造则被公认为是提升传统制造业整体竞争力的重要途径，将新一代人工智能技术与生产环节融合，可构建从技术到价值链的全新智能制造体系。在中国经济由高速度向高质量转变的过程中，经济动能正在转变为创新驱动，中国的智能产业随之蓬勃兴起。

随着人工智能技术在生产生活中的深入应用，其对经济增长也产生了深刻的影响，这引起了学界的广泛讨论。人工智能经济效应的讨论其实是自动化经济效应的讨论的延续，现有文献主要从宏观经济学的角度，将人工智能引入新古典经济增长模型和任务分析的框架中，并将人工智能看成一种新的生产要素，通过对劳动的替代来提高生产率，进而促进经济增长。人工智能本质上是一种技术进步，中国学者也从马克思经济增长理论的角度出发探讨了技术进步对经济增长的影响。在这个问题上，学界存在一些分歧。杨继国认为，技术进步引发不变资本与可变资本增长速率的不一致会导致经济失衡并阻碍长期增长①。沈炳珍从资本有机构成角度分析并认为技术进步对经济增长的影响存在不确定性②。与之相对，很多学者从多个角度分析了技术进步对经济增长的促进作用。其中一些学者是从马克思内生经济增长理论角度来进行解释。马艳等认为，技术进步会影响可变资本，即劳动复杂程度会随着技术进步不断提高，并通过复杂劳动的转化、创新、激励、累积机制促进经济内生性增长③。孟捷认为，与生产率进步相伴随的是复杂劳动还原，且这种还原只限于某些部门，这种部门之间劳动生产率的结构性差异会带来社会总价值量的增长④。还有一些学者从理论和实证两方面分析了技术进步对经济增长的作用机制及其影响大小。施生旭等在马克思经济增长模型的基础上引入技术进步因素，认为技术进步会导致资本有机构成提高和利润率提高，成本节约型的技术进步会

① 杨继国：《对扩大再生产模型的“扩展”研究——从马克思主义经济学视角看宏观经济均衡增长条件》，《厦门大学学报》（哲学社会科版）2002 年第 2 期。

② 沈炳珍：《制度与技术协同演化：马克思经济增长理论及其启示》，《演化与创新经济学评论》2009 年第 1 期。

③ 马艳、严金强、李韵：《马克思内生增长理论的界定及其微观机制》，《经济学动态》2017 年第 9 期。

④ 孟捷：《复杂劳动还原与马克思主义内生增长理论》，《世界经济》2017 年第 5 期。

提高利润率促进经济增长，即正向效应；同时，技术进步会导致不变资本效率提高以及可变资本效率降低，进而导致产能过剩和收入差距拉大阻碍长期增长，即负向效应，并通过实证分析说明技术进步对经济增长的正向效应大于负向效应[①]。唐永和范欣在理论上分析了技术进步对经济增长的作用机制主要分为提高劳动生产率机制和提高资本有机构成机制，且它们都是通过作用于不变资本、可变资本、剩余价值率来对经济增长产生影响。他们还通过定量分析得出技术进步的劳动生产率效应显著大于资本有机构成效应的结论[②]。

比较上述文献可以看出，无论是从宏观经济学还是政治经济学角度出发，人工智能作为一项突破性的技术创新都对经济增长有积极的促进作用。而基于马克思经济增长理论视角来研究该问题的文献相对较少，现有研究又大多集中在笼统地讨论技术进步的经济影响，且人工智能相对于传统技术进步其经济效应有其特殊性，有必要对此进行深入分析。因此，本书将基于马克思经济增长理论就人工智能对经济增长的作用机制和影响进行阐述。

二 人工智能对经济增长的多重效应

通过对现有文献的梳理，我们知道国内利用马克思经济增长理论研究技术进步大部分沿着两条路径：一是引入复杂劳动及其还原，构建马克思内生经济增长理论；二是对马克思扩大再生产理论的前提条件进行放松，即放弃资本有机构成不变和劳动生产率不变的假定，加入技术进步因素来探讨经济增长的机制。基于现有的文献研究进展和理论基础，本书将沿着第二条路径来探讨人工智能的经济增长机制，即人工智能通过提高劳动生产率和资本有机构成来对经济增长产生影响，并在此基础上引入分工与精细化效应和消费扩张效应加以讨论。

（一）劳动生产率效应

马克思在《资本论》中写道，“大工业把巨大的自然力和自然科学并入生产过程，必然大大提高劳动生产率”[③]。而影响劳动生产率的因素主要有劳动者的熟练程度、科学技术的发展水平及其在生产中的应用程度、生

① 施生旭、郑逸芳、石礼忠：《技术进步对经济增长的效应分析及实证研究——基于马克思经济增长模型》，《理论月刊》2014年第3期。

② 唐永、范欣：《技术进步对经济增长的作用机制及效应——基于马克思主义政治经济学的视角》，《政治经济学评论》2018年第3期。

③ 马克思：《资本论》第1卷，人民出版社2004年版，第444页。

产过程的社会结合（分工、协作、劳动组织、生产管理等）形式、生产资料的质量与效能等[①]。人工智能提高劳动生产率的作用机制分析也将主要从这四方面开展。

第一，智能机器的运用可以通过提升劳动者的生产技能与素质技能，最终提高劳动者生产的熟练程度。由于智能机器无须经过培训与学习便可以按照预先设置的程序指令熟练进行生产活动，并且还能通过自身的视觉与感知系统将周围的信息传送至后台，工作人员再做出必要的检查和指令修改使其更加符合生产工艺的需要。因此，智能机器作为人手、脑的延长无疑提高了劳动者生产的熟练度与精准度。此外，有学者提出，人工智能应用背景下的劳动分工正由细化向极化方向发展，劳动过程趋向于实现有效的人机合作，这不仅要求劳动者具备更高水平的生产技能，还要具备相应的素质技能，最终实现劳动者由“去技能化”向“再技能化”的转型[②]。就中等技能劳动者而言，他们具有被替代的风险，而人工智能的应用会促使他们再学习、再技能化，从而促进劳动者素质技能的提高，使其能够熟练从事更高层次的生产活动。

第二，人工智能是一项具有突破性的技术创新，将其与生产过程相结合可以提高生产的技术水平。人工智能的应用实现了由“无人工厂”向“智能工厂”的转变，从产品的研发、制造到供应链的管控，以及包括产品的存储与清点、物流的调度与客户的接洽在内的各个环节都实现了技术的升级。例如，在产品研发方面，美国欧特克公司利用集成人工智能的设计平台，设计师只需输入期望重量、大小以及材质等条件，便可自动提供数百种可选择方案。在生产制造方面，我国已运用于富士康 iPhone 8 生产线的高端 CNC 数控机床服务，可通过利用机器学习预判何时需要换刀，将生产线的停工时间从几十分钟缩短至几分钟。还有在产品管理方面，以人工智能算法结合物联网、大数据，实现产品检测和管理并对可能出现的风险进行预警。例如，三一重工与腾讯云共同打造的“根云”大数据平台，把分布在全球的 30 万台设备接入平台，远程管理庞大设备群，极大地提高了管理效率。

第三，人工智能的应用可以分别拓展劳动对象和劳动资料的深度和广度，从而有利于提高生产资料的利用率。从劳动对象广化的角度来说，人

---

① 刘诗白主编：《政治经济学》，西南财经大学出版社 2014 年版，第 44 页。

② 邱子童、吴清军、杨伟国：《人工智能背景下劳动者技能需求的转型：从去技能化到再技能化》，《电子政务》2019 年第 6 期。

工智能手段的应用可以使开发劳动对象的过程变得更有效，它不仅能使许多未知地下资源和海洋资源得以开发利用，还可以通过智能技术充分利用可再生资源、合成材料进一步扩大劳动对象使用范围。从劳动资料深化的角度来说，高科技、智能化的工具和设备具有自我学习能力，能在接收信息后进行及时调整与反馈；同时还能在面对复杂情形时，利用其强大的数据统计与计算能力，进行结果模拟并筛选出最优方案，使得生产更加科学有效。

第四，人工智能有助于完善生产过程中的社会结合，主要体现在促进分工多样化、增强部门协作及提高组织管理效率。传统自动化技术主要实现对人体力的替代，可以提高专业化分工的效率；而人工智能技术还可以实现对人脑力的替代，从而进入人类的创造性领域，使得人工智能引领的多样化产品创新成为可能，促进分工的多样化。斯坦福大学 AI 100 发布的《2018 人工智能指数报告》指出，人工智能已经出现了“达到或超越人类表现”的重要进展，主要体现在 AI 对产品创新的复杂化和多样化上。也就是说，人工智能的发展不仅能提高专业化分工效率进而提高劳动生产率，还能通过开发新产品促进多样化的分工，扩大生产可能性边界，同时拓展出新的供给和需求，为经济增长提供动能。此外，人工智能还是一项复杂的系统性技术，不能由孤立岗位完成，需要各个部门的高度协作，不仅提高了单个人的生产效率，更作为整体创造了更大的生产力。最后，人工智能与大数据、互联网在生产中的联合应用有利于提高企业的组织管理效率，可以为决策者提供更全面、更准确的信息，甚至是问题的解决方案，有利于提高决策效率，进而管理生产效率。

（二）资本有机构成效应

资本有机构成是指由资本技术构成决定并能反映技术构成变化的资本价值构成，具体表现为不变资本（C）与可变资本（V）的比率。随着人工智能技术的深入发展，资本有机构成将不断提高。具体而言，人工智能的运用替代了部分劳动力；同时劳动生产率提高，使得单位劳动可支配的不变资本增加，这二者共同促进了劳动需求的下降，使得可变资本（V）减少；此外，智能设备成本高昂使得不变资本投入较大，同时竞争压力以及对利润的追求使得不变资本的投资增加，最终导致不变资本（C）增大。资本有机构成提高对经济增长产生影响，具体表现为以下三方面。

首先，资本有机构成提高，不变资本投资增加，从而生产规模扩大，有利于创造更多财富。人工智能设备的大规模应用，使得不变资本的增长率大于可变资本的增长率，企业将更多投资用于不变资本上，有利于扩大规模，创造更多财富。此外，人工智能技术的应用会导致企业家之间的竞争、资本积聚和资本集中加剧。一些处于弱势地位的企业会倒闭，而另一些资本雄厚的大企业则会不断扩大生产规模。随着生产规模的扩大，企业就会更加注重用机器代替工人劳动，这会促使企业更多投资于不变资本，进而促进经济增长。

其次，资本有机构成的提高，使得可变资本的相对量和绝对量变化，从而对经济增长产生不确定性影响。一方面，资本有机构成提高，可变资本相对于不变资本而减少，同样的不变资本对可变资本的需求量逐渐减少，使得一部分劳动力游离出来。并且，由于智能机器对劳动力的替代使得产业后备军数量增多，劳动力的供过于求会进一步压迫工资下降，而失业和劳动者报酬降低都不利于经济增长。另一方面，整个社会可变资本的绝对量可能增加，从而有利于经济增长。资本有机构成提高意味着不变资本的增长率大于可变资本的增长率，但是追加的不变资本也需要一定的可变资本来推动，所以，只要追加的不变资本数量足够大，可变资本也会出现绝对数量的增长。与此同时，随着人工智能设备的大规模投入应用，企业有更高的利润预期以及竞争压力，这会推动开发新产品、新工艺、新材料的创新浪潮，通过人工智能与其他产业的深度融合，催生新产业、新业态。从而创造出新的工作岗位，推动整个社会可变资本的数量增大。其最终对经济增长的影响，取决于可变资本相对量与绝对量的作用力大小。

最后，资本有机构成提高意味着智能化设备的更广泛的运用，代表社会劳动生产率的普遍提高，有利于生产出更多剩余价值，用于增加积累并实现扩大再生产。随着人工智能技术与设备的不断改进及其在生产中应用的不断深入，生产效率将不断提高，即商品生产和加工的速度越来越快。这不仅会导致厂商雇用工人数量减少，也会缩短工人生产单位产品的时间。在工人全部劳动时间不变的情况下，人工智能的引入缩短了工人的必要劳动时间，相对地延长了剩余劳动时间，其结果是厂商获得更多相对剩余价值。同时，随着劳动生产率提高的还有单位商品价值量的下降，从而包含一定价值和剩余价值的剩余产品增多，导致生产资料和消费资料的价值均下降。一方面，厂商可以通过减少消费支出来增加积累；另一方面，劳动力价值和生产资料价值下降，同样可变资本可以雇用更多工人生产更多剩余价值，同样不变资本也可以购买更多生产资料用以扩大生产。最后，生产劳动资料的部门劳动生产率提高后会以效率更高的形式再生产出已经消耗的劳动资料，从而提高生产能力，生产出更多剩余产品①。总之，在资本积累率不变的情况下，相对剩余价值和剩余产品的增加会使资本积累增加，并进一步满足扩大再生产的需要。

（三）分工精细化效应

“分工，分工的阶段依赖于当时生产力的发展水平。”② 分工是依托现有生产资料对生产力水平进行的直接反映，是现有科学技术水平上的劳动表现形式。只要生产力出现大的变革，便首先会对劳动力分工产生直接影响③。分工结构与一定的生产力水平相对应，反过来，分工也会影响生产力的发展。人工智能在促进生产力发展的同时，也推动分工的变化，包括分工的精细化和国际分工的新变化。

人工智能技术的应用没有消除分工，而是推动人们进入更高级更精细的分工领域。首先，分工形式由原来通过同一产业的“研发—制造—营销”来划分转向不同产业的整体性划分。人工智能弱化了同一产业链上中下游企业的高度分工，强调基于智能生产一体化的产业间“独立性大分工”④。其次，分工内容更多依托于脑力劳动而非体力劳动，更加强调创造性劳动，体现劳动者在更高生产力水平上对生产的整体把握。最后，分工更加强调人机一体化。智能机器对生产力的提升将推动分工发展进入第三阶段，即社会分工高级阶段，形成以劳动者为中心、劳动者的脑力劳动与机器劳动共同演化的智能机器大工业分工形态⑤。也就是说，人工智能除了部分的替代劳动力，还有机器与人类劳动的结合生产。在这种分工形态中，人类劳动会处于中心位置，劳动者按照需求选用智能机器组织生产，通过人机互动进行精准匹配需求的定制生产。

总之，人工智能会替代某些行业的工作岗位，但不会代替分工，更不会消除分工。正如马克思所指出的，科学技术的发展只是消除旧的分工，而不是消除社会新的分工。人工智能通过对各领域的渗透，使技术分工更

① 刘诗白主编：《政治经济学》，西南财经大学出版社 2014 年版，第 71—72 页。

② 《马克思恩格斯文集》第 1 卷，人民出版社 2009 年版，第 587 页。

③ 张新春、董长瑞：《人工智能技术条件下“人的全面发展”向何处去——兼论新技术下劳动的一般特征》，《经济学家》2019 年第 1 期。

④ 张新春、董长瑞：《人工智能技术条件下“人的全面发展”向何处去——兼论新技术下劳动的一般特征》，《经济学家》2019 年第 1 期。

⑤ 韩海雯：《人工智能产业建设与供给侧结构性改革：马克思分工理论视角》，《华南师范大学学报》（社会科学版）2016 年第 6 期。

科学、更细密、更有应用价值[①]。在更加精细化的分工领域下，人们使用更少的直接劳动就能创造出极大地满足社会物质与精神需要的产品，不仅促进经济增长，还使得人们将更多的时间及精力投入自主的科学研究及自己有兴趣的活动中去，真正促使“人的全面发展”。

就引发国际分工新变化而言，人工智能在提高劳动生产率，形成新的生产方式的同时，还会重塑国际价值链和产业链，对国际分工产生影响。一方面，人工智能带来的新业态在价值链上增加了新的内容，不同国家为了把握生产主动权会增加人工智能的研发投入，大力发展人工智能制造业。在这方面人口基数大、经济体量大的国家具有资金和人才优势，其率先掌握分工主导权的可能性就越大，从而更有可能生产出产品附加值较高的产品，处于价值链更高的位置。另一方面，人工智能的发展会影响一些国家的比较优势，影响原有分工模式。例如，在一个劳动密集型产业发达的国家，其劳动力具有成本优势，但是，在能广泛应用人工智能生产的产业这一优势将被削弱，其以劳动密集型产业为主的出口导向型的贸易政策也会受到不利冲击。

对于中国而言，在人工智能的技术发展与市场应用方面，中国已经进入了国际领先集团[②]。有研究表明，大力发展人工智能有利于中国企业参与全球价值链分工，且这一积极影响效应会通过替代劳动力投入、提高企业生产率等途径来实现。但是，人工智能对中国企业参与全球价值链的促进效应主要集中于加工贸易企业，还需要激发人工智能对一般贸易企业的改造和升级。此外，人工智能还会影响价值链的位置调整，基于行业数据的分析表明，人工智能显著促进了行业全球价值链位置的提升。总之，人工智能不仅提高了中国企业全球价值链的参与程度，更提高了其在价值链中的位置[③]。

（四）消费需求扩张效应

中国人工智能市场规模增长迅速，2017 年中国人工智能市场规模达 237 亿元。随着算法、算力的不断成熟，基于语音和视觉技术有越来越多的应用和产品落地，人工智能已在医疗健康、金融、教育、安防等多个领域得到应用。人工智能的发展重构了生产、分配、交换和消费各环节。人

---

① 蒋南平、余声启：《人工智能与当代资本主义的经济社会矛盾——基于大卫·哈维的理论视角》，《马克思主义与现实》2019 年第 6 期。

② 清华大学中国科技政策研究中心：《中国人工智能发展报告 2018》，2018 年 7 月 13 日。

③ 吕越、谷玮、包群：《人工智能与中国企业参与全球价值链分工》，《中国工业经济》2020 年第 5 期。

工智能技术在多个行业的推广应用，极大地提高了经济运转效率，提高了要素生产率①。

人工智能技术的发展不仅会对生产领域产生影响，还会对消费领域产生影响，而消费又会反作用于生产并对经济增长产生影响。这三者的关系总结起来就是，消费需求是人工智能技术创新的动力，而人工智能技术的发展是人们多样化需求得以实现的基础，消费者的旺盛需求又使得生产出来的产品价值得以实现，从而有利于经济的长期稳定增长。

一方面，人工智能通过提供多样化与个性化的新产品，创造消费动力，直接促进消费需求总量的扩张。以人工智能为依托的智能化产品与服务会不断激发消费者的购买欲望，形成消费动力，并开辟新的消费领域。在物质产品上，出现了诸如智能机器人、智能玩具、语音识别、图像识别系统与软件等；在服务上，用于医疗保健出现了影像诊断、流行病早期确认与追踪等技术，用于金融服务业出现了机器人顾问、个人理财规划等服务。当初电脑与智能手机的发明，随之出现了一大批电脑迷和手机发烧友，与之类似，人工智能产品的出现也会促成消费革命的爆发，并收获大量的痴迷追随者。而且，当前的人工智能产品不仅会引发当下的需求，还会形成对未来产品的期待与需求，这会形成强大的潜在消费需求量。正如黑白电视的出现引发了消费者对彩电的需求，而智能家政中扫地机器人的出现也同样引发人们对做饭机器人的期待。

另一方面，人工智能通过提供优质化与定制化的产品，实现供需平衡，提高消费质量。人工智能技术的发展，提高了社会的生产力发展水平，创造出更多物质财富，可供人们消费和选择的产品数量和种类增多，可以极大地满足消费者各种消费需求；与此同时，消费的增加也产生了更多数据信息，使得拥有人工智能技术与大数据的企业可以更好地掌握消费者的反馈，有助于创造出更多符合消费者偏好的产品。这二者的良性循环共同推动消费需求量质齐升。例如，在零售业，人工智能比较具有潜力的领域是产品的个性化定制与需求预测，通过对顾客消费记录和行为反馈进行分析，人工智能在发展初期可以实现根据消费者的偏好进行产品推荐，中期可以实现完全的量身定制，后期可以实现根据市场信息预测需求以便及时调整生产适应需求。消费者在这个过程中不仅获得了最符合其需求的产品还大幅缩减了产品的搜寻成本。

总之，人工智能技术通过提供多样化和定制化的产品以激发消费者的

① 《新一代人工智能有助提升要素生产率》，《中国社会科学报》2021 年 11 月 3 日第 3 版。

消费动力。特别的是，人工智能对中高技能的劳动者起到强化而非替代作用，使其工资并不下降，而这类人群是人工智能产品主要受众，就该特定群体来说其对服务领域的消费需求是扩张的。此外，《中国人工智能发展报告（2018）》显示，国民对人工智能的认可度较高，超半数受访者表示支持其全面发展，加之人工智能对零售业、物流业运转效率的大力提升，我们有理由期待人工智能对消费需求量质的提升。

在消费者心理层面，人工智能有助于提高消费者的购买动机。此外，在实体经济上，人工智能也有实际的需求扩大效应。从理论上讲，人工智能的发展不仅会带来技术进步和生产智能化水平的提升，而且还会催生新经济和新产业。一方面，这有助于提高实体经济对经济增长的拉动能力，从而达到促进经济增长的目的；另一方面，这有助于提高实体经济对资本的吸引力，并降低经济增长对基建投资和住房投资的依赖，从而减轻二者对消费的挤出效应，即在优化资本结构的同时实现了扩大消费和经济的目标。有学者通过构建一般动态均衡模型，数值模拟的结果显示当人工智能使 2035 年劳动生产率分别提高 10%、15%、20%时，居民部门的消费率将分别比无人工智能的情形高出 1.20 个、2.96 个和 3.96 个百分点，同时经济增速也高出 0.55 个、0.80 个和 1.14 个百分点①。

虽然人工智能有助于提高全社会的整体消费水平，但是也会导致部分人群失业。从短期来看，失业人群的消费是受抑制的，所以，还要进一步健全社会保障网络体系，从而对失业人群的消费需求提供基本保障。

三　人工智能对经济增长影响的实证分析

（一）模型与数据

本部分主要检验工业机器人的使用对经济增长的总效应。实证模型如下：

$$\ln GDP_t = \alpha_0 + \alpha_1 \ln robot_t + \alpha_2 X_t + \varepsilon_t$$

其中，被解释变量 *GDP* 是国内生产总值，用以衡量经济增长。核心解释变量 *robot* 是机器人保有量，控制变量 *X* 包括财政支出、货币供给、外商直接投资、对外贸易水平等。ε_t 为随机扰动项。

被解释变量 *GDP* 是国内生产总值，数据来自世界银行 1995—2019 年国内生产总值数据，为了更好地检验工业机器人对经济增长的影响，本书

① 林晨、陈小亮、陈伟泽等：《人工智能、经济增长与居民消费改善：资本结构优化的视角》，《中国工业经济》2020 年第 2 期。

对各国 GDP 数据进行取对数处理。

核心解释变量 *robot* 是工业机器人保有量，数据来自国际机器人联合会 IFR（International Federation of Robotics）。IFR 是成立于 1987 年的国际性非营利组织，其成员包括来自 20 多个国家的 50 多个全国或国际性工业协会和研究开发机构，可提供从 1993 年至今全球近 100 个国家和地区 19 个行业工业机器人使用情况的数据。本书采用 1995—2019 年分国别制造业分行业的机器人保有量数据。为了保证样本的有效性，本书一共选取了 35 个安装工业机器人的主要国家，收集整理相关国家 1995—2019 年共计 875 个样本数据，保证本书样本的随机性。

控制变量的选取，本书参考了相关研究的做法。（1）财政政策：财政政策是经济调控的重要手段，主要通过税收、转移支付等手段对微观经济主体的经济行为产生影响，进而影响经济增长[①]。为此，本书控制了财政政策对经济增长的影响，用当年财政支出取自然对数表示。（2）货币政策：货币政策是经济调控的又一重要手段，通过调节市场上的货币量间接作用于微观经济活动。参考陆正飞和杨德明的做法[②]，采用 M2 增长率对货币政策松紧程度进行估算。（3）固定资产投资：固定资产投资能够通过作用于行业资本投资进而影响行业的产出水平，本书用社会固定资产投资额进行衡量[③]。（4）劳动生产率（TFP）：全要素生产率。（5）人力资本水平（edu）：人力资本水平与经济产出水平密切相关，王维国等在研究过程中均控制了人力资本水平对经济增长的影响[④]，鉴于此，本书也将人力资本水平纳入控制变量。参照 Mincer 和 Polachek 的测算方法[⑤]，用平均受教育年限表示。（6）进出口总额（IE）：由于对外贸易水平与经济增长关系密切，本书参照沈利生和唐志的做法[⑥]，用进出口总额衡量一国对外贸

---

① 严成樑、龚六堂：《资本积累与创新相互作用框架下的财政政策与经济增长》，《世界经济》2009 年第 1 期；牟俊霖、闫里鹏：《中国财政政策、货币政策的就业效应——基于面板向量自回归模型的研究》，《人口与经济》2017 年第 3 期。

② 陆正飞、杨德明：《商业信用：替代性融资，还是买方市场?》，《管理世界》2011 年第 4 期。

③ 毛捷、吕冰洋、马光荣：《转移支付与政府扩张：基于“价格效应”的研究》，《管理世界》2015 年第 7 期。

④ 王维国、刘丰、胡春龙：《生育政策、人口年龄结构优化与经济增长》，《经济研究》2019 年第 1 期。

⑤ Mincer J.，Polachek S.，“Family Investments in Human Capital：Earnings of Women”，*The Journal of Political Economy*，1974，82（2）：76-108.

⑥ 沈利生、唐志：《对外贸易对我国污染排放的影响——以二氧化硫排放为例》，《管理世界》2008 年第 6 期。

易水平。表 1-1 是关于变量的说明和样本的来源，表 1-2 是关于样本的描述性统计。

表 1-1　**变量说明**

变量	名称	含义	单位	数据来源
GDP	国内生产总值	国内生产总值	亿美元	世界银行
robot	工业机器人保有量	工业机器人保有量	台	国际机器人联合会 IFR
lgspd	财政政策	当年财政支出	亿美元	CEIC 数据库
M2	货币政策	当年 M2 增长率	—	CEIC 数据库
FDI	外商直接投资	外商直接投资	亿美元	CEIC 数据库
IT	对外贸易水平	进出口总额	亿美元	国际货币基金组织 IMF
TFP	劳动生产率	全要素生产率	—	格罗宁根成长与发展中心
edu	人力资本水平	平均受教育年限	年	国际统计年鉴

表 1-2　**描述性统计**

变量名	样本量	均值	方差	最小值	最大值
GDP	875	13657.863	27167.581	202.896	214332.24
robot	875	31297.075	80335.401	0	782725
lgspd	861	3978.77	6367.208	47.24	45195.17
mp	852	0.101	0.124	-0.204	1.165
FDI	875	342.854	703.57	-3447.077	7338.265
TFP	875	0.982	0.072	0.672	1.198
edu	875	10.407	2.201	3.3	15.522
IE	875	5559.757	7404.492	177.298	46224.441

（二）实证结果及其分析

1. 基准回归

我们采用 1999—2019 年的样本数据进行基准回归（见表 1-3）。基准回归中，本书首先使用固定效应模型和随机效应模型进行估计，并进行 Hausman 检验，确定需要控制固定效应还是随机效应。此外，由于传统的最小二乘估计有效性的前提条件之一是异方差不存在，但实际估计过程很难避免异方差问题，而可行的广义最小二乘（FGLS）可以很好地在异方差未知时得到有效估计，所以我们在基准回归中加入广义最小二乘估计，增加估计的有效性。

表 1-3　　基准回归

变　量	FE	RE	FGLS
lnrobot	0. 0283 ***	0. 0289 ***	0. 0107 **
	(0. 00721)	(0. 00721)	(0. 0134)
mp_ 1	0. 159 ***	0. 172 ***	0. 891 ***
	(0. 0511)	(0. 0512)	(0. 153)
lnlgspd	0. 556 ***	0. 565 ***	0. 665 ***
	(0. 0189)	(0. 0186)	(0. 0174)
lnFDI	0. 0133 ***	0. 0125 ***	0. 0175 **
	(0. 00449)	(0. 00451)	(0. 0133)
TFP	0. 257 ***	0. 186 **	0. 352 **
	(0. 0924)	(0. 0895)	(0. 234)
edu	0. 0155	0. 00972	0. 0423 ***
	(0. 00978)	(0. 00934)	(0. 00642)
lnIT	0. 407 ***	0. 428 ***	0. 470 ***
	(0. 0323)	(0. 0306)	(0. 0323)
Constant	0. 941 ***	0. 842 ***	0. 758 ***
	(0. 189)	(0. 186)	(0. 252)
i. year	—	—	—
Observations	636	636	636
R-squared	0. 960	—	—
Number of id	35	35	35

注：Standard errors in parentheses； *** p<0. 01， ** p<0. 05。

先分别使用固定效应模型（FE）和随机效应模型（RE）进行回归，进行 Hausman 检验。Hausman 检验 P 值为 0. 0000，说明在 1%的水平下强烈拒绝随机效应，所以采用固定效应模型。结果显示当期核心解释变量 lnrobot 系数显著为正。总体来看，工业机器人的应用对经济增长具有正向促进作用。

此外，财政政策 lnlgspd 的系数显著为正，表明财政政策通过转移支付、政府购买等手段调节社会经济结果，进而间接影响经济增长。货币政策 M2 滞后一期的供给系数显著为正，说明货币政策可以通过影响货币供给间接影响经济增长，且具有一定滞后性。外商直接投资 FDI 的系数显著为正，表明外商直接投资对经济具有拉动作用。全要素生产率 TFP 的系数显著大于零，表明劳动生产率的提升可以显著促进经济增长。人力资本水平 edu 的系数显著为正，表明劳动力受教育水平越高，劳动力素质越高，进而有效促进经济增长。对外贸易水平 IT 的系数显著为正，表明对外贸易水平越高，经济增长越快。

2. 异质性分析

由于影响经济增长的其他因素各自的特性，控制变量与核心解释变量存在潜在的交互效应。所以我们进一步考察了对经济增长其他因素与工业机器人应用之间的交互效应，以此探讨工业机器人使用对经济增长作用的异质性。此外，不同国家之间在产业布局、经济结构等方面存在一定差异，工业机器人应用对不同国家经济增长的促进作用具有潜在的异质性。于是我们尝试探讨了工业机器人应用对不同发展阶段的国家经济增长的促进作用。

（1）交互效应

本书具体考察的交互效应分别是工业机器人保有量与货币政策的交互效应、工业机器人保有量与财政政策的交互效应、工业机器人保有量与外商直接投资的交互效应、工业机器人保有量与全要素生产率的交互效应、工业机器人保有量与人力资本水平的交互效应、工业机器人保有量与对外贸易水平的交互效应（见表 1-4）。回归结果表明，工业机器人保有量与货币政策的交互效应系数显著为负，表明货币供给增加会削弱工业机器人对经济增长的促进作用。工业机器人保有量与财政政策、外商直接投资、全要素生产率、人力资本水平和对外贸易水平的交互效应系数显著为正，说明积极的财政政策、外商直接投资的增加、全要素生产率的提升、人力资本水平的上升以及对外贸易水平的提高能够增强工业机器人对经济的促进作用。

表 1-4　　工业机器人影响经济增长交互效应回归结果

	(1)	(2)	(3)	(4)	(5)	(6)
变量	lnGDP	lnGDP	lnGDP	lnGDP	lnGDP	lnGDP
lnrobot	0.0153 (0.0151)	0.118*** (0.0429)	0.0476** (0.0232)	0.0316 (0.106)	0.213*** (0.0347)	0.257*** (0.0464)
lnrobot×mp_1	-0.262*** (0.0723)	—	—	—	—	—

续表

	(1)	(2)	(3)	(4)	(5)	(6)
变量	lnGDP	lnGDP	lnGDP	lnGDP	lnGDP	lnGDP
lnrobot×lnlgspd	—	0.0137*** (0.00525)	—	—	—	—
lnrobot×lnFDI	—	—	0.00811* (0.00419)	—	—	—
lnrobot×TFP	—	—	—	0.0427*** (0.106)	—	—
lnrobot×edu	—	—	—	—	0.0195*** (0.00310)	—
lnrobot×lnIT	—	—	—	—	—	0.0303*** (0.00548)
Constant	0.675*** (0.250)	1.671*** (0.430)	1.117*** (0.312)	0.432 (0.848)	2.537*** (0.374)	2.896*** (0.458)
Observations	636	636	636	636	636	636
Number of id	35	35	35	35	35	35

注：Standard errors in parentheses；***p<0.01，**p<0.05，*p<0.1。

（2）发展程度异质性

由于发达国家更早实现工业化，所以，工业机器人安装量较大的国家中大部分是发达国家，然而，部分发展中国家也在快速进行工业化，工业机器人保有量高速增加。我们根据联合国开发计划署（United Nations Development Programme）发布的《人类发展报告》中对发达国家和发展中国家的分类，就工业机器人对不同发展程度国家经济增长影响的异质性进行分析（见表1-5）。回归结果表明，工业机器人的应用对发达国家和发展中国家的经济增长都有正向促进作用。相较于发展中国家，工业机器人应用和人力资本水平对发达国家经济增长的促进作用更强、更显著。反之，发展中国家货币政策、财政政策、外商直接投资、全要素生产率对经济增长的影响更大。

表1-5　　工业机器人影响不同发展程度国家经济增长回归

	发达国家			发展中国家		
变量	FE	RE	FGLS	FE	RE	FGLS
lnrobot	0.0477 (0.0108)	0.0672 (0.0107)	0.104*** (0.0166)	0.0417*** (0.0116)	0.0628*** (0.0157)	0.0628*** (0.0146)

续表

变量	发达国家			发展中国家		
	FE	RE	FGLS	FE	RE	FGLS
mp_ 1	0. 230 ***	0. 230 ***	0. 0227	0. 124	0. 738 ***	0. 738 ***
	(0. 0652)	(0. 0650)	(0. 226)	(0. 0822)	(0. 125)	(0. 116)
lnlgspd	0. 517 ***	0. 533 ***	0. 588 ***	0. 544 ***	0. 696 ***	0. 696 ***
	(0. 0289)	(0. 0272)	(0. 0196)	(0. 0313)	(0. 0232)	(0. 0215)
lnFDI	0. 0108 **	0. 0103 **	0. 0112	0. 0221 *	0. 0511 ***	0. 0511 ***
	(0. 00453)	(0. 00451)	(0. 0147)	(0. 0115)	(0. 0191)	(0. 0177)
TFP	-0. 380 ***	-0. 425 ***	-0. 212	0. 884 ***	0. 320 *	0. 320 *
	(0. 123)	(0. 119)	(0. 322)	(0. 147)	(0. 191)	(0. 177)
edu	-0. 00220	0. 00133	0. 0799 ***	0. 0661 ***	-0. 0846 ***	-0. 0846 ***
	(0. 0104)	(0. 0102)	(0. 0107)	(0. 0221)	(0. 00689)	(0. 00638)
lnIT	0. 477 ***	0. 490 ***	0. 359 ***	0. 335 ***	0. 366 ***	0. 366 ***
	(0. 0385)	(0. 0364)	(0. 0395)	(0. 0572)	(0. 0319)	(0. 0296)
Constant	1. 096 ***	0. 871 ***	-0. 349	0. 897 ***	1. 365 ***	1. 365 ***
	(0. 265)	(0. 248)	(0. 338)	(0. 318)	(0. 237)	(0. 220)
Observations	447	447	447	189	189	189
R-squared	0. 951	—	—	0. 979	—	—
Number of id	25	25	25	10	10	10

注：Standard errors in parentheses； *** $p<0.01$， ** $p<0.05$， * $p<0.1$。

3. 稳健性检验

在基准回归模型中，我们通过 Hausman 检验选择固定效应模型，并控制时间效应，这在一定程度上减小了潜在的内生性，保证了估计结果的有效性。为了进一步保证估计结果的有效性，本书通过更换估计方法，扩大样本容量的方式进一步减小潜在的内生性，确保基准回归结果的稳健。

（1）更换估计方法

对于动态面板数据，差分广义矩估计方法（差分 GMM）能够有效克服内生性及异方差问题。所以我们采用差分 GMM 方法，并将被解释变量滞后一期的数据作为工具变量，重新进行回归。最终回归结果表明当期核心解释变量 lnrobot 系数显著为正。但总体来看，工业机器人的应用对经济增长具有正向促进作用。各控制变量的回归结果也与基准回归基本一致，基准回归结果仍然稳健（见表 1-6）。

表 1-6　　　　基准回归稳健性检验——更换估计方法

	基准回归			稳健性回归
变量	FE	RE	FGLS	差分 GMM
lnrobot	0. 0283 *** (0. 00721)	0. 0289 *** (0. 00721)	0. 0107 ** (0. 0134)	0. 1142 *** (0. 183)
mp_ 1	0. 159 *** (0. 0511)	0. 172 *** (0. 0512)	0. 891 *** (0. 153)	0. 3359 *** (1. 196)
lnlgspd	0. 556 *** (0. 0189)	0. 565 *** (0. 0186)	0. 665 *** (0. 0174)	0. 0140 ** (0. 129)
lnFDI	0. 0133 *** (0. 00449)	0. 0125 *** (0. 00451)	0. 0175 ** (0. 0133)	0. 0759 * (0. 0429)
TFP	0. 257 *** (0. 0924)	0. 186 ** (0. 0895)	0. 352 ** (0. 234)	0. 176 ** (0. 126)
edu	0. 0155 (0. 00978)	0. 00972 (0. 00934)	0. 0423 *** (0. 00642)	0. 0883 *** (0. 0265)
lnIE	0. 407 *** (0. 0323)	0. 428 *** (0. 0306)	0. 470 *** (0. 0323)	6. 22e-05 *** (1. 54e-05)
2019. year	0. 941 *** (0. 189)	0. 842 *** (0. 186)	0. 758 *** (0. 252)	—
Constant	0. 0283 *** (0. 00721)	0. 0289 *** (0. 00721)	0. 0107 ** (0. 0134)	-1. 107 (1. 365)
Observations	635	635	635	635
R-squared	0. 960	—	—	0. 119
Number of id	35	35	35	—

注：Standard errors in parentheses；***p<0. 01，**p<0. 05，*p<0. 1。

（2）扩大样本容量

本书在基准回归的基础上增加 1995—1998 年 4 年的样本数据，将样本容量扩大为 1995—2019 年，并再次进行回归。结果显示，当期核心解释变量 lnrobot 系数显著为正。总体来看，工业机器人的应用对经济增长具有正向促进作用。各控制变量的回归结果也与基准回归基本一致，基准回归结果仍然稳健（见表 1-7）。

表 1-7　　　　基准回归稳健性检验——扩大样本容量

变量	稳健性回归		
	FE	RE	FGLS
lnrobot	0.0265*** (0.00625)	0.0272*** (0.00629)	0.00791*** (0.00123)
mp_ 1	0.186*** (0.0483)	0.201*** (0.0487)	0.851*** (0.141)
lnlgspd	0.555*** (0.0178)	0.565*** (0.0175)	0.670*** (0.0163)
lnFDI	0.0142*** (0.00439)	0.0132*** (0.00443)	0.0220* (0.0126)
TFP	0.157** (0.0770)	0.0973 (0.0758)	0.353* (0.196)
edu	0.0188** (0.00795)	0.0143* (0.00772)	0.0425*** (0.00609)
lnIE	0.398*** (0.0272)	0.415*** (0.0264)	0.474*** (0.0306)
Constant	1.162*** (0.161)	1.069*** (0.163)	0.716*** (0.225)
i. year	—	—	—
Observations	724	724	724
R-squared	0.964	—	—
Number of id	35	35	35

注：Standard errors in parentheses；***$p<0.01$，**$p<0.05$，*$p<0.1$。

（三）主要结论

通过之前的实证分析，本书初步得到以下结论。第一，工业机器人的应用对经济增长具有正向促进作用，更高的工业机器人安装量往往意味着更高的经济增长水平。第二，工业机器人的应用与其他影响经济增长的因素之间存在交互效应。其与货币政策的交互效应对经济增长具有负向影响，其与财政政策、外商直接投资、全要素生产率、人力资本水平以及对外贸易水平的交互效应对经济增长具有正向促进作用。第三，工业机器人的应用对发达国家和发展中国家的影响具有差异，工业机器人的应用对发达国家经济增长的影响更为显著。

四 人工智能对经济增长的不平衡性影响及对中国的启示

（一）人工智能对经济增长的不平衡性影响

由于人工智能是一种偏向性的技术进步，因而会对经济增长的多个方面产生异质性影响，导致经济增长在不同群体之间、不同行业之间以及不同国家之间产生不平衡影响。

1. 群体的不平衡

首先是不同要素所有者之间，人工智能发展有利于资本要素所有者。随着人工智能的发展，生产的自动化和智能化水平提高，在生产中资本要素相对于劳动力要素更加重要，资本的回报率提升，进而提高储蓄率和投资率，实现投资与回报增加的良性互动，更多财富将集中在资本所有者手中。与此同时，劳动要素面临需求减少以及被替代风险，劳动要素回报降低。

其次是不同技能的劳动者之间，人工智能可以提高技能水平高的劳动者的生产熟练程度，对他们是一种强化效应，而对于中低技能劳动者则是替代效应。

最后是不同地区的群体之间，以中国为例，人工智能作为一项新兴技术，现有发展布局倾向于科技、教育、经济较为发达的一线城市，形成了以北京、上海、深圳为中心的三大人工智能聚集区，三地 AI 企业数之和占全国 AI 企业总数的 80%以上①，因而不同群体也会因为地区人工智能技术发展的差异受到不同程度的影响。

2. 行业的不平衡

人工智能对行业的非均衡作用首先体现在不同行业之间，具体而言，与人工智能结合较好的行业可以搭上技术快车，实现跨越式发展，而与人工智能技术难以结合的行业，其发展会陷入艰难境地。正如埃哲森咨询公司发布的报告所预测的那样，制造业、农林渔业、批发和零售业以及金融业是利用人工智能获益最大的几个行业，预计到 2035 年，其行业产值增

① 王甜：《人工智能产业发展问题及其对策研究》，《中国商论》2018 年第 26 期。

速会分别提高 2.0%、1.8%、1.7%、1.6%[①]。而对于某些行业来说，如建筑业人工智能助力经济增长的效应不显著。另外，这一非均衡性还体现在同一行业内部，即使是适合利用人工智能技术的行业也难以实现所有企业的均衡发展。由于人工智能需要专业能力和资源，例如机器学习和深度学习的专家团队、访问大数据组的权限和数据处理能力以及相应的基础设施建设，这些都形成了较高的进入壁垒。同时由于前期人才教育培训以及研发资金投入大，形成了较高沉没成本，退出壁垒也高。基于此，人工智能的受益者主要是先行企业，这些“科技巨头”凭借其资源进行人才争夺，不断发展壮大并扩大市场份额，所以 AI 真正惠及的还是少数企业。在这个问题上，德勤的报告指出，人工智能正在逐渐大众化，后发企业也有可能达到先发企业的成就，但要做到紧跟 AI 发展趋势、储备人才及聚焦业务需求，这是值得我们期待的乐观趋势。

3. 国家之间的不平衡

麦肯锡研究所最新模拟研究显示，人工智能技术的领导者（主要是发达国家）可借助该技术获得 20%—25%的额外净收益，而发展中国家仅可获取 5%—15%的额外净收益。也就是说，人工智能的发展有利于经济体量大和市场规模大的国家。究其原因，在数据资源方面，掌握了具有较大经济价值的数据集的国家，其在开发优质应用程序和整合资源方面具有优势；在人才资源方面，制定了教育标准以及引进国内外顶尖人才的国家在支撑开发高端人工智能系统方面具有优势[②]。在禀赋条件方面，出于智能经济时代产品定制化生产的特点，可能会导致全球制造业向发达经济体转移，这些国家和地区抢占发展先机，通过产品贸易获得高额利润，从而有利于这些国家和地区的经济增长；而对于某些只具备劳动力成本优势的国家来说，其非熟练劳动力将被智能机器所取代，并且降低其相对工资，人工智能带来的技术革命会对这些国家的经济增长产生较大冲击。

（二）人工智能对中国经济增长的可能影响及启示

正如前文所述的，人工智能可以通过劳动生产率效应、资本有机构成效应、需求扩张效应、分工与专业化效应的传导机制来促进经济增长。就中国而言，人工智能也是进一步促进经济增长的有力工具。埃哲森咨询公司发布的研究报告显示，人工智能通过智能自动化、提高劳动生产率和资

---

① 马克·珀迪、邱静、陈笑冰：《埃森哲：人工智能助力中国经济增长》，《机器人产业》2017 年第 4 期。

② 袁珩：《美智库探讨人工智能对国家实力的影响》，《科技中国》2018 年第 10 期。

本效率、激励经济创新等方式，有望在2035年推动中国劳动生产率提高27%，实现经济增长率由6.3%向7.9%的转变，在这个过程中制造业、零售业和金融业将获得更大程度的正增长。同时，还可以利用人工智能技术抵消人口老龄化对经济增长的不利影响，间接促进经济增长。陈彦斌等的研究表明，人工智能主要通过减少劳动力需求、提高资本回报率和全要素生产率来抵消老龄化的不利影响，他们通过数值模拟人工智能分别使劳动生产率额外提高10%、20%、30%的情况下，预测2035年人工智能将分别促进中国的GDP增速比老龄化情形高出0.95个、1.77个和2.68个百分点①。

同时，人工智能技术对我国经济发展带来的负面影响也不容忽视，包括对就业的冲击和收入分配不平等问题等。

在就业方面，人工智能对就业有数量和结构两方面的影响。首先，由于短期内人工智能对工作岗位的替代效应较大，整个社会的就业总量会有所下降。主要原因在于，人工智能提高劳动生产率，减少了劳动力需求以及社会需求结构变化，原来传统生产部门劳动者面临失业风险。其次，在就业结构方面，会出现极化效应。主要表现为，技术极化，对高技能、高知识的劳动者的需求越来越大，反之对传统程序化脑力劳动者以及低技能、重复性的劳动者的需求逐渐下降；空间极化，人工智能技术的应用使得大批量规模化生产让位于定制化生产，这将导致制造业由欠发达地区向发达地区转移，就业也随着产品生产与贸易转移到发达地区，从而出现就业的空间极化效应。

在收入分配方面，人工智能通过影响不同要素回报和不同技能劳动者的回报从而造成收入分配不平等。一方面，人工智能技术的普遍应用，导致劳动力需求下降，劳动者工资报酬下降，降低了劳动要素的回报率。同时，由于它是一项资本密集型的技术，导致资本要素回报率大幅提升。这就导致了更多的收入和社会财富向少数的资本所有者集中，加剧社会收入不平等。另一方面，在现阶段，人工智能主要是减少程序化、低技能劳动力的需求，压缩了从事这些职业的劳动者的工资，同时又会对技能要求较高的岗位从业者起到强化和辅助的作用，提高这部分劳动者的工资。也就是通过对不同劳动者工资的异质化影响造成收入不平等扩大化。

总之，人工智能技术为我国新的经济增长点，为了更好地抓住这次发展机遇，我们需从三方面着手。首先要做到迎接人工智能，大力支持人工

---

① 陈彦斌、林晨、陈小亮：《人工智能、老龄化与经济增长》，《经济研究》2019年第7期。

智能的良好发展。既要高度整合人类智慧和机器智能，充分发挥人工智能对经济增长的推动作用，同时也要为人工智能的发展提供资金、人才和政策支持，为人工智能的长远发展提供环境支撑。其次要开启新的创新模式，实现超越自动化。做到利用具备自我学习和自我调整能力的机器智能去创造更多智能机器，为企业创造崭新商机。最后要制定相应道德规范，积极应对人工智能广泛应用中的道德和伦理问题。通过制定并落实关于人工智能系统的道德准则，并在实践中不断明晰标准和细化准则。

针对上述不利影响，同样需要通过一定的政策措施加以缓解，从而为经济的稳定增长保驾护航。其一，通过加强教育和劳动力技能培训，增强其职业适应和转换能力。人工智能带来的失业问题很大程度上需要依靠提高劳动者素质和职业再培训来解决。高等教育要惠及更多学生，在人才培养上要注重数学、计算机、科学以及创新和社会交往等多种能力的培养，着重培养创新科技人才和管理人才。职业教育要更加注重专门技能的培养，围绕 AI 发展需求设置相应专业技能课程，培养中高端技术人才。政府也要加大技能培训投资力度，搭建公共培训平台，促使工人掌握新的技能，从而更好地适应技术变革以及随着技术变革转换职业。

其二，通过创新收入再分配政策，逐渐缩小地区和人群的收入差距。在现阶段，政府可以对机器人征税并对失业工人以及被挤占的低工资劳动者进行补贴，来减少不同要素回报带来的收入分配不均等。有学者研究表明，以美国现行税收体系为例，对机器人征税并利用该收入对工人进行补贴保证其最低收入，自动化导致的收入不平等可以得到有效缓解，但仅在未完全实现自动化的情况下有效。中国政府通过地区间的转移支付逐渐缩小东中西部之间存在的收入差距的同时，更要注重缩小地区间的"数字鸿沟"，积极引导企业家以及高技能人才向人工智能发展滞后的区域流动，逐步实现技术共享和共同富裕。

第三节　人工智能与就业问题

当前，新的科技革命正在孕育和发展，其中，人工智能正成为推动人类进入智能时代的重要力量。人工智能是通过模拟、延伸和扩展人类的智能，将人与物、物与物之间的联系通过程序化和智能化系统进行链接，实现万物互联互通和智慧化，实现智能机器会听、会看、会说、会思考、会学习和会行动等，具体应用范围包括语音识别、机器翻译、图像识别、文字识别、语音合成、人机对话、人机对弈、定理证明、机器学习、知识表示、机器人、自动驾驶汽车等①。人工智能的发展和应用，也会像信息时代的计算机和互联网的发展和应用一样，将深刻改变人类的生产和生活方式。人工智能的发展和应用，一方面会给人类带来新的机遇，如用人工智能替代人的体力劳动和脑力劳动，可以减轻劳动者的劳动负担，提高劳动生产率等。另一方面，人工智能也会给人类的发展带来新的挑战，如人工智能可能会引发新伦理和失业问题等。人工智能的发展和应用也会给现行就业结构和就业质量带来深刻影响，这些影响可能是积极的，也可能是消极的。为此，我们需要从理论上加以分析，以便积极应对人工智能发展和应用对我国就业生产的冲击。

近年来，学者也越来越关注人工智能对就业的影响。有学者指出，人工智能的发展和应用印证了马克思提出的“局部工人和总体工人”和“机器排挤工人的理论”②。一些学者对人工智能的长期就业效应并不乐观③。他们认为，人工智能的发展可能会导致大规模失业④，带来劳动者的分化⑤，影响人们的收入分配结构⑥，带来人生意义的消解等伦理问题⑦，使得变革中的国际关系处于更加不平等的地步⑧等。另一些学者就人工智能对就业的影响却持乐观态度。他们认为，人工智能的发展可能会促进劳动力就业⑨；在老龄化背景下，人工智能的应用可以起到对劳动力的替代作用，可以缓解老龄化带来的劳动力短缺问题⑩；人工智能的发展和应用会

① 谭铁牛：《人工智能的历史、现状与未来》，《求是》2019 年第 4 期。

② 蒋南平、邹宇：《人工智能与中国劳动力供给侧结构性改革》，《四川大学学报》（哲学社会科学版）2018 年第 1 期。

③ 王君、张于喆、张义博等：《人工智能等新技术进步影响就业的机理与对策》，《宏观经济研究》2017 年第 10 期。

④ 李晓华：《哪些工作岗位会被人工智能替代》，《人民论坛》2018 年第 2 期；曹静、周亚林：《人工智能对经济的影响研究进展》，《经济学动态》2018 年第 1 期。

⑤ 沈文玮：《论当代人工智能的技术特点及其对劳动者的影响》，《当代经济研究》2018 年第 4 期。

⑥ 刘方喜：《共享：人工智能时代社会主义分配关系的新探索》，《甘肃社会科学》2018 年第 2 期；姚伟：《人工智能的广泛应用与收入分配制度的创新》，《学术界》2018 年第 4 期。

⑦ 尹蕾、王让新：《人工智能发展的喜与忧》，《人民论坛》2018 年第 35 期。

⑧ 封帅：《人工智能时代的国际关系：走向变革且不平等的世界》，《外交评论》（外交学院学报）2018 年第 1 期。

⑨ 吕荣杰、郝力晓：《人工智能等技术对劳动力市场的影响效应研究》，《工业技术经济》2018 年第 12 期。

⑩ 陈秋霖、许多、周羿：《人口老龄化背景下人工智能的劳动力替代效应——基于跨国面板数据和中国省级面板数据的分析》，《中国人口科学》2018 年第 6 期。

带来智能经济的发展，使得人工智能要素渗透到生产力各要素中，带来劳动生产率的提高①。也有学者认为，人工智能对就业存在不确定性影响②。面对人工智能对就业、收入分配和伦理等方面带来的挑战，有学者指出，政府需要在强化社会保障、着力促进就业、调节收入分配等方面发挥作用③。同时，人工智能对高等教育人才培养也会带来新挑战，需要不断创新人才培养模式④。

现有文献对人工智能对就业的影响进行了初步研究，但是，大多从单一维度进行，仅考虑了人工智能对就业的单一效应，在研究深度上，对人工智能对就业的消极影响和积极影响认识不够。本书认为，人工智能对就业具有破坏性的替代效应、创造性的补偿效应和跨期的时间效应，深入分析了人工智能对就业的消极影响和积极影响、短期影响和长期影响等，并给出了我国积极应对人工智能对就业影响的政策建议。

一　人工智能对就业的多重效应

总结历次科技革命的经验，新技术对就业具有多重效应。正在发生的新科技革命，包括人工智能对就业具有破坏性的替代效应、创造性的补偿效应和跨期的时间效应等多重效应。

（一）破坏性的替代效应

人工智能对就业的破坏性的替代效应主要是指随着人工智能的大量使用，会对原有的就业人群和就业结构产生冲击，造成技术性失业或结构性失业。该替代效应主要通过以下几个具体机制进行传导和实现。第一，人工智能的大量使用，意味着大量不变资本投资的增加，通过人工智能机器替代劳动，提高了资本有机构成，降低了对劳动者的需要，进而导致相对过剩人口增加。第二，人工智能的大量使用，可以有效提高劳动生产率，例如德国大众等汽车公司使用智能机器人，形成了无人车间，不仅提高了劳动生产效率，还提高了产品的合格率。劳动生产率提高的结果，既会进一步降低对原有劳动者的需要，又会降低劳动者必需品的价值，使得劳动者维持生存的必需品的价值不断降低，相对工资可能会进一步下降，进而

① 何玉长、宗素娟：《人工智能、智能经济与智能劳动价值——基于马克思劳动价值论的思考》，《毛泽东邓小平理论研究》2017 年第 10 期。

② 潘文轩：《人工智能技术发展对就业的多重影响及应对措施》，《湖湘论坛》2018 年第 4 期。

③ 乔晓楠、郗艳萍：《人工智能与现代化经济体系建设》，《经济纵横》2018 年第 6 期。

④ 赵智兴、段鑫星：《人工智能时代高等教育人才培养模式的变革：依据、困境与路径》，《西南民族大学学报》（人文社会科学版）2019 年第 2 期。

影响劳动者在劳动力市场上的议价能力。第三，人工智能的大量使用，会导致用新的人工智能机器替代旧的传统机器，传统机器制造领域的工人可能会面临失业问题。如人工智能设备的使用，会替代传统的装备制造业，使得传统的装备制造业面临发展转型和工人失业的风险。第四，人工智能的大量使用，使得社会需求结构发生变化，使得原来相对旺盛的需求部门逐渐衰落，进而导致在原来部门就业的人口面临失业风险。比如，人工智能和大数据技术的使用，人们直接去银行的次数在减少，使得银行业网点减少，银行柜员等面临失业风险。

（二）创造性的补偿效应

人工智能对就业的创造性的补偿效应主要是指通过人工智能的大量使用，形成新行业和新需求，相应地增加对新技术劳动者的需要，进而增加就业。该补偿效应主要通过以下几个具体机制进行传导和实现。第一，随着人工智能的发展和广泛使用，以人工智能为核心的新产业和新部门逐渐出现，产生了新的需求。比如，银行的自动柜员机的出现，可能会替代一部分传统的银行柜员，但是自动柜员机的研发、制造和维护等又会产生新的就业。第二，随着人工智能的发展和广泛使用，劳动生产率提高，如果实现了工资与劳动生产率的同步增长，工资的增加会带来消费的增加，进而带来新就业的创造。第三，随着人工智能的发展和广泛使用，对人工智能相关行业的投资会大规模增加，带动资本品部门的需求增加，进而带来就业增加。第四，随着人工智能的发展和广泛使用，普通产品和服务的价格可能会进一步下降，如果人们的实际收入增加，那么总体消费可能会增加，进而带来就业的增长。第五，随着人工智能的发展和广泛使用，劳动生产率提高了，人们的工作时间减少了，休闲时间增加了，人们对休闲类消费品和服务的需求会增加，进而带动休闲产品和服务行业的就业。第六，随着人工智能的发展和广泛使用，工作岗位对人的学习能力的要求越来越高，人们对普通教育、职业培训和终身学习型教育的需求会增加，进而增加教育和培训行业的就业规模。

（三）跨期的时间效应

人工智能对就业的跨期的时间效应主要是指人工智能的发展和应用规模和范围在短期和长期是不一样的，这导致对就业的短期影响和长期影响也是不一样的。结合历次工业革命中新技术出现对就业的影响来看，新技术对就业的替代效应和补偿效应，在实践中具有一种倒“U”形关系。在新技术发展和应用初期，从短期看，新技术对就业的破坏性替代效应比较大；从长期看，由于以新技术为核心的产业体系的形成和扩张，新技术对就业的创造性的补偿效应逐渐发挥作用，并成为主导。具体到人工智能的时间性跨期效应主要体现为以下几点。第一，短期内，随着人工智能的发展和使用，一些行业会出现“机器排挤工人”的情况，带来部分行业的失业。第二，长期来看，随着人工智能技术和产业发展的成熟化和规模化，一方面是人工智能的设计研发、使用和维护等都会增加就业，另一方面以人工智能为核心的新技术群、新行业等的出现也会进一步增加就业。当然，人工智能对就业的短期影响和长期影响，还取决于人工智能技术群和产业发展的速度和规模，其发展速度越快，产业规模越庞大，人工智能的短期的替代效应存续时间就相对短一点，对就业的冲击时间也短一些，未来人工智能的创造性补偿效应可能会尽早到来，缩短人工智能对就业的负面影响。

二　人工智能对就业的消极和积极影响

当前，人工智能对就业的影响，既要看到消极影响，又要看到积极影响，才能达到认识的全面性和客观性。

（一）人工智能对就业的消极影响

1. 对就业量的影响

从历次科技革命对就业的影响来看，技术进步一般会带来“机器替代劳动”的情况。第一次工业革命，以蒸汽机、煤炭、钢铁等的发明和使用带来了动力和能源革命，实现了工场手工业向机器大工业的转变，对传统的工场手工业的从业者和工厂工人造成了冲击，进而也出现了工人打砸机器的情况。第二次科技革命，随着电的广泛使用，电器开始取代传统的机器，人类进入了“电气时代”，但是也对传统行业的就业产生了影响。第三次科技革命，以原子能、计算机、航空航天技术等的发明和使用为标志，尤其是计算机和互联网的快速发展和广泛使用，传统行业的劳动者就业受到影响。以农业为例，两次工业革命期间，美国农业部门的从业者占比从 70%下降到了 27.5%，目前仅为 2%①。

随着人工智能的发展和运用，越来越多的体力劳动和脑力劳动可能被人工智能替代，也会出现技术性失业。比如，传统的潜水作业等正在被潜水机器人取代，港口的货物转运等也正在被智能设备取代，会计事务所的账目处理也正在被人工智能系统取代，银行的传统柜员也正在被

① 巴曙松：《人工智能会如何带来就业冲击?》，搜狐财经，2018 年 2 月 5 日，https://www.sohu.com/a/221139147_644547。

智能机器人取代。人工智能的使用，必然会对传统行业的就业人口生产影响。如英国牛津大学 2013 年的一项研究表明，未来 20 年人工智能的广泛使用，美国和英国就业市场上分别有 47%和 35%的工作岗位将会被人工智能取代①。麦肯锡的研究报告也指出，未来将会有 60%的职业可能被新技术所替代，其中到 2030 年不同行业将会有 0—30%的工作将会被自动化技术替代②。

2. 对就业结构和范围的影响

人工智能对就业的影响，与历次科技革命最大的不同在于其对就业结构和范围的影响。如果说前三次科技革命，主要是对动力、能源、交通和传输方式的变革，通过机器替代了人的体力劳动和部分脑力劳动，那么即将到来的第四次科技革命中的人工智能则会逐渐取代人的脑力劳动，如机器人和仿真设备对人类大脑的逻辑运算、信息记忆、信息存储、信息处理、图像和语音识别等都是对人的脑力劳动的替代。由于人工智能对人的脑力劳动的替代比较明显，那么对脑力劳动者的就业影响就比较大。用机械设备替代体力劳动，主要影响的就业群体是传统的产业工人，而人工智能对脑力劳动的替代，影响的范围不仅仅包括产业工人，还包括传统的知识劳动者阶层。例如人工智能不仅被利用到智能制造领域，还正在广泛渗透到金融保险、法律咨询、智能医疗、会计、审计、建筑设计、商务咨询、信息服务业、教育、智慧交通等领域。尤其是人工智能在服务业领域的渗透和利用，使得传统的知识劳动者阶层的工作岗位受到了较大的冲击。例如一些大型银行和会计师事务所等都开始采用人工智能设备，开始裁减柜员和记账人员等。人工智能对就业结构和范围的影响，要远远大于历次科技革命的影响。因为人工智能不仅仅会对低技能劳动者进行替代，也会对中高技能的劳动者进行替代。

3. 对就业者收入分配的影响

从历次科技革命的影响来看，科技革命一方面会带来劳动生产率的提高，另一方面也会对不同群体之间的收入差距产生影响。科技革命对不同群体收入的影响，主要是通过就业结构效应和财富效应来实现的。就业结构效应是指科技革命产生的新技术会给使用新技术的个人、企业和行业带来较高的相对收益，而那些没有采用新技术的个人、企业和行业可能逐渐

---

① 杨婉云：《人工智能“就业威胁论”是伪命题?》，《通信产业报》2018 年 7 月 30 日第 10 版。

② 《麦肯锡报告，到 2030 年，自动化和人工智能的发展将对就业产生怎样的影响?》，搜狐网，2018 年 1 月 2 日，https：//www. sohu. com/a/214241320_ 500648。

处于竞争劣势，甚至被淘汰，这样就会导致就业市场的两极分化，进而导致生产收入分配的两极分化。科技革命的财富效益是指通过科技革命带来的产业革命，会催生一部分新领域的新富豪，如第二次工业革命时期出现的钢铁大王、铁路大王，以及第三次科技革命后互联网行业出现越来越多的首富等。另外，科技革命还会带来生产资料的重新分配和组合，那些获得了适应新技术和新行业的生产资料的个人等可以通过生产资料所有权等获得较高的收入，而那些被排斥在新技术和新行业以外的个人则处于相对低收入的状况。这样的结果就是财富占有的不平等。

人工智能对就业者收入的影响，也可以通过就业结构效应和财富效应实现。首先，人工智能的研发、使用和维护需要大量的新技术工人和服务工人，这部分新工人的工资可能会随着行业的发展而不断增加。例如，目前中国境内对人工智能研发人员的需求比较大，从事人工智能研发的科研人员年薪可以达到普通工作岗位的好几倍，甚至十几倍等。同时，那些没有掌握人工智能技术，或者是被排斥在新技术和新产业外的，且从事低技能工作的劳动者则可能仅仅获得相对较低的工资。这就是人工智能带来的就业结构效应，进而产生的收入分配问题。其次，人工智能的使用也会带来财富效应。如果人工智能时代完全到来，也会出现像互联网时代那样，拥有人工智能新技术的群体，因为掌握了最先进的生产资料，就可以获得更多的收入报酬。由于新技术的集成性、市场的集中性和竞争的排他性，在未来人工智能行业也会像互联网行业那样，不断涌现新富豪。由于技能水平不同、行业性质不同、掌握的生产资料不同，人工智能时代在带来劳动生产率极大提高的同时，不同群体之间的收入分配差距问题也是非常值得关注的。

4. 对就业者所在国家竞争力和地位的影响

历次工业革命几乎都是在当时的工业和科技先进国发生的，以人工智能等为标志的第四次科技革命，也会在经济和科技实力雄厚的国家发生。如目前英国、美国、德国等发达国家都积极布局人工智能，中国、印度等发展中国家也积极加大人工智能的投入。如果人工智能将来被广泛使用，那么哪些国家掌握了人工智能领域的核心技术和专利技术群，哪些国家就会处在未来竞争的有利地位。从第一次工业革命至今，先进技术不仅率先在当时的先进国发生，而且会以当时的先进国为核心，形成中心和外围格局。掌握核心技术的核心国家通过技术专利和市场垄断等阻止外围国家的技术进步，或者是掌控技术性行业价值链的高端。尤其考虑在全球化生产网络体系、价值链分工体系和贸易电子化趋势下，人工智能时代会进一步形成价值链的分层。掌握核心技术的国家处于价值链的高端，而没有核心技术的国家不仅处于价值链低端，还要受到核心技术国家在价值链上的“剥削”。从近代世界经济发展的历史来看，形成了明显的发达国家集团、发展中国家集团和最不发达国家集团。一般来说，发达国家集团处在核心技术的顶端，其他国家多处于技术末端，甚至是没有该项技术。这就会出现由于掌握核心技术程度的不同，国家之间产生了分化。人工智能等第四次科技革命的影响，也会带来同样的效果，即越是掌握核心技术的国家可能越富有，越是没有掌握核心技术的国家，其发展越来越陷入困境。这种局面也会给世界范围内的生产和就业带来新的格局，即技术先进国的高技能劳动者获得高质量的工作岗位和高工资，技术落后国的低技能劳动者仅仅获得低质量的工作岗位和低工资，最终会进一步拉大世界范围内劳动者和国家之间的不平等程度。

（二）人工智能对就业的积极影响

人工智能的运用对就业也会带来一定的积极影响。具体表现为通过提高劳动生产率效应可以缩短劳动时间、改善工作环境和提升就业质量等。

1. 可能会逐渐缩短劳动者的日劳动时间和周工作时间

人工智能通过智能机器替代人的体力劳动和脑力劳动，会进一步提高单个人的劳动生产率。例如一名现代化智能车间的工人，通过操控智能终端设备就可以完成整个生产车间智能机器人的管理，提升制造和生产的精准度，提高劳动生产率。对于服务业也是如此，例如一名从事老年生活照料的专业服务人员，通过使用在老人住所安装的智能设备，如智能语音和视频系统等，就可以看护更多的老人，同时提高照料的质量。人工智能的大量使用，一方面，可以提高单个劳动者所控制的机器设备，通过智能制造和智能服务等提高单个劳动者的劳动生产率；另一方面，可以通过新的人工智能机器的分工和协作提高专业化效率，进而提高整个行业和社会的劳动生产率。

整个行业或社会的劳动生产率提升后，如果社会总需求没有太大变化，那么生产一定的社会总产品和提供一定的社会总服务的总劳动时间可以缩短，这样可以逐渐演变为劳动者劳动时间的缩短。如第一次工业革命带来了劳动生产率提高，极大地丰富了社会物质产品和服务产品。如马克思和恩格斯在《共产党宣言》中写道，第一次工业革命以来，“资产阶级在它的不到一百年的阶级统治中所创造的生产力，比过去一切时代所创造的全部生产力还要多，还要大”①。同时，在劳动生产率提高的背景下，受到工人运动和法律制度等的影响，与之前相比，工人的劳动时间开始缩短。以英国为例，1833 年的工厂法规定工人的日平均工作时间是 15 个小时，1844 年的补充工厂法规定工人的日工作时间是 12 个小时，1847 年新的工厂法规定工人的日工作时间为 10 个小时②。第二、第三次工业革命也具有同样的效应。随着技术进步，劳动生产率会提高。以劳动生产率提高为背景，随着工人运动和法律制度的完善，劳动者的日劳动时间和周劳动时间都有缩短的趋势。以人工智能等为内容的第四次科技革命，也会带来劳动生产率的提高，随之而来的便是劳动者劳动时间可能会逐渐缩短，如日劳动时间可能会小于 8 个小时，周工作天数可能会少于 5 天。同时，人工智能的使用，可能会使得劳动者的劳动时间更加灵活，如可以在家办公，或者与服务需求者匹配的时间内工作等。另外，如果整个社会的劳动时间缩短了，那么人们休闲的时间也会逐渐增加，对休闲产品和服务的需求会逐渐增加。

2. 可能会改善劳动者的工作场域环境和增加工作挑战度

随着人工智能的使用，劳动者面临的就业环境也可能会发生改变。首先，就业者的整体工作环境可能会趋于安全。人工智能可以应用在一些高风险和复杂环境中的作业，如深海钻探、超高压线路巡查、高温和高辐射车间工作等，可以有效降低使用人工带来的危险。另外，人工智能在制造业领域的使用，可以减少工人在生产车间遭受的噪声、气味、高温等工作环境，通过智能操控系统就能很好地完成工作任务。其次，就业者的工作环境可以更加多元化，如可以在家参考智能设备完成数据采集，可以在个性化的开放式办公场所完成设备操控等，也可以通过在其他地方的远程操作完成相关任务，如在 A 国通过人工智能设备完成在 B 国办公室内或工作场所内的工作任务，如现在开始大量使用的远程医疗和远程教育等，借助人工智能等设备将会深刻地改变落后地区的医疗和教育水平等。最后，就业者将会处于充满挑战的复杂工作环境中。随着人工智能的使用，数据的采集、存储、分析，以及编程和指令发布等将会成为劳动者的主要工作内容。在此过程中，就业者将会面临越来越复杂的多任务窗口，同时协调多个工作任务，并进行多设备的操作，这会增加工作的挑战度。对于劳动者来说，这既是压力，也是激励。

---

① 马克思、恩格斯：《共产党宣言》，人民出版社 2018 年版，第 32 页。

② 邱海平编著：《21 世纪再读〈资本论〉》，人民邮电出版社 2016 年版。

3. 可能会改善部分劳动者的就业质量

人工智能对就业质量的影响主要体现在对工作环境、就业能力、工作薪酬、劳动保护和劳资关系等方面。如前文所述的，人工智能的使用可以很好地改善劳动者的就业环境，减少危险和不舒适的工作环境，增加工作场景的多样性。人工智能的使用，对就业者的就业能力也会提出新要求。例如，人工智能环境下，劳动者可能需要掌握机器学习、数据挖掘、机器语言和信息技术等新技能。人工智能也会对劳动者的传统薪酬体系产生影响。从前三次科技革命对薪酬体系的影响来看，新技术的使用必将会对具备新技能的劳动者产生激励作用，而对无法掌握新技术的人员将会产生淘汰作用。人工智能的大规模使用，也会对掌握人工智能技术的劳动者给予较高的劳动报酬，而可能会对那些没有掌握新技术的人员产生排挤效应。从目前的情况看，从事人工智能研发和设计行业的人员的平均工资已经超过了社会平均工资水平，成为全社会平均工资最高的之一。随着人工智能技术的使用，传统的劳动者保护问题也会出现新的变化。一方面，使用人工智能设备可以更好完成传统的艰苦、危险和复杂的工作任务，通过替代效应，给劳动者带来更好的劳动保护。另一方面，使用人工智能也会要求新的劳动保护，比如信息设备的辐射问题、人际交流中的单调感，以及人工智能设备的高速度和高反应度对人的身体、智力和心理的挑战等。人工智能的使用也会对劳动者面临的劳资关系产生影响。在人机交互的劳动过程中，劳动者不仅面临传统雇主的监督和控制，可能还会面临智能设备的控制，即可能面临技术对人的控制问题。在高度发达的人工智能时代，劳动者可能会面临这样的双重控制。

通过以上的分析，如果要说人工智能对就业质量提高有什么积极的影响，那么这种影响仅仅是对从事人工智能相关的设计、研发、使用、售后服务等行业的劳动者来说，可以改善工作环境，完成具有挑战性的工作任务，获得较好的工作薪酬，得到较好的劳动保护，以及面临新的劳资关系。且这一积极影响，对于从事人工智能行业的中高级劳动者而言会更加明显。

4. 可能会创造部分新的工作岗位

人工智能的大规模使用，既可以通过破坏性的替代效应减少传统工作岗位，也可以通过创新性的补偿效应增加新的工作岗位。随着人工智能技术形成和产业化发展，与人工智能相关的行业会逐渐增加。一方面，是新技术的研发和设计等需要大量高知识和高技术人才，人工智能设备的制造也需要大量的产业工人，人工智能的售后服务和维修等同样需要大量的劳动者。另一方面，与人工智能相关的行业也会需要大量的劳动者。例如，银行使用大量的智能设备来取代人工操作，那么银行就需要大量的后台人员对智能设备进行操控和维护。当人工智能被广泛使用后，被智能设备替代的岗位也需要一定数量掌握相关技术的劳动者进行操作。以第一、第二、第三次科技革命的经验看，当技术群达到成熟后，大规模的技术应用会增加新的岗位。以人工智能等新技术为代表的第四次科技革命也会带来大量新的工作岗位。只不过在这一转化过程中，劳动者的技能需要通过再培训和再学习进行更新和转换。只有这样才能适应新技术的发展需要。综合来看，人工智能技术的发展和使用是可以增加部分工作岗位的，尤其是对于新技术的设计、研发、使用、操作和维护等领域会创造新的工作岗位。

三　人工智能对就业的短期和长期影响

从历次科技革命的经验看，新技术或新技术群的出现对就业的影响还要看短期效应和长期效应。短期要看到新技术的破坏性替代效应，长期要看到新技术的创造性补偿效应。

短期来看，人工智能的发展和应用必然会给相关行业的就业带来冲击，其破坏性的替代效应会发挥主导作用。比如，人工智能对传统产业工人的替代。以汽车业为例，为了降低生产成本，越来越多的汽车生产商开始使用智能机器人来生产和装配汽车，这导致传统的汽车产业工人逐渐失业。人工智能的使用，也会给服务业带来新挑战。以物流仓储为例，通过智能机器人来分拣和包装等减少了工人的使用，还提高了效率。人工智能会给制造业和服务业领域的那些常规性和规范性岗位带来较大的冲击，通过使用人工智能来替代传统的劳动者，会带来技术性失业。因此，人工智能出现以后，给传统就业者带来了失业的焦虑。尤其是那些越容易被智能机器替代的岗位，失业的可能性会越大。对于整个社会来说，人工智能的大规模使用也会对整个社会的就业结构产生冲击，如果没有再就业培训或者就业保障等，整个社会可能会出现局部的或者是大规模的失业。

长期来看，人工智能的广泛使用是必然趋势，以人工智能等新技术群为核心建立新的产业结构，形成新的就业结构也是必然趋势。在长期，人工智能对就业的创造性补偿效应会发挥主导作用。首先，以人工智能为核心的行业和相关行业本身就会创造很多新的工作岗位，这些工作岗位一般都是高质量的工作范围，需要大量的新技术劳动者的供给。其次，人工智能的使用会大幅度提高劳动生产率，随着法治进步和社会发展，人们的劳动时间会缩短，休闲时间会增加，人们的寿命会逐渐延长，人们对休闲、教育、医疗、养老等产品和服务的需求会大幅度增加，这些行业本身会创造大量新的工作岗位。以发达国家为例，其第三产业占比越来越高，第三产业中为人服务的行业占比也越来越高，相应的就业人员也越来越多。因此，随着人工智能技术内嵌于社会生产和生活各个领域，其带来的创造性补偿效应会比较明显。当然，随着第五次新技术群的出现，就业问题又会面临新的挑战。

需要注意的是，在一国国内发展和应用人工智能，短期会带来就业冲击，长期会随着新工作岗位出现和劳动者技能的更新，就业问题趋于平稳。但是，如前面分析的，人工智能的使用会对不同群体的收入分配产生影响，尤其是短期内具有高知识和技术的从业者会获得高工资，而低端就业者或被新技术排斥的劳动者可能会获得相对较低的工资。长期，新技术是否会缩小不同群体之间的收入差距，还是有待观察的。在世界范围内，国家之间的发展程度、技术水平和社会制度不同，人工智能的发展也可能会继续拉大不同国家的发展差距。那些掌握核心技术，并且广泛使用人工智能的先进国可能会获得全球化生产和贸易的更多好处，而那些技术欠发达的落后国可能被锁定在产业低端，处于更加不利的发展地位。这样导致的结果，不仅仅是国家之间的发展差距的扩大，而且导致国家之间的收入差距不断扩大，甚至出现发展水平和收入分配两极分化。

四　人工智能对中国就业的可能影响及中国应对

（一）人工智能对中国就业的可能影响

人工智能的发展和应用是未来世界发展的必然趋势。为此，在构建创新性国家和实现高质量发展的过程中，中国需要大力发展人工智能及其相关产业，力争人工智能产业处于世界领先地位。但是，人工智能对中国就业的消极和积极影响、短期和长期影响都需要给予深刻的认识。

第一，人工智能对中国的就业同样具有消极影响。这种消极影响主要体现为其破坏性的替代作用。随着人工智能设备的使用，中国一些行业的劳动者将会逐渐被人工智能所取代，这些劳动者可能是拥有中低端技能的产业工人，也可能是拥有中高端技能的知识型劳动者。人工智能一方面会替代劳动者的体力劳动，一些体力劳动者，如传统的仓库商品分拣、工业焊接等可能会被替代。同时，人工智能也正在替代劳动者的脑力劳动，如数据计算、会计核算、银行对账、交通指挥、数据交易等行业的劳动者正在逐渐被人工智能设备替代。被人工智能替代的行业，主要是那些可以重复性的行业，这些行业的劳动者将会面临失业风险，以及与智能设备竞争的压力。目前，在深圳、东莞等地，人工智能在车间的使用已经给就业者带来了较大冲击。同时，由于受到互联网技术和人工智能技术，以及经济下行压力的影响，部分银行等金融机构已经出现了智能机器人替代人工和裁减员工等趋势。

第二，人工智能对中国就业同样具有积极影响。这种积极影响主要体现为其创造性的补偿作用。人工智能的发展，必然会提高相关行业的劳动生产率，节省的劳动者可以参与其他的工作。例如，格力和美的等家电企业采用智能机器人进行生产，既提高了劳动生产率，又降低了生产领域的人工成本等。同时，人工智能的发展和使用必然要求大量的科研、制造、使用和维护人员，新行业的发展必然带来就业的增加。当前随着人工智能行业的发展，中国对人工智能相关行业的劳动者需求大幅度增加。尤其是对人工智能的研发人员和制造人员的需求越来越多，甚至出现了人工智能研发等高级人才供不应求的情况。

第三，人工智能对中国就业同样具有跨期的时间效应。从短期来看，人工智能的使用可能会对中国的相关行业带来冲击，甚至使得一些企业破产，相关行业的从业人员出现技术性失业。如果人工智能使用的范围比较广泛，这种短期的技术性失业的风险就比较大。尤其是制造业领域的智能机器人的使用对传统产业工人的就业冲击是很大的。从长期来看，人工智能的广泛使用是必然趋势，随着人工智能行业的发展，以及其他行业采用人工智能设备后，从事与人工智能相关的工作岗位会逐渐增加。如电子计算机和互联网大规模引入中国后，20 世纪 90 年代初，一部分传统工作岗位被计算机等替代，如档案整理、数据计量、数据存储、信息交换等，但是电子计算机的行业及电子信息技术的应用也产生了非常多的就业岗位，吸纳了新的劳动者。目前，中国从事计算机和互联网相关行业的劳动者已经具有相当大的规模，而且计算机和信息技术行业的从业者在中国的劳动报酬是相对较高的。另外，随着人工智能的大规模使用，劳动者工作环境可能会进一步改善，劳动时间会进一步缩短，人们对健康保健、休闲娱乐产品的需求可能会进一步增加，派生需求导致的工作岗位也会增加。这也会促进中国现代服务业，尤其是教育、健康、医疗、旅游、休闲和娱乐等的快速发展。

（二）积极应对人工智能对中国就业的挑战

如前所述，人工智能对中国的就业具有消极影响和积极影响、短期影响和长期影响。笔者认为，可以从以下四个方面采取措施积极应对人工智能能发展和应用对中国就业的挑战。

第一，加快人工智能产业的扩大再生产，创造更多就业岗位。人工智能是未来各国竞争的核心领域，人工智能的发展和大规模使用是必然趋势，中国需要通过实施国家人工智能发展战略，建立产业基金等引导人工智能产业的扩大再生产，尤其内涵式扩大再生产。重点是要发挥市场在资源配置中的决定性作用，落实相关政策让相关企业成为市场创新的主体，通过进一步做强做大做优人工智能产业来增加人工智能相关产业的研发、制造、安装、维护等工作岗位。通过产业发展来创造新的工作岗位，解决未来可能出现的技术性失业和结构性失业问题。

第二，加强职业培训和再就业培训，提高劳动者适应新技术变革的劳动技能。从短期来看，人工智能的发展会带来技术性失业问题。对于由于人工智能的替代效应而失业的劳动者需要给予再就业培训。再就业培训的内容可以分为两个方面：一是使得受培训者接受人工智能知识和技术的培训，在人工智能相关行业重新找到工作；二是使得培训者接受非人工智能知识和技术培训，主要从事现代生产性服务业和生活性服务业。人工智能的大规模发展，需要现代生产性服务业的支持，如现代仓储、物流运输、法律资料、行政管理、售后服务等，这些行业也可以吸收新的就业者。另外，人工智能的使用必然带来劳动生产率的提高和人们劳动时间的缩短，为此人们对现代生活性服务业，如教育、医疗、看护、养老和休闲旅游等的需求必然增加。这些技术性的失业者，通过培训可以在现代生产性服务业和生活性服务业中找到工作。

第三，普及人工智能等新技术教育，培养适应人工智能时代的复合型人才。人工智能时代必然会给传统技能的劳动者带来失业风险。要适应人工智能时代对新技术人才的要求，就需要提升教育水平和质量，在中小学教育中普及人工智能知识，在大学和职业院校中开设人工智能专业等，通过基础性教育和专业性教育，提高未来劳动者的人工智能技术素养。如自 20 世纪 90 年代始，中国开始普及计算机教育，计算机技能成为劳动者的一般性技能，同时计算机相关专业也培养出了大量高技术人才，奠定了中国信息技术强国的人才基础。当前，面临人工智能发展的大趋势和新变革，普及人工智能教育，培养人工智能专业人才是面对新挑战的重要选择。

第四，建立健全以社会保障和工资保险为核心的劳动者保护制度体系，降低劳动者可能面临的生存风险。人工智能的发展，会不断替代劳动者的体力劳动和脑力劳动，随着技术发展和劳动力市场的竞争压力加剧，劳动者可能会面临更多的风险和不确定性。要降低劳动者面临的风险和不确定性，除了创造新就业岗位和增加教育培训，最后的安全线就是社会保障和工资保险。通过建立健全最低工资制度、失业救济和失业保险等社会保障制度等保障失业者一定期限内的生存。另外，通过探索工资保险制度等，让有能力的劳动者通过商业保险等方式在其失业时能够获得一定的商业性工资保险，降低暂时性的生存风险。

第二章　数字经济中的生产：数字劳动过程

劳动过程是生产中最重要的环节。本书重点关注和研究数字经济中的生产劳动过程具有的新特点、新规律和新趋势。数字劳动以新形式参与商品价值的形成，剩余价值的产生和实现也发生了新变化。从马克思主义政治经济学原理可知，商品本身是使用价值和价值的统一，而商品的生产过程是劳动过程和价值形成过程的统一。数字经济的劳动过程更能体现生产关系的新变化。当前，在数字劳动过程中出现了“去劳动关系化”趋势和“共享员工”新现象。从马克思主义政治经济学视角去研究数字劳动过程中的这些新趋势和新现象具有重要的理论意义和现实意义。

第一节　数字劳动过程的四种表现形式及价值形成

第四次工业革命即将到来，数字化、信息化和网络化已经深刻地嵌入人类社会生存发展中，使得人们的生产方式和生活方式发生了巨大的变化。与数字经济伴随而生的数字化生产方式和生活方式，使得人们大量地使用数字技术从事信息传播、交流、学习和工作等活动。从生产方式角度讲，数字技术的变化必然影响到劳动过程。数字化的劳动过程与传统劳动过程相比，劳动场所和劳动要素等都发生了变化。利用马克思的劳动过程理论分析数字劳动过程的新特点和新变化，总结具体的劳动表现形式，对于构建新时代的和谐劳资关系具有重要意义。

一　数字劳动的概念辨析

目前，对于数字劳动概念还没有公认的定义。第一个提出“数字劳动”（digital labour）一词的意大利学者泰拉诺瓦，借用意大利自治主义马克思主义学派的“非物质劳动”理论将互联网中的免费劳动对“数字劳动”进行了初步的定义和阐释①。此后，一大批国外学者聚焦于互联网媒体用户的无偿劳动，并对其冠以了不同的名称，如“玩劳动”(Playbour)②、“影子工作”(Shadow Work）等③。国内学者也通过国外关于互联网免费劳动文献的梳理，将数字劳动的范畴界定为模糊了生产和生活、工作和玩乐的不用付工资的劳动④。这逐渐形成了数字劳动的狭义定义，即指向互联网平台用户的免费无偿的数字劳动。但是，将数字劳动概念仅仅定义为互联网平台中存在的免费无偿的劳动，可能会严重忽视数字经济发展中劳动过程的重要发展和变化。事实上，数字劳动过程的研究学者也从来没有将研究范围仅仅局限于非雇佣的免费劳动过程，如福克斯对于数字劳动过程的案例分析不仅包括社交媒体用户的无偿数字劳动，还讲述了支撑起数字经济硬件的非洲矿石开采的奴隶般的劳动、中国数字设备装配工的劳动、印度和硅谷软件工程师等多种数字劳动过程表现形式⑤。

我们在讨论数字劳动的概念时还应该关注到数字劳动产生的环境，即数字经济的广泛内涵。2016 年 G20 杭州峰会通过的《二十国集团数字经济发展与合作倡议》指出，数字经济是指以使用数字化的知识和信息作为关键生产要素、以现代信息网络作为重要载体、以信息通信技术的有效使用作为效率提升和经济结构优化的重要推动力的一系列经济活动⑥。在数字经济背景下，数字劳动工人，也不仅是模糊了生产和消费的劳工，还包括支撑起平台核心的付费的技术工人。数字劳动的平台不仅涵盖以数据为盈利点的平台，还包括以信息匹配发展起来的零工平台。数字劳动过程不仅仅局限于非雇佣的免费互联网平台用户劳动，还应该包括以现代互联网为载体的雇佣劳动，包括传统制造业在信息化升级过程中的劳动者。不同的劳动者在数字经济中的劳动过程的特征并不相同，甚至存在较大差异。

基于以上分析，本书将数字劳动概括为人们利用数字生产工具，对自

---

① Terranova T.，“Free Labor：Producing Culture for the Digital Economy”，*Social Text*，2000，18（2）：33-58.

② Kücklich J. ，“Precarious Playbour：Modders and the Digital Games Industry”，*The Fibreculture Journal*，2005（5）.

③ ［美］克雷格·兰伯特：《无偿：共享经济时代如何重新定义工作》，孟波、李琳译，广东人民出版社 2016 年版。

④ 周延云、闫秀荣：《数字劳动和卡尔·马克思——数字化时代国外马克思劳动价值论研究》，中国社会科学出版社 2016 年版。

⑤ Fuchs C.，*Digital Labour and Karl Marx*，Routledge，2014.

⑥《二十国集团数字经济发展与合作倡议》，http：//www. cac. gov. cn/2016－09/29/c_1119648520. htm，中国网信网，2016 年 9 月 29 日。

然物、准自然物和原材料等劳动对象进行加工和改造，进而创造出数字化的物质财富和精神财富的有目的的人类活动，其可以分为生产性劳动和非生产性劳动。数字化的知识和信息作为关键生产资料是数字劳动区别于其他劳动的特殊性，而生产性劳动和非生产性劳动，则是数字劳动过程中的两种表现。按照马克思的劳动价值论，它们的区别仅仅在于是否与生产资料一起创造了新价值。

二 从传统劳动过程向数字劳动过程的转变

马克思在《资本论》第一卷详细阐述了工人的劳动过程是如何在资本控制之下，从手工工场的分工协作转变为以机器大工业为基础的机器劳动分工。马克思对资本主义劳动过程全面而深刻的批判分析，极大地丰富了劳动过程理论，并使其逐渐从零散变为一个系统的理论学说。强调劳动过程也成为马克思主义经济理论区别于其他学派的重要特征①。但是，之后的马克思主义学者更多强调对资本主义的所有制、分配方式的批判，而忽视了对劳动过程、生产方式的批判。直到布雷弗曼（H. Braverman）出版了《劳动与垄断资本：二十世纪中劳动的退化》，才再次引起国际学界对劳动过程理论的关注②。劳动过程的研究也表现出多元化的趋势，一些学者坚持马克思理论传统，将劳动过程理论与马克思主义政治经济学紧密联系，阐释和分析了资本与劳动之间的内在矛盾关系及其对生产方式的影响，如法国调节学派和美国的社会积累结构学派等；另一些学者则偏向从人的主观个体出发，将性别、种族、年龄等个体特征引入劳动过程分析当中，并逐渐成为一种主流倾向。面对劳动过程理论研究逐渐偏离马克思的发展方向，国外学者阿德勒、汤普森、哈萨德等呼吁劳动过程理论研究应该回归马克思主义传统③。国内学者对欧美学术界关于劳动过程理论争论做了细致梳理，并认为，回归马克思主义传统的劳动过程理论应当进一步

① Rowthorn R.，“Neo-classicism，Neo-Ricardianism and Marxism”，*New Left Review*，1974，86：63-87.

② ［美］哈里·布雷弗曼：《劳动与垄断资本：二十世纪中劳动的退化》，方生等译，商务印书馆1979年版。

③ Adler P. S.，“The Future of Critical Management Studies：A Paleo-Marxist Critique of Labour Process Theory”，*Organization Studies*，2007，28（9）：1313-1345；Thompson P.，“Postmodernism：Fatal Distraction”，*Postmodernism and Organizations*，London：Sage，1993：183-203；Rowlinson M.，Hassard J.，“Economics，Politics，and Labour Process Theory”，*Capital & Class*，1994，18（2）：65-97.

考虑社会再生产背景、工人技能对资本积累要求的适应性等因素①。

目前，有学者认为，资本主义劳动过程已经呈现以下四个明显的阶段②。①工场手工业阶段。分工使得劳动者只会从事某一部分的工作，不能独立制造一种商品，但劳动的速度和强度依然由熟练的工人自我控制。②机器工厂阶段。原有局部的工人协作劳动变为适应机器技术的劳动，机器变成了控制劳动者的手段。③福特主义大规模生产阶段。装配流水线降低了对劳动者技能的需要，劳动变为更加同质、低技能的机器操作。④后福特主义大规模弹性生产阶段。资本通过各种方法使得劳动者提高技能和维持较强的创新能力，雇佣劳动者内部出现了分化，对核心区的劳动者给予长期高报酬、较高自由支配权的同时，也对边缘区普通劳动者形成了无处不在的劳动控制模式。尤其是后福特阶段中信息技术的应用，打破了生产、营销和管理等方面的沟通、监管障碍。数字信息技术的发展在进一步强化后福特主义大规模弹性生产阶段的劳动特征的同时，也表现了许多新的特征。数字劳动过程应当属于劳动过程的第四阶段即后福特主义阶段的一部分还是开启了一个新的劳动过程阶段，目前学界仍没有定论。关于数字劳动过程的研究也是零散分布在数字经济、互联网平台、无偿劳动等研究当中。国内有学者指出，资本主义体系中常会有多种劳动过程混杂其中，资本主义劳动过程的研究应该关注占主导地位的劳动过程③。随着互联网及移动设备的普及，数字劳动已经覆盖了全球绝大多数的人口，数字劳动所创造的经济价值比例逐年攀升。面对这种新兴出现的、快速成长的、具有趋势性变化的数字劳动过程，我们有必要运用马克思的劳动过程理论对此进行深入分析。

马克思在《资本论》中指出，劳动过程包含“有目的的活动或劳动本身，劳动对象和劳动资料”三种要素④。在数字劳动过程中，劳动本身的目的还是通过改造数字化的劳动对象，生产满足人民多样化需求的产品和服务。其劳动对象主要是数字化的知识和信息，以及传统的劳动对象与它们的结合部分。数字劳动过程中，最具有典型特征的是劳动资料，我们会给予重点分析。

---

① 谢富胜、李安：《回归马克思主义——欧美学术界劳动过程理论争论的新动向》，《马克思主义与现实》2009 年第 5 期。

② 谢富胜：《资本主义劳动过程与马克思主义经济学》，《教学与研究》2007 年第 5 期。

③ 谢富胜、宋宪萍：《资本主义劳动过程研究：从缺失到复兴》，《马克思主义研究》2011 年第 10 期。

④ 马克思：《资本论》第 1 卷，人民出版社 2004 年版，第 208 页。

在数字化、信息化、网络化的经济发展时代背景下，信息传递系统作为劳动过程的“神经系统”，扮演着越来越重要的角色，也成为数字劳动过程区别于其他时期劳动过程最突出的特征。依靠于数字化信息“神经系统”，在数字劳动过程中资本对劳动的管理和控制形式发生重大改变。一方面是传统雇佣经济领域的人工监督已逐渐被大数据、智能监控的全天不间断的高强度、自动化监督控制所取代；另一方面则是新兴数字经济领域的劳动控制，并不直接体现为资本公司的垂直管理，而是衍生出多种形式的管理方式。例如，新兴的互联网零工平台通过消费者的评价反馈来对劳动者的劳动进行监督和控制；数字资本公司中的技术工人依靠虚拟团队进行合作管理，传统实体团队中领导地位的项目经理在虚拟团队中只充当协调角色；而免费的产销型数字劳动者甚至看似不需要管理，只需要通过满足用户数字劳动者的娱乐、社交需求从而吸引劳动者自愿免费提供劳动。在数字劳动过程中，管理与控制中的劳资间矛盾被淡化并转移到劳动者内部、劳动者与消费者之间，资本更倾向于用数字信息等技术手段来实现最大化榨取剩余价值的目的。但是，形式的改变，并不影响资本主义管理的实质，即资本主义管理既来源于生产的社会化性质，又来源于资本主义生产方式和生产关系的对抗性质这一“二重属性”并没有改变。

数字劳动过程中“神经系统”的发达，也使得劳动过程重新回到家庭等个人空间成为可能。在资本主义发展初期，资本家还没有担负起工业资本主义管理职能，以家庭劳动场地为主的转包制度存在生产不规范、原料不必要受损和被盗用、制造缓慢、产品质量不一、产量不足等问题。为了把劳动者的大量潜力置于资本家的完全掌控范围之内，逐渐形成了工人集中在一个场所，给工人规定固定工作时间的工厂制度。最初只是利用粗糙的工头进行监督，而在泰罗制普及后，劳动过程的每一个步骤在工厂中都被精密地规定和严格地执行。固定场所的工厂劳动过程就是利用在特定空间来实现对劳动剩余价值剥削的最大化，但其本身也会产生较高的运行成本。随着数字信息技术的应用，“数字神经系统”可以通过实时数据传递实现对劳动过程的各个步骤的监控，而无须将劳动者集中在固定场所。在数字化、互联网的虚拟工厂中，实体的劳动场所被网络虚拟空间所代替，每天的数据信息遍布全球，无数数字劳动者在个人家中就可以参与劳动。一方面，数据信息的传播和影响使数字产销者在个人网络平台的使用中，不知不觉地提供自己的免费劳动；另一方面，数字技术工人用专业的数据知识和技能创造了比传统工业生产更多的财富，给数字资本带来了丰厚的利润[①]。

正如马克思所言的："各种经济时代的区别，不在于生产什么，而在于怎样生产，用什么劳动资料生产。劳动资料不仅是人类劳动力发展的测量器，而且是劳动借以进行的社会关系的指示器。"[②] 数字劳动过程中的数字信息技术成果，如软件程序、硬件设施，在生产过程中是作为生产资料里的固定资本出现的。在传统的固定资本折旧中既存在物质磨损，又存在精神磨损，前者是由于使用或自然力的作用而形成的固定资本价值上的损耗，后者指由于生产和再生产劳动资料的社会劳动生产率的提高而引起的固定资本价值的下降或损失。而作为数字劳动过程重要固定资本的数字信息技术成果却有着不同的折旧特征。首先物质磨损仅仅存在于支撑数字信息技术的硬件设施，软件程序等无形数字固定资本很少或基本上不存在物质磨损。其次在精神磨损层面，软件程序等无形数字固定资本存在双向作用，一方面软件程序等社会劳动生产率的提高会导致其价值下降；另一方面越早进入研发使用软件程序的公司，其无形数字固定资本随着数据的收集、经验的累积越具有先发优势，在软件实力的研发更新上具有竞争优势。

总之，正如马克思所言的："必须变革劳动过程的技术条件和社会条件，从而变革生产方式本身。"[③] 数字信息技术的高速发展以及数字化的社会生活方式，正在逐步改变传统的劳动过程，从而创造出新的生产方式，即数字生产方式。在数字生产方式下，传统的劳动过程也正在向数字劳动过程转变。这种转变将会深刻影响雇佣关系、劳动的控制过程和劳动报酬支付形式等。

三　数字劳动过程的四种表现形式

根据劳动过程特征差异性的大小，本书将广义的数字劳动过程概括为以下四种表现形式：传统雇佣经济领域下的数字劳动过程；互联网平台零工经济中的数字劳动过程；数字资本公司技术工人的数字劳动过程；非雇佣形式的产销型的数字劳动过程。值得注意的是，与第四种无偿数字劳动形式相比，前三种都是付费的有偿雇佣劳动。

---

① 吴欢、卢黎歌：《数字劳动与大数据社会条件下马克思劳动价值论的继承与创新》，《学术论坛》2016 年第 12 期。

② 《马克思恩格斯文集》第 5 卷，人民出版社 2009 年版，第 210 页。

③ 《马克思恩格斯选集》第 2 卷，人民出版社 2012 年版，第 201 页。

（一）传统雇佣经济领域下的数字劳动过程

传统雇佣经济领域下的劳动过程与生产过程进一步分离[①]。工业革命发生后，劳动过程与生产过程开始分离，劳动者的动力职能和操作职能逐渐被机器取代。到了当今数字经济发展时代，借助于新兴数字技术的使用，企业已经可以将生产设备中的单个零部件、组件整合起来接入数字信息系统，从而获取生产设备的运行数据并对其生产状态进行监控。通过数字和人工智能的应用，企业还可以实现数据的自动分析处理。这代表，随着数字信息技术的广泛应用，物质生产部门中的劳动过程与生产过程进一步分离[②]。同时，企业组织结构也趋于扁平化，数字信息技术发展使得各个职能部门信息传递突破了时空障碍，变得更为高效、便捷。原有的纵向管理层次、科层式管理链条逐渐被打破。数字信息技术通过重新构建管理体系中的信息沟通，不仅削减了信息传递的层级，而且避免了信息传递过程中的扭曲失真。这使得工作在一线的劳动者可以跨越中间阶层的管理者与高层直接对话沟通，加快了劳动生产过程中的信息上传和反馈，中层管理者的协调监督功能性作用下降，企业组织结构向扁平化发展。

传统雇佣经济领域下对于劳动者的监督加强，劳动强度增加。传统的监督方式主要以人工监督为主，后面随着技术发展，借助于摄像头、监视器等工具可以实现远程的人工监督。但是，传统的监督方式受到人生理因素的制约，劳动者偶尔的休息可能不会被发现。数字经济时代下的大数据和智能监控系统可以代替传统人工监督者实现全天不间断的高强度、自动化监督。此时，尽管劳动者依旧从事着传统行业里的工作，但其已经从传统监督的劳动过程转变为自动高强度监督的数字劳动过程，劳动者在数字劳动过程中任何违反规则的行为都会被自动识别和进行记录，劳动的强度增加。例如，微软公司研发的 Work-place Safety 软件，可以按照预定好的规定对工人的劳动过程进行监督，并可以通过移动设备将违反规定的事件发送给管理者。传统的电器或家居安装服务，也将劳动者的工作预先设定为几个不同的阶段，劳动者需要在每一阶段将工作内容上传到相应的软件系统当中。这类软件产品和技术的应用加强了对工人的劳动过程的控制，从而提高了工人的劳动强度。此外，移动设备、可穿戴设备拓展了监督涵

① 生产过程是指从投入生产资料和劳动力等开始，经过一系列环节把产品生产出来的过程。生产过程可以分为自然过程和劳动过程。自然过程需要自然力的作用，例如葡萄酒的发酵，劳动过程是劳动者利用生产资料对劳动对象进行加工和处理，进而创造出使用价值的过程。

② 田洋：《互联网时代劳动过程的变化》，《经济学家》2018 年第 3 期。

盖的空间范围，实现了对多场所工作的劳动者的追踪监督。数字经济下的物联网技术发展，使得移动设备、可穿戴设备接入互联网信息系统，劳动者的所有行为都将会被自动识别和记录。例如，深圳 Oglass 公司研发出的工业级 AR 眼镜，工人佩戴该眼镜后，一旦有错误操作，眼镜就会给予提醒。如果工人无视提醒，则会直接发消息到管理人员的手机或电脑上。数字设备和信息技术，使得工人的劳动过程处于无处不在的自动化监控中，这种新型出现在传统领域的数字劳动过程监督无疑会进一步加强资本家对工人的控制，减少工人的非生产时间从而使得劳动强度增加。

（二）互联网平台零工经济中的数字劳动过程

数字互联网经济下，信息交流效率得到了显著的提升，劳动力市场中的供给方和需求方可以通过互联网信息技术进行实时匹配，突破了传统固定工作场所和特定工作时间的限制。因此，大批的公司企业从传统的“企业—员工”的劳动力组织模式向“平台—个人”的模式转变，并形成了一种新的零工经济①。互联网平台零工经济中的数字劳动过程同传统的劳动过程相比有两个典型的变化。第一，劳动者在决定工作时间和服务对象方面有了更高的自主选择权。在传统的劳动过程中，为了攫取更多的剩余价值，劳动者往往会被长时间地固定在劳动岗位之上。但是在零工经济中的数字劳动过程中，劳动者是以一个独立生产者的身份参与平台，利用的生产资料也是劳动者个人所有的。第二，具体固定地址的工厂消失了，平台零工的劳动者摆脱了计时制的工作模式，取而代之的是计件和业绩考评的薪酬结算方式。

互联网平台零工经济中的数字劳动过程以其碎片化、灵活的工作时间和地点往往使得劳动者产生自由工作的感觉②。这是否意味着资本对劳动的控制下降了呢？首先，没有物质形态的工厂并不意味着劳动摆脱了资本的控制，事实上，以互联网平台企业为核心，平台零工中的数字劳动者以散点的形式在全社会范围内形成了一个没有实体边界的社会工厂。资本家表现出的“善意”的灵活工作方式，实际上是其借用互联网信息技术已经不需要为劳动控制付出成本。这具体表现在互联网平台零工的用工门槛很低，零工劳动力往往出现供过于求的情况，尽管劳动者就业机会增加，也拥有安排工作时间的权利，但是，由于内部的竞争，劳动者却不得不自行

① 刘皓琰、李明：《网络生产力下经济模式的劳动关系变化探析》，《经济学家》2017 年第 12 期。

② 吴清军、李贞：《分享经济下的劳动控制与工作自主性——关于网约车司机工作的混合研究》，《社会学研究》2018 年第 4 期。

加大工作强度。而资本家通过充足的、扩大了的劳动后备军，不需要过多的付出就可以使得平台零工的数字劳动者处在内部竞争的控制之下。

在平台零工的数字劳动过程中，劳动者受剥削的深度和广度都加深了。从表面看，零工经济下的数字劳动过程并没有发生劳动者和生产资料的分离，剩余价值的剥削被掩盖了，因此，必须从零工经济内部的生产方式中去探究。首先，互联网平台作为独立的生产者，生产出了供求信息、网页窗口等信息产品。其次，劳动者以零工的形式被平台组织并获得工资。在这个过程中，资本家既没有参与零工经济产品的生产，也没有支付不变资本，仅凭借低额的工资成本参与了对劳动产品的占有。而平台创造的信息产品费用却是由零工劳动者支付的，又因为平台在信息中处于垄断的地位，卖给劳动者信息的价格会大幅提高。平台零工在生产过程中不仅支付了平台信息费用，还承担了不变资本的费用，兼之平台零工经济中存在的大量后备军，使得零工劳动者在生产分配环节中都处于劣势地位。此外，由于平台零工劳动者就业十分不稳定，因而即使他们处于劣势地位，也不愿意耗费时间精力去维权。社会工厂中的这些平台零工劳动者也很难形成有组织的反抗力量去向资方施加压力，资本家据此可以肆意设置工作和利益划分机制，进而在更大的社会范围内控制劳动者的工资水平和劳动权益。

（三）数字资本公司技术工人的数字劳动过程

与传统的产业工人相比，数字资本公司技术工人的数字劳动过程有以下两个特点。第一，与传统工业生产中劳动者“去技术化”现象不同，数字资本公司里的技术工人与互联网技术紧密联系，不可分割，这意味着数字资本公司无法采用传统的管理控制模式来干预技术工人的数字劳动过程，而需要构建出新的生产劳动管理方式——虚拟团队①。虚拟团队成员内部表现出一种平等的合作关系，原本实体团队中占据领导地位的项目经理，在虚拟团队中却是充当协调、联络的角色。可以说虚拟团队在一定程度上消解了纵向科层制权力关系的运营方式。第二，为了将工人的劳动能力转化为生产过程中的实际劳动，传统资本主义采用管理控制策略来降低劳动过程中的不确定性。在数字经济知识生产的过程中，不确定性问题的内核虽依然存在，但其发生的条件有了变化。在数字经济时代，创新成为数字资本公司发展的命脉，而且创新需要劳动者处于一个相对自由、平等

① 梁萌：《技术变迁视角下的劳动过程研究——以互联网虚拟团队为例》，《社会学研究》2016年第2期。

的工作文化和环境当中。这也意味着数字资本公司在解决劳动能力转化为实际劳动的不确定性问题时面临比传统生产企业更加复杂的局面，不仅需要保证剩余价值的生产被控制在理想范围内，而且需要激发技术工人的创新潜力，但是，技术工人的知识、技能转化为创新需要相对自由、平等的环境氛围。对剩余价值生产的控制和激发技术工人创新潜力的自由环境提供显然在一定程度上是矛盾的。虚拟团队的运营方式正是数字资本公司面对技术工人的数字劳动过程复杂不确定性局面而采取的妥协性制度安排。也正是在这样的制度下，数字资本公司在不断的利益争夺和矛盾斗争中高效、迅速地发展起来。

平等、自由的虚拟团队模式是否意味着数字资本公司技术工人不受资本的控制呢？事实上在虚拟团队的劳动过程中，团队项目的设定本身就隐含着巨大的时间压力，项目的起止时间也是虚拟团队的存在期间，同时也是虚拟团队中每个技术工人绩效考核的关键。因此，虽然原始的行政命令在虚拟团队中已经很难产生影响，但是，资本仍然可以通过利益的分配实现对技术工人的数字劳动过程的高效控制。此外，尽管有些技术工人转变成为成功的知识型企业家，还有些技术工人持有了少量的股权，但是，阶级的划分并没有消失，在数字经济的企业当中，仍然是少数高管占据了绝大部分的财富，而公司里的雇佣员工并没有拥有公司。

（四）非雇佣形式的产销型数字劳动过程

文化和技术劳动不仅是互联网工作的中心，同时也是后工业时代经济的普遍特征。以文化和技术劳动为中心的生产质疑了生产与消费、劳动与文化之间的固有差异。使得“具有奴役、痛苦和主从属性的劳动”与“个人潮流和社会自由的艺术表现”之间的界限被摧毁。但是，值得注意的是，这种以文化和技术为代表的非雇佣产销型数字劳动的新特征并不代表马克思异化劳动理论需要被重新构建，而是意味着打开了一种与以往劳动有差异的价值逻辑，而这种非雇佣的数字劳动价值过程的分析需要谨慎对待。

随着资本主义的发展，消费变得越来越重要，尤其是对于生产充裕的发达国家而言，生产的作用相对下降。1980 年 Alvin Toffler 提出了三次浪潮的理念，认为第一次浪潮发生在前工业化时期；接踵而至的第二次浪潮是以市场化为主要内容，从而使生产和消费逐渐分离；第三次浪潮即现在的社会是产销融合的兴起①。生产和消费逐渐变得模糊并不是互联网或数

① Toffler A.，*The Third Wave*，New York：Bantam Books，1980.

字经济最先发展和特有的。恰恰是根植于消费在经济中的重要作用的上升，一些传统领域最先通过一些自助营销方式使得消费者自己进行了免费工作，例如在加油站里自助加油；使用银行自助取款机；在快餐店里自助取食；在大型超市中自助扫描所购买的商品，包装并用信用卡自行支付；等等。但是这种自助方式的生产消费融合只占资本主义生产的很小一部分，并不能让人认同资本主义已经进入一个新的发展阶段。但是依托互联网的数字经济，使得资本找到了一群数字劳工，他们既是消费者又是生产者，超越了普通雇佣劳动的概念，成为被剥削和生产剩余价值的新源泉。一方面，数字经济中的产销者可以被看作传统资本主义延伸模式的发展，因为他们一直处于资本主义的控制之下；另一方面，数字经济下资本与产销型数字劳动者的关系又具有独特性，正是这种独特性使得资本主义有可能发展到一个不同的阶段①。

非雇佣形式的产销型数字劳动过程具有一些典型特征。首先，很多人难以理解产销型的数字劳动者是被剥削的对象，这是因为，产销型的数字劳动者往往看起来是乐于、热爱他们在网上的生产和消费行为，并且愿意为此付出较长的时间成本而不求回报。传统的类似自助取食的快餐店，可能由于里面占多数的产品如汉堡等原材料最终还是被顾客消费掉，顾客自助取餐的行为只占很少一部分，因而劳动的剥削在这里没有完全显现。但是，在互联网下兴起的产销型数字劳动却与之不同，资本公司只需要进行基础投资后，用户消费掉的即数字劳动者消费掉的公司成本是非常少的，甚至边际成本接近于零。这些资本公司占有了数字劳工在这个过程中产生的大量信息、文化产品，并通过对这些产品的所有权获取了大量的利润而不需要向数字劳工支付任何利息。数字经济神奇地解决了类似于阶级斗争的工厂社会的矛盾。在传统的工厂经济中，工人们总是尝试通过获得闲暇来增加满足感，但是，在数字经济下，数字劳工在他们的头脑开始工作的时候就已经获得了满足感。

其次，同传统资本主义时期相比，数字经济时期资本想要控制产销者的数字劳动过程并从中谋利的难度加大，尽管在传统资本主义时期，生产者通过工会，消费者通过消费者协会等形式来对抗资本，但是，数字劳动对资本的抵制在方式和深度上都不同以往。数字资本面临的一个主要阻碍就是互联网自由主义（cyber-libertarian）、开放资源运动（open-source

① Ritzer G., Jurgenson N., "Production, Consumption, Prosumption: The Nature of Capitalism in the Age of the Digital 'Prosumer'", *Journal of Consumer Culture*, 2010, 10 (1): 13-36.

move-ment）及其黑客，它是一种很强烈的在数字社会下的信仰。20 世纪末，想要入侵和参与互联网市场的资本主义公司快速增长并试图寻找在互联网新环境下的利润增长点，但是，2000 年的互联网泡沫经济的破灭，使得这些公司不得不谨慎对待互联网及从中盈利的可能性。因此，数字经济下可能出现一种完全新的经济模式，传统的资本参与商品和服务与金钱的交易当中从而获利，但是，非雇佣的产销型数字劳工作为消费者并不愿意或者只愿意付少量费用给提供服务的资本，现阶段，资本公司一旦收取费用，其用户群体将被其他公司提供的免费服务抢去，从而有可能丧失未来盈利领域，因此，目前资本公司是很难向用户收取服务费用的。这与数字资本公司的产品在消费上具有非竞争性和非排他性特征有关，这种状况不仅会导致“搭便车行为”，也会造成很多互联网初创企业陷入前期投入大、利润回收难，资金断裂从而破产的困境[①]。一些公司在进入互联网领域时是抱有明确的盈利目标，而另一些公司基于更为宽泛的目的，例如为了扩大品牌效应而创建互联网平台，并不清楚自己是否可以或者能够在互联网中赚取利润。但是，互联网中的品牌效应也是巨大的，这种品牌可能暂时无法获得利润，在未来却有很强的盈利的能力。目前的盈利空间主要为平台上投放广告，或者通过大部分免费服务来留住用户，而用服务的升级来向意愿用户收取费用，赚取利润。反过来资本也不愿意付工资给创造出价值的产销型数字劳动者。

最后，产销型数字劳动主要是由人的智力，也就是脑力劳动构成，对这种数字劳动的管理和控制将区别于传统的体力劳动，由于知识的生产是基于免费数字经济下的合作，控制的首要挑战就是如何吸引并保持现有的产销型数字劳动者（通俗讲的流量），其次是提供具有创造性和开放的交流环境来促使产销型数字劳动者可以有效地运用和提高他们的知识劳动。互联网在电视上和纸质印刷品的广告不仅体现了资本不知疲倦地寻找新的市场，同时也造成一种舆论压力迫使无产知识劳动者进入连续的创新知识生产的数字经济当中。如果个人拒绝上网，舆论就会让他产生自己变得落伍、不被别人需要的认知压迫。除了意识形态上的强迫，在信息物质的利用上，如果一个人没有使用脸谱等互联网社交平台，他可能丧失及时的信息，从而对他的真实社会生活造成困扰。并且越是居于行业垄断地位的数字资本，它越容易通过这种方式来控制用户，即控制产销型的数字劳动者。

---

① 魏灿秋：《互联网企业赢利困境的分析》，《财经科学》2002 年第 1 期。

四 数字劳动过程中的剩余价值与异化

（一）数字劳动过程中的价值形成与剩余价值

按照马克思的劳动价值理论，数字劳动可以分为生产性劳动和非生产性劳动。生产性劳动是以数字化的知识和信息作为关键性的生产要素，与其他生产资料和劳动力一起创造出有形产品或无形产品的劳动。生产性劳动是耗费了人的脑力或体力的劳动。在生产具体产品过程中，它们具有各种不同的形式，产生了各类不同的产品，所以，劳动过程体现了具体劳动的特征。同时，生产有形产品或无形产品的劳动过程中，又要耗费体力或脑力的无差别的人类劳动，具有抽象劳动的特征。一般来讲，具体劳动与其他生产资料一起创造商品的使用价值，抽象劳动形成商品的价值。生产性的数字劳动产生的劳动产品，经过市场交换后成为商品，此类商品也具有使用价值和价值。数字劳动过程中生产的商品的使用价值是商品对人的有用性，价值则是商品中凝结着无差别的人类劳动。

在生产性数字劳动过程中，劳动力这种特殊的商品是形成数字商品新价值的关键。只是在生产性数字劳动过程中，劳动者一般具有高素质和高技能，其劳动一般是复杂劳动，其生产的商品具有科技含量高和数字化程度高等特点。劳动力这种特殊的商品，与其他生产资料结合，可以在劳动过程中创造出新价值，即价值形成。新价值的一部分是劳动力价值，具体表现为数字劳动者的工资，另一部分则是剩余价值，归资本所有者无偿占有。数字劳动过程中，剩余价值的产生，既可以通过增加数字劳动者的劳动时间等绝对剩余价值生产方式实现，也可以通过提高技术水平进而增加劳动生产率等相对价值生产方式实现。随着劳动法律的健全，以及技术进步，通过技术创新提高劳动生产率，进而提高相对剩余价值是资本所有者获得剩余价值的主要方式。一些率先采用新技术的企业，可能还会获得超额剩余价值。随着信用制度的创新，通过兼并、重组、股份制和上市等方式，一些以数字知识和信息为核心生产要素的公司能够迅速集中分散的小资本成为大资本，通过平台垄断等获得超额的剩余价值。垄断性的数字平台等，不仅可以获得超额剩余价值，还可以凭借平台优势，获取接入平台的其他生产商或服务提供商交纳的租金，以及攫取消费者的剩余。与传统产业相比，这可以解释为什么以数字化的知识和信息为核心要素的公司能够在很短时间内成为世界级的巨无霸公司。

数字劳动过程中的非生产性劳动，则不能创造新价值。如娱乐性的“玩劳动”，以及自助服务性劳动，仅仅是帮助实现商品的价值。在流通领域，商品资本的所有者会参与特定商品剩余价值的分配。如果商品资本的所有者建立起了垄断性的数字平台，可能会挤压前端生产者的剩余价值，同时攫取后端消费者的剩余。

（二）数字劳动过程中的异化与剥削

数字劳动过程中仍然存在马克思所提到的异化和剥削问题。在马克思的理论中，异化和剥削紧密联系，甚至存在一种共生的关系。异化既构成了剥削的前提条件也作为剥削的结果被呈现。此外，异化和剥削都有着共同的资本主义存在基础，即私有制和劳动的商品化。马克思理论中的异化和剥削也有区别，它们分别从两个不同的角度批判了资本主义，前者更注重从人性的角度分析资本主义，后者更多从经济角度进行分析。劳动的异化使得工人失去了对自身劳动过程的主宰以及对最终产品的支配，与其他劳动者的交流也变少从而最终迷失自我。劳动的异化一般要求存在这样一种社会经济环境，价值和产品同它们的真正生产者分离，并且从一个阶级转移到另一个阶级手中。数字劳动过程中，也存在价值和产品的分离。这种分离已经超越了传统劳动过程中的时间和空间的限制，可以进一步延伸到不同的时间域和空间域中。

数字经济下的资本公司就像一个储存、加工、分析从而生产出数据的工厂。一方面，这些数据呈现出人口统计学的特征，记录了用户的一些真实信息，例如脸谱会利用平台规范和文化尽量保持用户填写个人信息的真实性，并迫不及待地通过定向广告等方式挖掘其中的利润空间。另一方面，数字资本一直十分关注用户交往内容的数据，通过对这些具体数据的趋势、关键词、主题进行分析，可以获得人们的消费等具体行为信息，从而产生商业价值。商业价值不仅仅体现在收集用户的消费行为，而且展现为参与、引导用户交流的内容，具体方式可以表现为传播相应信息、制造网络口碑以及网络流行。由于剥削的加深需要大量的表现个人特征的数据，所以就需要不断激发促使用户表现自我、参与社会讨论，形成了与以往劳动过程不同的新的异化现象。例如，在产销型数字劳动过程中，一个对非雇佣的数字劳动者高的剥削率可以通过数字经济技术与低的劳动异化程度同时出现。

五 对中国的启示

目前，依托于互联网的数字经济正深刻地影响着真实的后工业时代晚期社会整体的发展。在发达经济体内，大多数的政客和企业家都相信资本主义的未来在于信息的商品化发展，即对数字劳动剩余价值的攫取。在数字经济高速发展的时代下，有必要从马克思主义的角度去批判地分析数字劳动过程背后所掩盖的资本与劳动之间矛盾的新变化、新特征及其深刻影响。不同于狭义的无偿数字劳动定义，本章从更为宽广的定义出发，分析了四种形式的数字劳动过程，从传统经济领域的数字劳动过程到新兴的互联网平台零工经济中的数字劳动过程；从数字资本公司中雇用的技术工人的数字劳动过程到非雇佣形式的产销型数字劳动过程。这四种不同形式的数字劳动过程即表现出一定的共性，如在劳动组织架构上都从纵向科层式结构向扁平化方向发展。但更多时候其体现出较大的差异特征。

关注不同特征的数字劳动过程，对于我们认识当代经济社会的发展趋势具有重要的启示和借鉴意义。首先，中国需要积极发展数字经济，关注数字劳动过程的新变化。数字经济是人类经济社会发展的新趋势，我们需要通过主动融入数字经济的全球化趋势，努力掌握核心技术，创新数字经济的新业态和新模式。同时，要关注数字劳动过程的新变化，采取积极的就业措施和劳动保护措施。其次，要引导和规范数字劳动过程中的雇佣关系和收入分配关系。数字劳动过程中，雇主和劳动者的雇佣关系越来越市场化和短期化，这可能将劳动者置于相对弱势的地位。这就需要制定相关的法律法规进一步规范数字劳动者的雇佣关系和收入分配关系。最后，要建立健全社会保障体系，探索建立工资保险机制。数字劳动过程中，劳动过程中的信息系统会加强对人的控制，劳动者也会面临更高的失业风险，这就需要通过建立健全社会保障体系来缓解劳动者的失业风险，通过探索建立工资保险制度，为劳动者提供更加多元的就业保障。

第二节　数字劳动过程中的“去劳动关系化”问题

当前，数字经济蓬勃发展，正代表着先进生产力的发展方向，重塑人类的生产方式和生活方式，影响生产关系的局部变革。数字经济时代，各种“新模式”“新业态”“新产业”促使传统劳动过程向数字劳动过程转型。数字劳动过程中出现的“去劳动关系化”现象是劳动者在就业市场面临的新挑战。深入研究数字劳动过程中的“去劳动关系化”现象、本质和治理等，对于保障劳动者权益和构建和谐劳资关系具有重要意义。

“去劳动关系化”这一概念尚没有统一的解释。从词义上理解，“去劳动关系化”（de-labor relationship）与“劳动关系”（labor relations）一词相对应。学界一般认为，广义的“劳动关系”是指劳动者与用人单位之间在实现劳动过程中建立的社会经济关系总称[1]。具有“劳动关系”的劳动者与用人单位之间形成了劳动合同关系，其权力和利益受到法律的保护。例如，在正式雇佣合同中，一般会载明工资薪酬、用工保护、拖欠工资赔偿、违法裁员责任以及社会保险缴纳等约定，发生劳资纠纷可以通过劳动仲裁和司法程序进行解决。“去劳动关系化”包括去除劳动合同化用工、去雇主化就业和隐藏劳动关系事实等情形，其实质是去除资本对劳动的正式雇佣关系，逃避相关责任和义务[2]。

本书的劳动关系特指劳动者与用人单位通过签订劳动合同而形成的法律意义上的雇佣关系。因此，“去劳动关系化”可界定为用人单位通过各种方式来规避与劳动者签订法律意义上的劳动合同而“去雇佣关系”的行为。在数字经济中，“去劳动关系化”表现为“非雇佣制”“众包”“共享”和“劳资合作”等多种具体形式。随着数字经济的发展，“去劳动关系化”趋势愈加明显。

事实上在数字劳动过程出现之前，资本在传统劳动过程中就有规避直接产生“劳动关系”的尝试。资本方通过特许经销（加盟）、分包、第三方管理和外包等新的生产组织方式减少与劳动者的直接雇佣关系。劳务派遣、兼职人员、零工等用工形式已经成为企业降低劳动成本的有效策略[3]。数字经济中，“去劳动关系化”获得了数字技术支持，数字资本可以绕开倾向于保护劳动者权益的法律规范，通过零工等多种形式和劳动者形成非正式雇佣关系。数字劳动出现后，学者就关注到这种新型劳动背后的“去劳动关系化”现象。第一个提出“数字劳动”（digital labor）的意大利学者泰拉诺瓦就通过分析互联网经济，指出网民在互联网上的日常活动作为一种免费劳动被资本家所利用[4]。巴黎南泰尔大学哲学教授哈勃也在《剥削概念的变化与现状：以“数字劳动”为例》一文中指出，数字劳动过程中，传统资本剥削的手段和类别日益多元化，无薪劳动或隐性劳动正在成为新的剥削方式[5]。国内学者也从社会经济实践出发，对平台零工型数字劳动过程中存在的“去劳动关系化”现象进行了描述。王彬彬和李晓燕指

---

① 饶扬德主编：《劳动关系与劳动法》，西南师范大学出版社 2012 年版，第 2 页。

② 胡磊：《网络平台经济中“去劳动关系化”的动因及治理》，《理论月刊》2019 年第 9 期。

③ Kochan T. A. ，“The Changing Nature of Employee and Labor-management Relationships”，*Annual Review of Organizational Psychology and Organizational Behavior*，2019（6）：195-219.

④ Terranova T. ，“Free Labor：Producing Culture for the Digital Economy”，*Social Text*，2000，18（2）：33-58.

⑤ 张春颖：《法国理论界对资本主义剥削问题的阐述——以〈今日马克思〉杂志为中心》，《马克思主义与现实》2019 年第 6 期。

出零工经济让劳动者成为自我担责的“一次性工人”和“无雇主工人”，并“自愿”在更高劳动强度和更长劳动时间的数字劳动过程中为资本服务[①]。在数字劳动过程中，过去游离于生产过程之外的劳动和资源等现在都可以被平台经济利用起来参与剩余价值的生产和实现[②]。平台经济中的雇佣劳动关系不同于传统劳动者与企业签订的书面的正式劳动关系，平台与零工劳动者达成劳动协议的门槛非常低，通过网络注册和协议同意就可以达成临时用工协议[③]。事实上，这种临时劳动协议形成的是一种合作关系，而不是正式雇佣关系，往往得不到劳动法的有效保护。在平台零工型数字劳动过程中，由于用工时间和地点比较灵活，劳动者往往自备劳动工具，并且可以同时和多个平台签订合约。现实中，零工型数字劳动者往往被认为与平台不存在严格的行政隶属和人身依附关系，其合法权益也往往得不到保障。

目前，研究数字劳动过程中“去劳动关系化”的文献相对较少，并且主要集中在平台型数字劳动过程或狭义产销型数字劳动过程的单个类型的数字劳动过程分析中。我们认为，数字劳动过程中的“去劳动关系化”可能并不是对劳动者的解放，而是资本绕开法律对劳动的保护，打破工人的联盟，攫取超额剩余价值的新手段。因此，本书将从资本逻辑视角下讨论数字劳动过程中的“去劳动关系化”现象、本质和治理问题。

一　数字劳动过程中劳动对资本的形式隶属向实际隶属的转变

数字劳动过程中的“去劳动关系化”，一方面，将闲置资源有效利用起来，创造了灵活就业岗位；另一方面，平台经济利用劳动者闲置资源所产生的收益并没有归劳动者所有，而是大部分转归具有垄断优势的数字资本所有。这种“去劳动关系化”看似弱化了劳动对资本的形式隶属，却强化了劳动对资本的实际隶属。

劳动对资本的形式隶属是指一种经济形式上的强制，即由于劳动者缺乏相应的生产资料，被迫出卖自己的劳动力，资本利用这种强制形式通过严格的管理和监督迫使劳动者减少工作间隙，维持劳动强度和时间，进而

① 王彬彬、李晓燕：《互联网平台组织的源起、本质、缺陷与制度重构》，《马克思主义研究》2018 年第 12 期。

② 谢富胜、吴越、王生升：《平台经济全球化的政治经济学分析》，《中国社会科学》2019 年第 12 期。

③ 任洲鸿、王月霞：《共享经济下劳动关系的政治经济学分析——以滴滴司机与共享平台的劳动关系为例》，《当代经济研究》2019 年第 3 期。

榨取剩余价值[①]。形式隶属的加强并不是无限制的，过度的剥削和控制将会导致工人的反抗。出于持续攫取剩余价值的需要，资本通过采用数字技术来增加相对剩余价值的生产。借助于劳动力市场信息资源的方便获取，数字劳动就业方式更加灵活并可以同时参与不同企业的用工服务。数字劳动者的行政隶属和人身依附关系减弱，原有的科层制组织管理模式向扁平化方向发展，资本控制和监督数字劳动过程的手段更加隐蔽。与传统劳动者需要在资本管理者的全程监督下进行劳动不同，资本仅对数字劳动者工作完成的结果及其满意度进行管理，并不严格限制劳动者的劳动时间、劳动地点。同时劳动者往往也拥有自主决定是否提供服务以及选择服务对象的权利。数字劳动过程中的以上特点都使得资本与劳动的形式隶属看似弱化了。

尽管数字劳动过程中劳动对资本的形式隶属看似弱化了，但是数字劳动过程“去劳动关系化”的背后却是实际隶属的加强。资本想要将法律上的所有权转变为实际的占有，就必须对劳动者实施严格的控制。这种控制并不是一直不变的，面对工会的压力和劳动者的反抗，资本在妥协的同时也在不断寻找新的途径进行更为隐蔽的实际控制与剥削。互联网数字技术具有强大痕迹管理和数据保存能力，资本可以通过移动定位监控、流程打卡、在线会议等新技术手段，在实现减弱形式隶属的同时，加强对数字劳动者的实际控制。控制手段从过去依赖人力转变为依靠更为严苛的技术，并且借助大数据、人工智能的优势，资本还实现了对劳动者个体数据的全程记录、分析与智能管理。数字劳动者不再是一个难以被管理的复杂群体，资本依托先进技术可以轻松实现对数字劳动者“一对一”的全方位监控。例如，外卖平台不仅记录了每一位外卖骑手的工作和评价数据，实现了对骑手个人特征的实时动态化管控，而且通过智能派单系统将骑手个人能力与商家的出餐速度、交通状况等客观情况进行实时智能模拟分析[②]。从而有选择性地分配给不同的骑手，以达到对数字劳动者的最大化控制与利用。与传统劳动过程相比，资本利用信息技术打破了时间和地域的限制，将更多的数字劳动者纳入生产剩余价值的过程中。这也使得数字劳动者变得分散，工会和劳动者的集体反抗与行动趋于弱化。在这种情况下，资本以追求利润为首要目标，就会尽量减少数字劳动者的收入和保护措

① 谢富胜：《当代资本主义劳动过程理论：三种代表性表述》，《马克思主义与现实》2012年第5期。

② 冯向楠、詹婧：《人工智能时代互联网平台劳动过程研究——以平台外卖骑手为例》，《社会发展研究》2019年第3期。

施，而数字劳动者由于缺乏凝聚与集体谈判能力，也会在劳资关系中处于劣势地位，从而强化劳动的实际隶属。

值得注意的是，资本不仅利用数字信息技术使数字劳动者变得更分散，而且也使得数字劳动者进一步“去技能化”，从而达到使数字劳动变得便宜且可替代的目的。“科学越是被纳入劳动过程之中，工人就越不了解这种过程；作为智力产物的机器越复杂，工人就越不能控制和理解这种机器。”① 在数字劳动过程中资本对劳动者技能的要求较低，而且数字劳动者不需要通过工作年限积累或者提升技能就可以完成现有劳动任务。例如，外卖平台的智能语音助手，可以帮助骑手完成送餐的路线规划和实时指导，新骑手无须熟悉该地区路段也可以较好完成送餐任务。在数字劳动过程中，这种人工智能、大数据等技术的使用在一定程度上替代了数字劳动者的个人技能积累。数字信息技术形成的“去技能化”，加速了世界范围内形成规模庞大的产业后备军，使得劳动在与资本的博弈中处于更加不利的地位②。资本由此实现了增强劳动实际隶属的目的。当然这种“去技能化”也可能存在异质性，数字劳动者的“去技能化”更多是体现在低技能的平台零工型数字劳动者以及数字化升级下的传统产业劳动者，但是对于数字技术开发者和无偿的产销型劳动者则可能不适用。

数字劳动过程的实际隶属还表现在其自身对于剥削的同意。在资本主义生产过程中，随着生产关系的局部调整，劳资关系已经不再是直接的控制与被控制、剥削与被剥削的关系，而是被种种假象所掩盖的“资本的强迫”与“工人的同意”相结合的新型关系③。不同于传统劳动关系的工资一般采取按期支付的方式，数字劳动报酬往往在完成任务后即可兑现，从而缩短了劳动报酬获得的时间周期，消除了数字劳动者对报酬支付的不确定性的忧虑。兼之数字劳动对于劳动者而言往往是临时性的或补充性的工作，使用的也是个人碎片化的时间，这些都会使数字劳动者产生“赚外快”“获取额外收入”的心理满足感。受到这种“即刻兑现”“近在眼前”劳动报酬的驱使，数字劳动者甘愿付出更多的休闲时间进行剩余价值的创造。此外，资本还通过评价系统将劳资之间的矛盾转化为劳动者与消费者

① ［美］哈里·布雷弗曼：《劳动与垄断资本：二十世纪中劳动的退化》，方生等译，商务印书馆 1979 年版，第 380 页。

② 谢富胜、吴越、王生升：《平台经济全球化的政治经济学分析》，《中国社会科学》2019 年第 12 期。

③ 闻翔、周潇：《西方劳动过程理论与中国经验：一个批判性的述评》，《中国社会科学》2007 年第 3 期。

之间和劳动者内部的矛盾，从而进一步加强对数字劳动的实际隶属。这一特点在平台零工型的数字劳动过程中体现得尤其明显。例如，外卖平台对骑手进行等级划分，并依据等级、好评、投诉率、接单量多项指标给予不同的工资待遇，对名次靠前骑手进行额外奖品奖励，利用骑手内部的竞争来加强实际控制。同时平台的惩罚制度也将矛盾转移到消费者与数字劳动者之间，消费者表达不满的时候，骑手为了避免惩罚还要甘愿出卖自己的情感向消费者道歉。这种劳动过程的压力同时又会因为数字劳动过程的灵活用工时间而得到些许减缓。许多骑手在休息时通过移动娱乐活动如刷抖音、打游戏等方式来掩盖和释放工作的压力。

正如马克思所言的："各种经济时代的区别，不在于生产什么，而在于怎样生产，用什么劳动资料生产。劳动资料不仅是人类劳动力发展的测量器，而且是劳动借以进行的社会关系的指示器。"① 资本对于数据劳动资料的垄断是数字劳动过程中的形式隶属向实际隶属转化的关键。虽然数字劳动者由于使用部分自己的劳动资料获得了灵活的用工时间和地点，数字劳动的形式隶属看似在弱化，但是，数字劳动者必须依赖资本提供的数据信息与消费者建立联系，因而无法摆脱对资本数据和技术的依附。资本正是凭借对技术和数据劳动资料的所有权来攫取数字劳动者的剩余价值。例如，网约车司机尽管拥有自己的劳动资料（私家车），但必须通过网约车平台的数据和匹配技术才能找到消费者。部分网约车司机没有劳动资料，而是通过租车平台和网约车平台等多个平台参与数字劳动过程，实际上受到了双重甚至多重剥削，但在法律层面却又由于"去劳动关系化"而不能得到相关法律的保护。资本正是通过垄断关键的数字劳动资料，使得数字劳动者的形式隶属向实际隶属转化。

二　资本逻辑下数字劳动过程中"去劳动关系化"的本质

资本具有追求剩余价值的本质属性，并且这种本性与个人的道德、品行无关。资本家仅仅是资本的人格化载体并受到这种资本逻辑的驱使②。资本索取剩余价值有两种方式。一是延长劳动者的劳动时间，剩余价值就是超过必要劳动时间的那部分，即"绝对剩余价值"的攫取。二是通过协作分工、科技进步等方式来提高劳动生产率，来缩减必要劳动时间，从而可以获得相对更多的剩余价值，即"相对剩余价值"的攫取。

① 《资本论》第1卷，人民出版社2004年版，第210页。

② 仰海峰：《马克思资本逻辑场域中的主体问题》，《中国社会科学》2016年第3期。

从资本主义诞生初期，随着封建社会解体的是劳动者摆脱“主仆”枷锁成为商品交换中自由平等的劳动者。但是，劳动者的自由是除去自身外一无所有的自由。在这一时期，资本通过殖民掠夺、圈地运动、贩卖奴隶等方式完成了带血的原始积累，同时创造出一无所有的为了生存而被资本雇用的“自由劳动者”，来实现对剩余价值的索取。但是，随着工业革命的完成和资本主义周期性经济危机的出现，资本与劳动者之间的矛盾激化，被资本剥削压迫的劳动者阶级意识觉醒，典型代表就是这一时期的三大工人运动（1831 年法国里昂工人起义、1844 年德国西里西亚纺织工人起义和 19 世纪三四十年代英国的宪章运动）。进入垄断资本主义时期，资本通过严格的劳动管理制度（泰罗制）和工资绩效制度（计件工资），来进一步榨取“绝对剩余价值”，但这也遭到了日益贫穷的劳动者的反抗，劳动者通过罢工等方式争取到了最低工资和 8 小时工作制的权益，并在长久的斗争中逐步建立起具有一定程度保护劳动者权益的相关法律和“劳动关系”。但是，在劳动者取得一些斗争胜利的同时，资本逻辑依然贯穿于整个生产过程之中，并随着科技、社会的发展不断寻求新的手段和途径来追求剩余价值。

资本逻辑下，数字劳动过程中“去劳动关系化”的本质是资本通过变相压低劳动者工资来获得更多超额剩余价值。随着数字经济的发展，在数字劳动过程中数字劳动者比起传统劳动者又有了新的看似“自由”的选择，即一种“去劳动关系化”的趋势。数字劳动者不再与资本存在人身依附关系，而是看似脱离了资本的直接控制可以自由平等地选择提供产品和服务的对象。但是，这种新的自由所表现出的“去劳动关系化”依旧在遵循着资本的逻辑，即追求剩余价值的最大化仍然是数字劳动过程中“去劳动关系化”趋势的主要推动力。一方面，在“去劳动关系化”下，除了数字信息，其余劳动资料往往由数字劳动者自己提供，从而为资本节约了生产资料成本，提高了利润率；另一方面，数字劳动过程的完成依赖于数字信息，资本通过对数字信息平台或数字技术的前期货币投入，形成了数字信息的所有权垄断。尽管数字劳动者也提供自己的劳动资料，但由于数字信息在数字劳动过程中居于核心地位，数字资本依然处于优势地位并能够利用数字技术手段对数字劳动者进行严密的控制，从而追求更多的剩余价值。数字劳动过程中的“去劳动关系化”通过吸纳数字劳动者的劳动资料、利用新技术增强劳动控制以及绕开传统有利于保护劳动者权益的“劳动关系”法律束缚，来实现减少生产成本、攫取更多剩余价值的目的。在数字劳动过程中“去劳动关系化”的“自由”“平等”表面名词的背后依然隐藏着从未消失的资本逻辑。

资本逻辑下，数字劳动过程中“去劳动关系化”还体现出一种全球化的趋势。数字资本借助数字信息技术打破传统劳动的时空限制，能够在全球范围内组织调动大量数字劳动者并且可以垂直性介入数字劳动过程之中。全球化下的数字资本呈现出一种中心—外围的结构，剩余价值从外围地区向中心地区集中，并在中心地区进行资本积累，中心地区在整个再生产过程中居于核心地位并拥有绝对支配权①。与之相对应，数字劳动者内部也在全球范围内出现了分化，拥有核心数字技术的开发型数字劳动者聚集在资本密集的中心地区，而低技能的传统改造型数字劳动者和平台零工型数字劳动者则分布在劳动密集的外围地区。外围地区的数字劳动过程依赖于核心地区的数字信息技术。在资本追求剩余价值的逻辑之下，处于中心地区的发达资本主义国家加大了对生产网络的控制，处于外围发展中国家的众多数字劳动者陷入缺乏工伤社保、低薪酬等“去劳动关系化”的困境，被迫纳入了发达资本主义国家的全球价值链剥削范围②。

数字资本在初期发展阶段可能凭借新兴的技术具有超额利润的优势，但是它依旧不能规避资本逻辑所带来的固有矛盾，不能破解由固有矛盾带来的周期性经济危机等风险。一方面，数字资本的规模和网络效应使得数字经济具有天然的垄断倾向，并且这种垄断倾向呈现打破原有行业界限的趋势，使得在资本主义条件下社会化大生产和生产资料私有制的基本矛盾进一步被放大。兼之受到现代金融体系的影响，数字资本公司从诞生之日起就受到金融资本的风险投资，在其发展过程中为了维护数字技术的创新性又会不断持股其他数字资本公司，高度金融化的数字资本运营模式也加剧了金融危机发生的风险。另一方面，数字经济的天然垄断性和超额利润的吸引使得往往一个数字经济热点在发展初期存在投资过剩的现象，许多中小数字资本投资失败并丧失了价值，从而加剧了资本积累过剩带来的矛盾。具有垄断地位的数字资本公司获得了巨额垄断利润，但是数字劳动者被剥削程度加剧，并在“去劳动关系化”趋势下缺少相应的社会保障、稳定的薪酬和工作岗位。兼之垄断数字资本的全球化和国际劳动力价格的“逐底竞争”，没有法律和工会组织保护的“去劳动关系化”下的数字劳动者只能强迫自己延长劳动时间，为资本生产出更多的剩余价值。长久以往，严重社会贫富差距将为资本生产过

① 谢富胜、黄盛：《全球生产网络的政治经济学分析》，《教学与研究》2015 年第 8 期。

② 谢莉娟、王晓东：《数字化零售的政治经济学分析》，《马克思主义研究》2020 年第 2 期。

剩、周期性的经济、金融危机埋下隐患。

三　数字劳动过程中“去劳动关系化”的多样性及后果

广义的数字劳动过程类型多样，根据其差异大小可以分为传统雇佣经济领域下的数字劳动过程、互联网平台零工经济中的数字劳动过程、数字资本公司技术工人的数字劳动过程和非雇佣形式的产销型的数字劳动过程①。传统雇佣经济领域下的数字劳动者大多仍然维持着原有的“劳动关系”，同时企业将数字信息技术运用到劳动管理体系、劳动过程的监督和控制之中，从而突破时空限制使得劳动者的劳动强度增加。“去劳动关系化”更多体现在其余三种类型的数字劳动过程之中。互联网平台零工型数字劳动过程中的“去劳动关系化”现象最为突出，所涉及的劳动者人数众多、劳动争议案件频出，引起了社会各界的关注。数字资本公司技术工人的数字劳动过程的“去劳动关系化”处于萌芽、初期发展阶段，在未来可能会成为一种流行趋势。产销型数字劳动过程的“去劳动关系化”程度最深，最为彻底。

互联网平台零工型数字劳动过程中的“去劳动关系化”现象十分普遍，互联网零工平台标榜只是为市场需求方和供给方提供匹配对接和数据支持服务，并没有对数字劳动者进行强制管理和压迫，否认平台与零工型数字劳动者存在“劳动关系”。大多数互联网零工平台并没有与数字劳动者签订书面劳动合同，并且许多平台在建立、登记时是以信息服务、数据提供为主要业务，平台与零工型数字劳动者间不符合劳动提供与企业业务的相关性这一“劳动关系”认定标准。尽管互联网零工平台为众多低技能劳动者提供了灵活就业的岗位，但是，数字劳动者不仅出卖自己的劳动而且还要自己提供劳动资料，并且随着平台的垄断趋势，数字劳动者薪酬收入也不断下降，资本对剩余价值的剥削程度也会加深②。互联网零工平台通过“去劳动关系化”绕开了相关法律对数字劳动者的保护，规避了劳动者工伤、养老等社会保险费用，使得平台零工型数字劳动者处于弱势地位。互联网零工平台的利润获取机制也冲击了传统的资本雇佣制，使得越来越多的传统行业转向互联网平台来追求更多的剩余价值，进一步加剧了劳动力市场中“去劳动关系化”的趋势和由此带来的低报酬、低保障等问题。

---

① 韩文龙、刘璐：《数字劳动过程及其四种表现形式》，《财经科学》2020 年第 1 期。

② 刘皓琰：《信息产品与平台经济中的非雇佣剥削》，《马克思主义研究》2019 年第 3 期。

数字资本公司技术工人劳动过程的“去劳动关系化”尚处于发展阶段。与平台零工型的数字劳动者的低技能、低门槛不同，数字资本公司的技术工人往往要求具有较高的数字技能。在数字经济发展上升时期，数字技术人才需求增加，兼之数字技术工人在技能上具有一定的专业优势，数字资本公司为了留住人才会主动提出与数字技术工人签订劳动合同，因而数字技术工人仍然可以获得较高的薪资报酬和劳动保障。但是，随着互联网信息技术人才供给量增加，数字技术工人最初的技能垄断权被削弱，数字技术工人的“去劳动关系化”萌芽逐渐显现。其中最典型的就是“众包”模式，如苹果、谷歌等应用软件开发公司通过对数字信息技术基础设施的垄断和开发数据的标准化处理，简化和降低了技术开发劳动者的技能门槛，并且将项目任务“众包”给全球的个体用户，通过支付远低于正常研发投入的奖金获得了巨大的商业利润。以“众包”模式为代表的数字技术劳动者的收入完全来自市场对其产品的反馈，在面临激烈的竞争环境下，数字技术工人只能不断自我剥削付出更多的劳动时间和学习新技能的时间。2020 年 5 月，脸谱（Facebook）的 CEO 马克·扎克伯格宣布 50% 的公司员工将会在未来 5—10 年内实现远程办公，这可能拉开数字资本公司技术工人“外包”、变相工资调整的新浪潮①。在数字资本公司不断通过“去劳动关系化”降低技术研发成本的同时，数字技术工人逐步陷入收入不稳定、缺乏劳动保障的困境。值得注意的是，数字资本公司对数字技术工人的控制体现为一种文化价值观的引导，宣扬每一个数字技术工人都拥有对他人有价值的知识和才华，强调运用共同创造的思维来实现自我价值，但事实上数字劳动者的劳动产品却被数字资本公司所占有并成为其追求利润的手段。

产销型数字劳动过程的“去劳动关系化”程度最深，最为彻底。在产销型的数字劳动过程中，消费和生产紧密联系、不可分割。很多产销型数字劳动者也并不认为自己与资本公司存在“劳动关系”，甚至并不认为自己在劳动，而是普遍认为自己在休闲和娱乐。但事实上，产销型数字劳动者在热衷于互联网消费的过程中生产出大量的数据信息和文化产品。资本公司凭借前期数字基础设施的投资成为数据天然的占有者和所有者，并通过所有权获得了巨大的商业利润而无需向数字劳动者支付任何薪酬。尽管数字资本存在前期投入大、利润回收难等挑战，但是只要吸引和扩大现有

---

① Rob McLean, “These Companies Plan to Make Working from Home the New Normal: As in Forever”, https://edition.cnn.com/2020/05/22/tech/work-from-home-companies/index.html.

的流量（产销型数字劳动者人数），后期每增加一个数字消费者耗用的成本是极低的，甚至边际成本为零。产销型数字劳动过程中资本通过免费的娱乐服务留住数字劳动者，或者用服务的升级向部分用户收取费用，用消费掩盖了劳动生产，加剧了“去劳动关系化”的程度。

多种多样的数字劳动过程中的“去劳动关系化”带来的直接影响是劳动者就业的不稳定性。数字劳动过程具有灵活就业的优势，但也存在就业不稳定、职业发展缺乏持续性的弊端。数字劳动者的就业机会受到市场需求的直接影响，由于“去劳动关系化”的普遍存在，数字资本解除与数字劳动者的合作关系成本非常低，兼之许多数字资本公司发展业务依靠风险投资，如果没能成功转型为盈利模式，当资金链断裂时很容易面临破产，这些因素直接导致了数字劳动者就业机会的不确定性增加。数字经济作为一种新的经济模式，国家也通过一系列制度来约束规范行业运行，如出台相关政策审查从业资格、加强监管等，部分违反法律规范的数字资本公司的倒闭将使与之签订协议的数字劳动者面临失业的风险。除了就业机会的不确定性，数字劳动者在就业方面还存在收入不稳定和缺乏职业发展前景的问题。数字资本公司与数字劳动者之间的合作协议往往不存在固定的薪酬，而是数字资本公司按照一定比例抽取分成，并且分成比例还会随着数字资本公司的垄断趋势变得更加不利于数字劳动者。数字劳动过程中的“去劳动关系化”用合作、共享掩盖了事实上的劳动，模糊了生产与消费的界限，许多数字劳动者将数字劳动看作一份兼职或过渡性工作、甚至看作一种娱乐而缺乏对职业发展的长远规划。

数字劳动过程中的“去劳动关系化”使得数字劳动者在劳资冲突中处于劣势地位，数字劳动争议呈现复杂化趋势。数字劳动过程中，互联网信息技术聚集了众多参与主体，但是，由于缺乏规范的“劳动关系”，参与主体之间的权责不明晰，当发生纠纷和争议时，处于弱势地位的劳动者的权益难以得到保障。一方面，数字资本公司为了追求剩余价值通过各种手段隐藏事实劳动，司法裁判中需要法官运用自由裁量空间对劳资之间是否具有依附从属关系进行认定，在实践操作中不同法院的判决存在较大差异，法律规范制定的滞后性也加大了公正判决的难度；另一方面，数字劳动者对于预防数字劳动争议的意识不足，数字劳动者平时大多只关注薪酬奖励的发放而较少关注数字资本公司与自己的关系，等到纠纷出现后，数字劳动者很难收集到足够的证据来维护个人的合法权益。

数字劳动过程中的“去劳动关系化”还可能导致数字劳动者的“相对贫困化”。马克思指出：“吃穿好一些，待遇高一些，特有财产多一些，不会消除奴隶的从属关系和对他们的剥削，同样，也不会消除雇佣工人的从属关系和对他们的剥削。由于资本积累而提高的劳动价格，实际上不过表明，雇佣工人为自己铸造的金锁链已经够长够重，容许把它略为放松一点。在关于这一问题的争论中，大都把主要的东西，即资本主义生产具有代表性的特征忽略了。”[①] 马克思这里所讲的主要的东西是指剩余价值，即无论现在劳动者的物质条件是否有变化，只要资本对于剩余价值的索取在加剧，那么资本对劳动的剥削关系就不会改变。在数字经济下，随着生产力的发展，物质生产会越来越丰富，劳动者的生活水平也会相应提高。但是数字劳动者相对于资本而言却呈现“相对贫困化”的趋势，这种趋势并没有随着雇佣劳动关系的削弱而减弱，反而因为数字劳动过程中的“去劳动关系化”有所加强。“在劳动生产力提高时，劳动力的价格能够不断下降，而工人的生活资料量同时不断增加。但是相对地说，即同剩余价值比较起来，劳动力的价值还是不断下降，从而工人和资本家的生活状况之间的鸿沟越来越深。”[②] 马克思的“相对贫困化”理论深刻揭示和预见了数字劳动者在新的数字经济条件下也面临被剥削的命运和困境。在资本逻辑的支配下，数字资本通过“去劳动关系化”加强了对劳动者的剥削以追求更多的剩余价值，并且还把部分剩余价值转化为数字资本进行进一步积累。对此马克思指出：“不管工人的报酬高低如何，工人的状况必然随着资本的积累而日趋恶化。”[③] 这种恶化体现为数字劳动者的“相对贫困化”，体现为在资本主义条件下社会收入差距的扩大。

四　数字劳动过程中“去劳动关系化”现象的应对及治理

“用脚投票”是数字劳动者在面临不公正待遇时无奈的选择和最常用的手段。当出现工伤事故无法得到补偿或者感到被剥削过重，精神、身体压力无法承受时，数字劳动者往往会选择离职、用一走了之的方式来对数字资本表达个人的不满。处于弱势地位的数字劳动者很少采用激烈的方式来维护个人权益，但在遇到个人无力承担的极端事件时，数字劳动者也会选择诉讼等方式维权。但是在现有法律框架下，数字劳动过程中的“去劳动关系化”遮蔽了事实上的劳动关系，从而使得数字劳动者通过法律来维权变得十分艰难。现有劳动者权益保护具有显著的“两分法”特征，即有

① 《马克思恩格斯文集》第5卷，人民出版社2009年版，第714页。

② 《马克思恩格斯文集》第5卷，人民出版社2009年版，第597、598页。

③ 《马克思恩格斯文集》第5卷，人民出版社2009年版，第743页。

劳动关系强保护，无劳动关系弱保护①。数字劳动过程中的“去劳动关系化”使得劳动者很难被认定为与数字资本存在“劳动关系”，进而无法实现工伤保险、劳动保护、参与工会和申请劳动仲裁等一系列权益。针对“两分法”的问题，目前学界给出两种不同方向的解决措施：一是放宽劳动关系的认定范围，这种方法可以使数字劳动者获得与传统劳动者等同的法律保护，但是由于数字劳动过程种类多样，纷繁复杂，兼之资本采用多种手段故意掩盖劳动关系，想要找到统一的新的劳动关系认定标准存在较大难度。二是弱化社会保障与“劳动关系”的关联性，通过相对独立的工伤保险和其他社会保障可以有效满足部分数字劳动者的迫切需求，但是这也会加大社会保障的负担，而数字资本企业却没有承担起应负的社会责任。因此，两种解决措施各有优劣，考虑到数字资本企业的“轻资产运行”特点和对劳动成本的高度敏感性，适时适度的逐步调整措施更具可行性。

数字劳动过程突破了时空的限制，使得数字劳动者处于分散的状态，这也不利于数字劳动者通过组织工会来进行维权。马克思指出：“工人的社会力量仅在于他们的数量。然而，数量上的优势被他们的分散状态所破坏。”②这种分散的状态在数字经济时代体现为空间上的隔离和数字劳动者内部的竞争与差异。积极探索和建设与数字劳动过程相适应的工会组织，允许工会为数字劳动者维权是十分必要的。考虑到数字劳动者的实际地理位置分散，人员流动较快，可以充分利用数字互联网技术探索发展线上工会，来平衡数字经济下的劳资关系。一方面，工会可以对数字资本公司形成自下而上的监督；另一方面，当数字劳动者的利益受到侵害时也可以向工会寻求帮助。积极探索政府、线上工会、数字资本公司共同参与的协商机制，可以降低数字劳动者的维权成本、促进互利共赢的和谐劳资关系的构建。

随着互联网数字技术的发展，数字经济成为未来经济发展的强大的动力并给众多劳动者提供了直接参与社会化大生产的机会。如何在数字劳动过程中有效保障劳动者权益，有学者从所有制的角度提出新的解决措施。如王彬彬和李晓燕提出建设遵循社会主义、计划调节和国有制主导原则的国有资本合作制平台组织③。在资本主义制度下，数字资本凭借对数字资料的所有权垄断肆意剥削数字劳动者，试图让资本家自觉让出利润是不符合资本逻辑

① 胡磊：《网络平台经济中“去劳动关系化”的动因及治理》，《理论月刊》2019年第9期。

② 《马克思恩格斯全集》第21卷，人民出版社2003年版，第272页。

③ 王彬彬、李晓燕：《互联网平台组织的源起、本质、缺陷与制度重构》，《马克思主义研究》2018年第12期。

的，长久的社会贫富悬殊将以经济金融危机爆发的形式来强行调节过度扭曲的劳资关系。在社会主义市场经济条件下，坚持公有制为主体、多种所有制共同发展也应当适用于数字经济建设中，充分发挥社会主义制度的优越性，不仅可以在数字资料生产和数字基础设施建设上实现集中力量办大事的优势，而且需要创新治理机制，形成和谐劳资关系。

建立数字劳动过程中的风险识别机制。数字劳动者面临工作带来的身体和心理伤害、就业不稳定产生的伤害以及低社会保障等风险。数字劳动者面临的可能伤害和风险如果得不到有效识别和监控，这种潜在的风险就会以劳动纠纷、劳动争议等形式爆发出来，从而不利于和谐劳资关系的构建。如何建立数字劳动过程中的风险识别机制，数字资本公司应当承担起风险识别的主要工作。数字资本公司作为规则制定方、管理者和利益相关方，是最直接接触数字劳动者和参与数字劳动过程的组织，数字资本公司有条件也有能力去发现数字劳动过程中存在的各种风险，从而可以采取相应的措施来规避由此可能带来的劳动冲突。但是受到资本逻辑的支配，数字资本公司有可能会在识别出劳动风险的同时通过各种手段来逃避本应当承担的法律责任，事实上，数字劳动过程中的“去劳动关系化”正是这一情形的典型特征。因此，要让数字资本公司的风险识别机制维护和保障数字劳动者的合法权益还需要政府部门的管理和监督，通过政府不断完善相关制度来引导企业控制数字劳动者的就业风险，通过留住人才来实现企业的良性循环发展，通过打击故意隐瞒遮蔽事实劳动逃避法律责任的行为来推动数字劳动过程中风险识别机制的有效运转。

完善数字劳动过程中的权利保障机制。由于数字劳动过程中的“去劳动关系化”，许多与“劳动关系”挂钩的保障制度都无法适用于数字劳动者，如“休息权”“劳动安全卫生权”“职业发展权”等。灵活薪酬制度使得数字劳动者必须自己增加劳动时间和提高劳动强度，同时数字资本公司为节约成本也没有为劳动者提供相应的劳动安全保障。对此应当重视和加快数字劳动过程中的权利保障建设，积极利用数字技术探索制定数字劳动者最高工作时长的制度安排，以保障劳动者的基本“休息权”。积极发挥工会以及劳动行政部门的监督作用，督促数字资本公司为数字劳动者提供足够的劳动安全保障。政府还应组织或引导数字资本公司加强对数字劳动者的培训，提高数字劳动者的职业发展潜力，实现培育数字人才与数字资本公司相互促进发展的双赢格局。

完善数字劳动过程中的社会保险制度。目前城镇居民自己可以缴纳的社保仅有城镇居民养老保险和城镇居民医疗保险两种，而企业单位为职工缴纳的社会保险除了基本养老保险和医疗保险外，还包括与劳动者密切相关的工伤保险、失业保险和生育保险。但是依据现行的法律条例，劳动者要想获得职工社保必须与单位形成正式的“劳动关系”。数字劳动过程中的“去劳动关系化”造成了大量有事实劳动的数字劳动者无法享有基本的职工社保。为此可以尝试建立政府主导、商业保险公司参与的多层次职业工伤保险、失业保险和生育保险，并且综合考虑参保缴费的方式、基金规模、保险支付水平等因素确定合理的缴费费基与费率，确保数字劳动者“缴得起、稳得住、能享受”。

加强数字劳动过程中的政府规制。政府应当积极开通申诉渠道，倾听数字劳动者的表达诉求。考虑到数字资本公司的“轻资产运行”特点和对劳动成本的高度敏感性，适时适度地逐步调整规章制度是较为可行的方法。政府可以着重完善社会保障措施和打击侵害数字劳动者权益的行为，对数字资本公司进行适度的劳动监管，使数字劳动者最切身的利益得到基础保障。此外，由于数字劳动者就业流动性大，政府还应当注重劳动争议的异地处理和劳动保障的异地服务。

总之，数字劳动过程中的“去劳动关系化”并不是对劳动者的解放，而是资本追求更多剩余价值的介质和工具。它增加了劳动者弹性就业的可能性，同时也使得劳动者在劳资关系中处于劣势地位。数字经济时代，要让劳动者共享数字经济发展成果，应该充分发挥中国特色社会主义基本经济制度的优越性，建立健全数字劳动过程中的风险识别机制、权利保障机制、社会保险机制和政府规制机制，形成中国特色和谐劳资关系。

第三节 数字劳动过程中的“共享员工”问题

数字经济时代，数字技术正在改变我们的生产方式和生活方式，例如远程医疗、无人配送、线上办公展示了数字经济广阔的应用前景，数字文娱产业的逆势增长也体现了数字经济的发展潜力。而数字劳动过程中也展现出一种新的用工模式——“共享员工”模式。

一 新冠疫情中的“共享员工”新现象

2020年初，一场突如其来的新冠疫情扰乱了正常的生产秩序。在人员流动限制的情况之下，为了解决医疗卫生企业用工缺口和部分企业员工闲置的问题，“共享员工”模式诞生，并在疫情期间发挥了战“疫情”、保生产、稳就业的作用，数字劳动过程中的“共享员工”模式也由此引发了社会各界的关注。数字劳动过程中的“共享员工”模式在传统的“员工借调”基础上加入了共享经济的理念，适应了灵活用工的就业趋势。在疫情特殊时期，数字劳动过程中的“共享员工”模式为“借入”企业快速补充了劳动力，为“借出”企业减少了用工成本，为劳动者提供了稳定的就业和薪酬，为维护社会生产生活的正常秩序做出了贡献。随着国内疫情被有效控制在一个较低水平，诞生于特殊时期的数字劳动过程中的“共享员工”模式是否有继续应用的场景，又存在哪些问题和困境？

“共享员工”一词十分新颖，但“共享员工”的运作模式在疫情期间与传统的企业与企业之间的“员工借调”十分相似，即企业之间签订合同，约定在特定时间内将员工借调给借入企业并接受借入企业管理，员工完成任务后返回到原企业的用工模式。不同之处在于，传统的“员工借调”多发生在企业集团内部或关联企业之间，属于非营业的临时性的工作安排，从而不涉及借入企业支付劳务报酬的问题。而疫情期间的“共享员工”模式发生在没有关联的企业之间，借入企业需要向共享员工支付协商好的劳务报酬。企业与企业之间员工借调的做法在国外已经十分普遍，但不同于疫情特殊时期“共享员工”在企业间的直接调用，国外更多采用第三方来实现。随着政府对疫情期间“共享员工”模式的支持，部分第三方机构开始为企业提供员工需求与短缺的信息，使得“共享员工”模式看起来类似于劳务派遣，但根据《中华人民共和国劳动合同法》的规定，劳务派遣单位需要与被派遣的劳动者订立两年以上的固定期限的劳动合同，还应当与用工企业签订劳务派遣协议。由此可见，疫情期间的第三方机构更多承担的是信息咨询服务，是疫情特殊时期的非常态合作，并不能与劳务派遣等同。“共享员工”概念其实更多表达了数字经济下共享模式的内涵，即依托数字网络技术来实现员工资源的共享与用工成本的节约。“共享员工”一词也直接脱胎于“共享经济”，类似于“共享经济”下企业与消费者之间的线上匹配、线下交易、线上支付和反馈的互动模式，“共享员工”也体现出线上找人、线下交易、线上反馈的合作特点①。

诞生于抗击新冠疫情特殊时期的“共享员工”模式能否实现常态化发展？持悲观态度者认为，疫情期间，为了控制病毒传播采取了必要的遏制人口流动的措施，造成了短期内的用工不平衡，当疫情结束后，“共享员工”模式将失去生存的土壤。持乐观态度者认为，“共享员工”模式可以

① 李鑫：《“共享员工”商业模式的创新促进效应及展望》，《决策与信息》2020 年第 6 期。

协调部分行业企业淡季和旺季之间的用工差异，解决人才数量增长与小微企业人才不足的困境，具有广阔的未来发展前景。“共享员工”是疫情期间国内企业积极自救的一种尝试，同时也是顺应当下灵活用工趋势的一种选择。灵活用工最早在 1972 年国际劳工组织的一份研究报告中被提出，并在国外率先迅速发展起来，灵活用工内涵很广，包括劳务派遣、非全日制用工、实习工作、兼职、返聘离退休人员、外包、众包、自雇工人等多种模式[①]。在疫情期间诞生的“共享员工”模式同样属于灵活用工的范畴。从发展趋势来看，中国的灵活用工起步晚，但近年来发展规模和速度都有所增加，因此，“共享员工”作为灵活用工的一种模式是具有常态化发展的可能的。

数字劳动过程中的“共享员工”将成为未来劳动模式发展的一个重要趋势。尽管疫情初期的“共享员工”多为企业与企业间的线下互助合作，但随后依托数字技术的平台零工型“共享员工”也逐渐兴起，并成为“共享员工”这一灵活用工模式常态化发展的重要途径。要想让“共享员工”不仅仅是一个权宜之计，那么就需要一个第三方平台来提供合规的法律保障、专业的技术和人力资源管理。借助数字信息技术，数字共享平台可以快速连接和精准匹配劳动者与用人单位，从而打破原有的人力资源壁垒。因此本书将研究重点放在具有未来发展趋势的数字劳动过程中的“共享员工”模式。

二　企业内部分工向社会分工的转变

马克思曾对个体工人进行了深刻的分析，他从工场手工业的内部分工出发，指出作为个体的“局部工人不生产商品”[②]，“由许多单个的局部工人组成的社会生产机构是属于资本家的”[③]，因此“转化为商品的只是局部工人的共同产品”[④]。即工人在企业内只是局部劳动的工具，这也意味着企业内部分工带来的生产率的提高是以个体工人的畸形发展为代价的。个体工人的“片面性甚至缺陷就成了他的优点”[⑤]，因为“资本在社会生产力

① 蔡宁伟、张丽华：《复工复产：何以可能何以可为？——基于疫情期间典型案例研究视角》，《江苏海洋大学学报》（人文社会科学版）2020 年第 3 期。

② 马克思：《资本论》第 1 卷，人民出版社 2004 年版，第 411 页。

③ 马克思：《资本论》第 1 卷，人民出版社 2004 年版，第 417 页。

④ 马克思：《资本论》第 1 卷，人民出版社 2004 年版，第 411 页。

⑤ 马克思：《资本论》第 1 卷，人民出版社 2004 年版，第 404 页。

上的富有，是以工人在个人生产力上的贫乏为条件的"[①]。在疫情期间的"共享员工"模式要求员工满足不同企业的岗位的技能要求，这就需要对原有企业员工进行新的技能培训，看起来员工所拥有的劳动技能增加了，但这并不意味着个体工人摆脱了马克思所说的局部工人的片面性。在疫情期间的"共享员工"模式中，"共享员工"无论是在调出企业还是在调入企业，所拥有的技能都只是生产过程中的一小部分，"共享员工"作为企业的一部分无法独立生产出该商品，因而"共享员工"虽然看似多了一项劳动技能，但仍然不是独立的劳动者，只是从一个企业的局部工人变成了两个或更多企业的局部工人而已。

具有未来发展趋势的数字劳动过程中的"共享员工"相较于疫情时期企业间的"共享员工"在劳动技能与分工方面表现出了新的变化。不同于局部工人的"多种多样的生产志趣和生产才能"[②] 被人为地压抑和培植为片面的技能，数字劳动过程中的"共享员工"往往需要具有多样而全面的技能。这与后福特主义以来，消费领域呈现多样化、个性化，生产从大规模标准制造向弹性专业化生产转变有着密切关联[③]。商品要实现惊险的跳跃就对劳动者提出了更高的要求，需要不断激发工人的智力和创意，而片面的局部工人的劳动生产方式已经不能满足现代资本获取利润的需要。例如，从事摄影工作的"共享员工"，不仅被要求具有摄影、修图基本技能，还要具备创意策划，后期剪辑，熟悉了解抖音、小红书、微博等流行媒体等多方面知识。此外，数字劳动过程中的"共享员工"也从企业内部的分工向社会分工转变。首先，企业内部的"分工以生产资料集中在一个资本家手中为前提；社会分工则以生产资料分散在许多互不依赖的商品生产者中间为前提"[④]，数字劳动过程中的"共享工人"往往除信息数据以外还自己提供部分生产资料。其次，在数字劳动过程中的"共享员工"模式下，薪酬支付也多以偏向劳动结果的计件工资为主，从而更倾向于以劳动结果的买卖为中介的社会分工。最后，资本对数字劳动过程中的"共享员工"的权威相对降低了，企业与"共享员工"不存在紧密的人身依附关系，偏向社会分工的"共享员工"更多承认竞争权威的支配，"承认他们

---

① 《资本论》第 1 卷，人民出版社 2004 年版，第 418 页。

② 《资本论》第 1 卷，人民出版社 2004 年版，第 417 页。

③ 谢富胜、黄蕾：《福特主义、新福特主义和后福特主义——兼论当代发达资本主义国家生产方式的演变》，《教学与研究》2005 年第 8 期。

④ 《资本论》第 1 卷，人民出版社 2004 年版，第 412 页。

互相利益的压力加在他们身上的强制”[①]。

三 个体工人向社会总体工人的转变

数字劳动过程中的“共享员工”是个体工人向社会总体工人的转变，而非个体工人向独立劳动者的转变。尽管数字劳动过程中的“共享员工”具有多技能和参与社会分工的特征，但是仍然受到数字资本的严格控制并为资本服务，仍然属于马克思所说的总体工人的范畴。一方面，由于数字资本垄断了生产中关键的数字技术和数据信息，尽管“共享员工”自己提供劳动资料，却依旧没办法绕开资本独立完成生产和销售环节。另一方面，数字劳动过程中的“共享员工”也面临人工智能等数字技术带来的新“去技能化”危机，例如借助于智能语音导航助手，作为“共享员工”的骑手不再需要对道路的熟悉就可以轻松完成送餐工作。这种由数字技术带来的“新技能化”趋势使得“共享员工”在不断学习新技能的同时也无法形成有效的技能门槛，从而使得“共享员工”变得能干、充足且便宜。数字劳动过程中的“共享员工”是个体工人向社会总体工人的转变，这种转变并没有带来劳动的自由和剥削的弱化，反而使得资本依托数字技术加深了对劳动者的剥削程度，将更多的劳动者的情感、智力、创意等纳入创造剩余价值的范畴内。

马克思提出了总体工人概念。随着资本主义生产的扩大，其剥削范围和程度在不断提高，使得劳动者对于资本的实际隶属在增加。追求剩余价值最大化的资本一旦通过集聚而形成了强大的物化力量，将每个劳动者都纳入它的生产体系中，使劳动者从个体工人转变为服务资本的总体工人[②]。数字劳动过程中的“共享员工”模式也是数字资本选择的最有利于其攫取剩余价值的总体工人的组织结构之一。最优化的总体结构原本是人类理性的产物本身并不具有剥削的性质，全国人民众志成城有效抗击新冠疫情就体现了集体效能的力量。在资本主义制度下，资本为了追求剩余价值才会将最优化的总体结构异化为“总体工人”的剥削模式。在发展数字劳动过程中的“共享员工”时应当警惕可能出现的数字资本对劳动者剥削程度加深的情况，切实维护“共享员工”的合法权益，让“共享员工”模式真正造福于劳动者。

---

① 《资本论》第1卷，人民出版社2004年版，第412页。

② 鲁品越：《资本逻辑与人的发展悖论》，《学习与探索》2013年第2期。

四 “共享员工”的实质

从表面来看，“共享员工”表面上是在共享经济潮流下实现劳动力资源的调节使用和共享使用的新用工模式。“共享员工”的实现依赖于四大要素，即员工供给、需求方和员工个体等主体性要素，闲置资源要素，基于多赢的动机要素，以及互动、信任、利益和保障等机制要素等①。在劳动力市场中，“共享员工”可以帮助解决用工短缺问题，还可以降低劳动力成本。从本质上看，“共享员工”实际上是资本雇佣劳动的方式由单位化雇佣转变为社会化雇佣，个体工人转变为总体工人以后，采用弹性用工方式来分享“剩余”劳动力，进而降低劳动力成本的一种劳动节约型雇佣方式。它是资本弹性雇佣劳动，获得绝对剩余价值的一种新形式。

第四节 数字劳动与数字财富的创造

一 数字财富是人类社会财富的新形态

社会财富是政治经济学研究的重要范畴。按照马克思主义的观点，就人类的经济运动范围来说，具有使用价值和交换价值的自然资源、劳动产品和服务、知识和技术、生态资源等都是社会财富的重要内容。数字经济是人类经济发展的新形态，其在社会再生产过程中创造出了新的社会财富形态，即数字财富。数字财富是指人类经济运动范围内，以数据资源为关键要素，以现代信息网络为主要载体，以信息通信技术融合应用、全要素数字化转型为重要推动力，促进效率提升和结构优化的新经济形态中产生的具有使用价值和交换价值的各类数字物质产品、数字服务产品、数字技术和知识、数据要素、数据资产、数字平台和数字基础设施等。

数字财富的内涵比较丰富。数字财富不仅包括产品和服务等传统社会财富的主要组成部分，还包括具有数字经济特征的核心组成部分，如数字技术、数据要素、数据资产、数字平台和数字基础设施等。其中，数字技术是数字经济发展的核心技术支持，也是各国数字财富中最具有核心竞争力的部分。数据要素是数字经济时代人类的生产和生活活动形成的准自然

① 何江、闫淑敏、关娇：《共享员工到底是什么？——源起、内涵、框架与趋势》，《商业研究》2020 年第 6 期。

的社会财富。数据要素之所以可以纳入数字财富范畴，是因为在市场经济中数据要素具有经济价值，是参与社会使用价值创造的新要素。数据资产是指被个人、企业或政府等拥有和控制的，可以带来预期或现实经济收益的一组数据集，如图片、视频、设计图案、运营信息、客户信息等都是数据资产的重要组成部分。数字平台是借助于互联网、大数据和人工智能等技术，通过互联网平台实现资源的组织、协调和配置的一种数字化的组织方式。随着数字经济领域平台化趋势日益明显，各种类型的数字平台已经成为影响人类生产、生活和治理方式的重要组织形态，也成为各国数字经济发展的重要载体和竞争力的重要体现。因此，拥有的数字平台越多，且平台的国际影响力越强的国家意味着拥有数字经济时代最重要的数字财富。数字基础设施是以网络通信、大数据、人工智能、云计算、区块链、量子技术、物联网以及工业互联网等数字技术为主要应用的新型基础设施，包括硬件基础设施和软件基础设施等。数字基础设施既是一国重要的数字财富，也是支持数字经济高质量发展的底层构架和技术基础，具有重要的战略意义。

二　数字劳动是数字财富创造的重要源泉

恩格斯指出："其实劳动和自然界一起才是一切财富的源泉，自然界为劳动提供材料，劳动把材料变为财富。"① 数字经济时代，数字劳动和数据要素等准自然物是创造数字财富的重要源泉。

数字经济时代，劳动的范畴发生了巨大变化，数字劳动成为劳动新形态。数字劳动是指人们利用数字生产工具，对自然物、准自然物和原材料等劳动对象进行加工和改造，进而创造出数字化的物质财富和精神财富的有目的的人类活动。数字劳动是体力劳动和脑力劳动的结合。随着数字技术的进步，脑力劳动在数字劳动中的作用越来越大，尤其是科学家、工程师、知识工人、技术工人在社会分工中的重要性日益凸显。数字劳动中劳动形态的变化，使得劳动过程中价值创造方式和收入分配方式都发生了巨大改变，也使得数字财富的形态由物质型向非物质型转变，尤其是财富的虚拟化特征比较明显。

数字经济时代，数字劳动创造了满足人类生存和发展需要的各类数字物质生活资料和数字精神生活资料。在社会生产与再生产过程中，人类利用数字技术创造出了新的劳动工具和仪器，如数字传感设备和智能机器人

① 恩格斯：《劳动在从猿到人转变过程中的作用》，人民出版社1971年版，第1页。

等，生产出了数字产品、服务、基础设施和解决方案等，形成了大规模的数字财富。数字技术的利用也实现了对传统农业、工业和服务业的数字化和智能化改造，提升了经济效率和转变了经济结构，最终增加了新的社会财富。数字劳动在创造数字财富的同时，也正在改造人类发达的器官。人工智能设备的发明和使用，使得依靠人脑完成的信息收集、存储、计算和处理等功能逐渐被智能设备所取代。在数字劳动过程中，随着智能设备的使用，一方面，人从简单重复劳动中解放出来了；另一方面，人类所面临的劳动越来越复杂和高深，对人的智力和技能的要求越来越高。大脑等人体器官的适应性演化，为创造越来越丰富的社会财富提供了生理支持。数字劳动也在改变传统的社会关系，塑造着新型的社会关系。语言是人类传统社会关系中的重要基础。数字技术的发展使得以 0 和 1 代码形成的机器语言成为数字技术领域人们交流的新方式。数字技术和数字经济正在改造传统的劳动关系，使得众包、分包、零工、创客和小生产者等逐渐成为独立于劳动力市场，但是依附于平台经济的新劳动形态。数字技术和数字经济也塑造了新型剥削关系，形成了数字资本家对数字劳动的全面剥削，以及数字平台对无酬劳动者的新型剥削等①。总之，数字劳动不仅创造了数字产品和服务等新社会财富，也改造了劳动者本身和其所处的社会关系，进而影响了社会生产和再生产进程。

数字经济时代，数据要素是一种人造自然物，其作为关键性生产要素在社会财富的创造过程中发挥了越来越重要的作用。首先，数据是数字财富生产和创造的核心生产要素。人类所使用的各类数字产品和数字服务，其应用虽然离不开数字设备的支持，但是其核心是数据要素形成的技术、知识和服务系统，这些数据本身就具有较大的使用价值，是数字经济时代一个国家和地区最重要的创新能力、竞争能力和数字财富的体现。其次，数据要素是提高劳动生产率的重要力量。作为渗透性生产要素，通过采用网络通信、智能设备和数字技术等，可以提高劳动者的生产率，提升管理的效率，增加产品和服务的附加值等。通过发挥数据的渗透性作用，还可以推动农业、工业和服务业的数字化和智能化转型，创造出更多的社会财富。

---

① 陆茸：《数据商品的价值与剥削——对克里斯蒂安·福克斯用户“数字劳动”理论的批判性分析》，《经济纵横》2019 年第 5 期。

三 数据要素是创造数字财富的关键生产资料

恩格斯指出："其实劳动和自然界一起才是一切财富的源泉，自然界为劳动提供材料，劳动把材料变为财富。"① 数字经济时代，除了劳动是创造数字财富的重要源泉，数据要素也是创造数字财富的关键生产资料。数据代表着人类对客观事物的描述，利用它们能够对相关事物进行分析与预测②。数字经济时代的数据包括图、文、声、像等各种信息，以及将它们转化为计算机可以识别的二进制代码的集合。数据的概念需要从三个层次来理解：第一层称为内容层，它封装了人类可理解的信息；第二层是代码层，数据以符号的形式呈现；第三层是物理层，数据通过物理对象本身或对象结构来表示③。数据通过采集、整理、聚合、分析和处理等，可以转变为对人类具有使用价值的数据资源，数据资源参与到人类的经济生产活动中成为创造社会财富的重要源泉，就形成了数据要素。

与土地、资本等生产资料相比，数据要素具有一些典型的特征。一是数据来源的开放性，只要是人类的生产生活的痕迹都可以通过专业化的采集和处理形成数据。二是数据具有物理上的可复制性，通过多次复制并不影响数据的使用价值，反而可能会带来范围经济效应。三是数据的使用者之间可能存在非竞争性，同一数据资料可以由多个主体同时使用，使用者之间并不存在竞争性。相反，数字经济中存在梅特卡夫定律，即接入数据网络的用户越多，整个数据网络平台的价值和每个个体所获得的价值反而会越大。数据要素的这些特征影响了它自身的产生方式和参与社会财富创造的方式。

数据产生的方式包括三类。一是主动式数据产生方式，即通过利用互联网、物联网、人工智能、大数据和云计算等数字技术和数字设备，主动获得在社会经济活动中人与人、人与机器、机器与机器互联互通互动中形成的各类主体行为信息和数据等。例如一些专业的数据公司则采取主动式数据产生方式。二是被动式数据产生方式，即一些新型数字公司和数字化程度比较高的传统企业等组织，在主营业务运营过程中产生的数据，可以

---

① 恩格斯：《自然辩证法》，人民出版社 2018 年版，第 303 页。

② ［英］维克托·迈尔-舍恩伯格、肯尼思·库克耶：《大数据时代：生活、工作与思维的大变革》，盛杨燕、周涛译，浙江人民出版社 2013 年版，第 104 页。

③ Zech H., *Data as a Tradeable Commodity in*: *De Franceschi*, *European Contract Law and Digital Single Market - The Implications of the Digital Revolution*, Intersentia, Cambridge, Antwerp, Portland, 2016: 51-81.

被称为被动式数据产生方式。三是感知式数据生产方式，在互联网的使用过程中通过互联网+、移动终端和感知设备等获得的各类数据，例如门禁系统和摄像头等自动获取的各类数据等。无论是主动式、被动式还是感知式的数据产生方式，都是人们在经济社会活动中各类主体行为的描述和记录。

数字经济中，数据或数据要素作为一种关键性的生产资料，其主体是多元的，既有可以产生原生数据的各类行为主体，也有可以产生各类次生数据的智能机器设备。不同类型的数据，其产权到底归谁所有，目前仍然存在数据权属及其分配规则不清等问题①，这也阻碍了数据要素市场的高质量发展。另外，与土地、资本等生产资料的再生产不一样，数据要素的再生产具有一些新特征。一方面，数据要素的扩大再生产，可以在原有生产条件下进行反复不断地扩大再生产，所需要的生产条件的投入可能是不变的或低成本的。例如，在平台经济中，一旦投入完整的数字设备，采用相关的数字技术后，数据要素的生产可能就是低成本或者是无可变成本的。另一方面，数据要素的生产者既可能是数字设备等的所有者，也可能是劳动者和消费者。在数字化生产过程中，普通劳动者和消费者也可直接参与数字生产资料的再生产。例如，平台经济中的外卖员、网约车驾驶员、生产一线员工在数字劳动过程中，将数据与其他生产资料一起转化为商品或服务时，他们的劳动既实现了价值或使用价值的扩大再生产，也实现了数字生产资料的扩大再生产。与传统生产过程的扩大再生产要耗费关键生产资料不同，数字生产过程中会创造出新的数据生产资料。同时，在交换和消费过程中，消费者的交易行为和消费行为也会产生数据资源。在生产、交易和消费过程中产生的数字资源又会进一步转化为下一次扩大再生产的数据生产资料。如此反复，数字经济模糊了原有经济活动中生产过程与部分再生产投资、交换过程和消费过程与部分再投资的边界，使得商品的扩大再生产和数字生产要素的扩大再生产有机地融合起来，扩展了社会再生产范围，提高了社会扩大再生产的效率。

数字要素正在改变社会财富创造的方式。数字经济时代，数据要素作为关键性生产资料在社会财富的创造过程中发挥着越来越重要的作用。首先，数据要素成为创造数字财富的核心生产资料，改变着社会财富的内涵。在数字设备的支持下，数据要素作为关键性生产资料投入社会财富的生产，产生对人类具有使用价值的数字产品和数字服务等。这些产品和服

① 申卫星：《论数据用益权》，《中国社会科学》2020 年第 11 期。

务，除了物理设备和知识信息，其核心组成部分是数据，如以 0 和 1 代码为主要内容的各类数据产品。其次，数据要素作为渗透性生产要素，通过采用网络通信、智能设备和数字技术等，可以提高劳动者的生产率，提升管理的效率，增加产品和服务的附加值等。通过发挥数据的渗透性作用，还可以推动农业、工业和服务业的数字化和智能化转型，创造出更多的社会财富。最后，数据要素是形成数据资产的基础，而数据资产是重要的数字财富。数据通过脱敏处理，以及加工和转化就可以形成数据资产。数据资产已经超越物质资产和财务资产等，成为数字公司最核心的资产。尤其是一些新闻资讯、短视频、交流平台等的核心资产就是数据及其由数据形成的数据资产。

四　数字生产力是创造数字财富的重要推动力量

数字经济时代，生产力的实体性要素和渗透性要素都发生了重大改变，正在形成数字生产力。数字生产力是指随着大数据、云计算、区块链和人工智能等数字技术的快速发展，产业数字化和数字产业化过程中形成的改造世界和创造社会财富的能力[①]。数字生产力的发展是促进社会财富增加的推动力量。

数字经济时代，劳动过程所具备的三个简单要素：有目的的活动或劳动本身、劳动对象和劳动资料都在进行数字化转变或数字化赋能。与劳动过程密切相关的生产力的基本要素或实体性要素：劳动者、劳动资料与劳动对象也发生了相应的变化。劳动过程所具备的简单三要素与生产力的基本要素两者之间既有相同之处，也有不同之处。相同之处是它们都包含劳动资料和劳动对象，且都具有数字化转型和赋能的新趋势；不同之处主要体现在劳动者在生产力发展中的重要作用，以及生产力的渗透性要素的新变化等方面。相同之处前文已经讨论过，此次仅讨论不同之处。

互联网、大数据、云计算、平台技术等发展，形成了新的信息传递渠道，提升了算法和算力，有效解决了信息流动的数量和效率问题。数字经济时代的劳动者仍然是生产力诸要素中最富有活力和创造力的要素。随着数字技术运用的普遍化和数字经济发展的强劲趋势，劳动力市场中对劳动者的需求结构发生了新变化：一方面是社会需要年轻的劳动者逐渐掌握基本的数字技术、知识和技能；另一方面是经济社会的发展需要更多专业性

---

① 韩文龙：《数字经济赋能经济高质量发展的政治经济学分析》，《中国社会科学院研究生院学报》2021 年第 2 期。

的数字技术和数字经济类人才。那些已经掌握了数字技术和知识的劳动者在就业市场中具有较高的就业竞争力，那些拥有较高人力资本的数字科学家、工程师等成为劳动力市场中的优势一方。高质量的劳动者已经成为推动数字财富创造的重要主体。

生产力的发展既要靠实体性生产要素，还要靠渗透性要素。数字经济时代，数字技术对劳动、资本和土地等实体性生产要素的影响，主要是改变了它们的使用方式，提高了其利用效率等。数字技术对渗透性要素的影响更大，它改变了传统产业、管理方式和知识信息等的应用。首先，数字技术本身就是生产力中最重要的渗透性要素。一方面，数字技术可以推动数字产业化发展，创造出新产业、新业态和新模式，如数字设备、数字软件、数据价值实现等行业，创造出新的数字财富。另一方面，数字技术可以改造传统的农业、工业和服务业，可以有效降低经济运行成本①，减少市场交易成本，进一步提升经济运行效率，推动传统产业的数字化和智能化转型。其次，数字化管理是依靠计算机、互联网、大数据和人工智能等数字技术的，将组织内部的研发、设计、生产、销售等职能连接在一起，实现管理的网络化和数字化的管理活动和方法。数字化管理采用数字控制技术、信息技术、识别技术和监督技术等，可以提高管理的精准度，提高组织之间的沟通效率，提升组织的产出绩效。最后，数字化的知识和信息，也是重要的渗透性要素。尤其是大数据、人工智能和云计算等技术的发展和运用，使得海量的图、文、声、像等信息都可以转化为可以数字化存储、加工、处理、传输的比特数据。在劳动过程中使用这些比特数据，可以提高劳动者与劳动者之间、劳动者与机器设备之间、机器设备之间的分工与协作效率，进而提升劳动生产率。

总的来说，数字经济时代，劳动对象、劳动资料和劳动者生产力的实体性要素逐渐的数字化，形成了促进生产力发展的创造效应；数字科技、数字化管理、数字化知识和信息等渗透性要素通过参与生产、交换（流通）和分配过程等形成了组合效应，可以进一步促进数字生产力高质量发展。数字生产力的高质量发展就是不断创造数字财富等各类社会财富的过程。目前，从世界范围来看，大国之间竞争的着力点之一就是在以芯片、5G、量子通信、云计算等为代表的数字技术和数字生产力的较量上。哪个国家具有领先的数字技术和数字生产力，以及完整的数字经济产业链、创

---

① Goldfarb A，Tucker C.，“Digital Economics”，*Journal of Economic Literature*，2019，57（1）：3-43.

新链和价值链，哪个国家就具有该领域的强大竞争力，就可以创造出日益丰富的社会财富。

五 平台经济是创造数字财富的重要联结力量

当前，数字经济平台化趋势日益明显。无论是产业数字化，还是数字产业化，平台经济体已经成为数字经济发展新的社会生产组织形态①。平台经济依靠高效的数据采集和传输系统、发达的算力以及功能强大的数据处理算法所支持的数字平台，跨时空跨国界跨部门地集成社会生产、分配、交换与消费活动，大力促进了社会生产力发展②。只有社会生产力的大发展，才能创造出越来越多的社会财富。平台经济对社会生产力的促进作用实质上促进了社会财富的创造。平台经济对社会财富的创造表现为三个方面。

一是平台本身就是数字财富的结合体。平台是基于数字技术的运用，由数据驱动、平台支撑和网络化协作单元所形成的新交易系统，它本身就是由数字物质产品、数字服务产品、数字技术和知识等各类数字财富形态所形成的集合体。从世界范围来看，平台经济发展好的国家，都是数字财富存量大和数字经济竞争力比较强的国家。例如，美国拥有谷歌（Google）、苹果（Apple）、脸书（Facebook）和亚马逊（Amazon）等巨型数字跨国公司，这些跨国公司本身就是美国数字财富和数字竞争力的重要标志③。2021 年中国信息通信研究院发布的全球互联网上市公司 30 强中，11 家中国企业入列，市值占比仅次于美国，远高于其他国家④。正是拥有数字平台企业的规模优势和竞争力优势，中国的数字经济发展居于世界第二的位置。

二是平台创造了大量数据要素。数据要素已经成为重要的生产要素。在消费型平台中，通过采集、存储、加工和处理消费者活动留下的各类数据，可以形成反映消费者偏好、收入、金融信息、经济活动的个体大数据，以及区域性和国家性的经济运行大数据。这些大数据具有潜在的经济

---

① 裴长洪、倪江飞、李越：《数字经济的政治经济学分析》，《财贸经济》2018 年第 9 期。

② 谢富胜、吴越、王生升：《平台经济全球化的政治经济学分析》，《中国社会科学》2019 年第 12 期。

③ 《2019 年财富世界 500 强排行榜》，2019 年 7 月 22 日，http：//www. fortunechina. com/fortune500/c/2019-07/22/content_ 339535. htm.

④ 中国信息通信研究院：《中国互联网行业发展态势暨景气指数报告（2021 年）》，2021 年 9 月 9 日，http：//www. caict. ac. cn/kxyj/qwfb/bps/202109/P020210923338177677850. pdf.

价值和安全价值，通过数据脱敏处理后可以将大数据转变为数据资产，成为有用的数据要素或数据资产。这些数据要素或数据资产本身既是数字财富，也是创造其他社会财富的重要资源。在生产性平台中，通过采集、存储、加工和处理生产过程中形成的各类设计、研发、生产技术、生产工艺、生产过程、质量管理、市场营销等数据，可以成为企业组织再生产的重要参考依据，甚至可以成为商业秘密、生产工艺和技术专利的重要内容。因此，工业生产平台中本身可以创造出高质量的数据来，而这些数据又具有较高的技术价值和经济价值，通过数字孪生技术等，又可以将这些大数据转变为新的企业生产力。

三是平台加快了资本循环。平台作为有别于市场与企业的新组织形态，它在供给端聚集了大量的生产者和供应商，形成了供给端的规模效应；同时在需求端聚集了大量的需求者和消费者，形成了需求端的规模效应，两种规模效应在一起使得平台具备了强大的资源聚合能力。平台将商品和各类要素等聚集在一起，形成了规模效应和交叉网络效应，优化了资源配置，推动了产、供、销的有机结合或一体化，缩短了数字商品的生产时间和流通时间，畅通了资本循环，促进了数字财富的创造。

六　全球生产网络与全球价值链是创造数字财富的全球驱动力量

在经济全球化时代，随着世界市场的发展、交通运输网络的建立、互联网和数字技术的运用，世界范围内的经济活动通过生产网络连接在一起，形成了全球性的分工与协调体系。数字经济是利用互联网和数字技术最广泛的，其具有更强的全球生产网络体系的特征。与制造业相比，数字经济在全球生产网络结构中具有独特性：一方面，数字设备的生产具有“生产驱动”的全球生产网络的特征，即数字设备是在制造业全球网络系统中完成的，具有较强的生产导向；另一方面，数字软件、数字技术和知识等无形商品和服务的生产，具有“创新驱动”的全球生产网络的特征，即它们的生产是在全球技术和知识生产分工基础上产生的全球生产网络体系。在数字设备制造的全球生产网络体系中，数字产品往往处于制造业的中高端，因此，产品的设计、研发、销售和服务一般集中在具有数字技术优势的国家，数字产品的制造一般集中在具有较强制造业基础的国家。由于数字设备的零部件一般都是高度专业化和技术化的，因此核心零部件的生产分工使得不同的国家承担着不同的生产任务。它不同于制造业领域，数字商品的全球生产网络是根据各国在知识和技术创造中的国际分工形成的新体系。处于知识和技术创造层面的国家通过知识产权和专利制度占据了全球生产网络的顶端，处于知识运用层面的国家则通过庞大的知识劳动者群体成为知识创造者的“办公室”和“车间”，缺乏数字劳动者群体的国家则完全被排斥在数字技术和知识的创造与生产过程之外，成为仅仅为跨国公司提供数字产品和服务的消费市场。

在数字技术和知识的全球生产网络中，跨国公司是最重要的要素组织者。它们会在全球范围内设立研究机构和生产中心，寻找全球范围内最优质的人力资源，组建网络型的创新组织，形成强大的技术创新能力和知识再生产能力。例如，华为公司不仅在中国国内建立了十多家研究所，而且在印度班加罗尔、俄罗斯莫斯科、土耳其伊斯坦布尔、瑞典斯德哥尔摩、德国慕尼黑、日本横滨等建立了海外研发中心，造就了华为强大的技术和知识创新能力；同时华为公司还在世界范围内建立了全球生产网络，提升了其对全球数字经济的参与度和贡献度。总之，全球生产网络使得世界范围内的要素所有者、生产者和消费者都参与了数字财富的创造，形成了世界范围内的分工体系和贸易体系，极大地提升了数字财富创造的效率，扩张了数字财富创造的范围。

数字经济的全球价值链具有“超越生产”的趋势，即利润的来源更多来源于技术、专利和服务等，而越来越少依赖于纯粹的制造环节。尤其是数字设备、数字软件、数据价值产品等数字经济核心产业的附加值来源主要不是来自制造环节，而是来自设计、研发、服务和销售环节。对于以数字设备为载体的数字公司而言，它们利润的主要来源于是增值服务，而不是来自设备本身。一些跨国数字公司甚至是“无工厂化”的，它们主要从事产品的设计和研究、软件增值服务和终端市场销售等，但是却获得了较高的附加值。例如苹果公司，它的核心利润来源于产品专利、品牌授权和营销网络等。对于以内容创造和运行为主的数字公司，它们一般是不提供设备的，其主要通过内容生产、营销推广、平台支付、内容分发和内容共享等形成新的价值链体系。

在全球范围内，这类跨国数字公司会在世界各地选择内容生产基地，利用互联网将数字内容分发给全球的用户，利用统一的支付平台收取费用。甚至一些平台的内容是由产销型劳动者自己共享的，平台公司仅仅成为内容的搬运工，但是却可以凭借平台的资源整合优势获得可观的收益。在全球价值链中，企业和国家均可以获得参与全球经济的机会，有效提高附加值、增加利润和创造很大的数字财富。但是，由于处于全球价值链的中心、半外围和外围的不同地位，各个国家和所在国的企业所获得的收益不均等，必然会产生全球不平衡发展的矛盾问题。

七　不同社会制度下数字财富的创造具有差异性

如前文所述的，数字财富的创造具有一般特征，同时还需要注意到数字财富的创造因生产关系的不同存在差异性。具体而言，在资本主义制度和社会主义制度下数字财富的创造呈现出了差异性。

在资本主义制度下，数字财富的创造具有特殊性。首先，在资本主义私有制下，能够参与社会财富创造的数据要素所有权、使用权或控制权等主要归个人和公司等私有。尤其是大型的数字公司通过掌握和控制海量的数据要素，成为某一领域的垄断者，获得了丰厚的利润，造就了一批富可敌国的公司所有者或管理者。其次，在资本主义社会中数字财富的创造过程中资本、数据与劳动呈现了既耦合又对立的关系。数字财富的创造需要资本、劳动、数据、技术等多种要素的结合。具体表现为，在资本主义社会化中，通过风险投资和资本市场等，大资本与大数据、新技术往往可以较好地耦合在一起，形成数字财富创造的新业态和新模式，推动数字财富等的快速积累。同时，在新业态和新模式中，资本与劳动的对立、数据与劳动的对立等矛盾日益突出。资本主义社会中的数字财富创造过程是以资本和数据为主导的，劳动者主体地位存在缺失，劳动对劳动者来说作为外在的东西，并不属于人的本质。资本所有者和数据要素控制者通过零工、分包、众包等劳动新形式控制了劳动者，劳动者的产品也不归劳动者所有。数字劳动者受到了资本所有者和数据要素控制者双重剥削。最后，资本逻辑主导的数字财富创造将进一步激化资本主义的基本矛盾。马克思从生产力与生产关系的矛盾运动中论证了资本主义经济危机产生的根源在于资本主义社会的基本矛盾，即生产社会化与生产资料私有制之间的矛盾。数据要素作为参与数字财富创造的关键生产资料，其私有化程度越高，就越容易激化资本主义基本矛盾。

与资本主义社会中的数字财富创造不同，中国特色的社会主义所有制结构、以人民为中心的发展思想和党的领导等保障了数字财富的创造可以更好地服务于人民对美好生活的需要。首先，以公有制为主体，多种所有制经济共同发展的所有制结构决定了数据要素的产权归属于国家、企业和个人等。涉及全民共同利益的数据要素主要掌握在国家手中，企业可以拥有部分数据的使用权和一些数据资产的所有权等，但是其创造社会财富的主要功能是为了发展社会主义先进生产力，为实现共同富裕创造更多的社会财富基础。其次，社会主义市场经济中劳动者是社会的主人。“以人民为中心”的发展思想明确了资本、数据与劳动的相互关系，即社会再生产过程中劳动者的主体地位得以真正确立，资本和数据等只是作为生产要素参与社会财富创造，资本和数据是为劳动者生产和发展的需要服务的。最后，社会主义市场经济条件下的资本和数据会受到有效约束。中国共产党的根本宗旨和中国社会主义国家的性质决定了资本和数据等生产要素必须要在引导和规范中健康发展，必然要为其设置“红绿灯”。数字经济时代，资本和数据作为重要的生产要素，既要推动社会财富的创造，又要正确处理好两者与劳动的关系。在社会主义市场经济中，政府与资本的关系，资本与劳动、数据与劳动的关系都要体现中国共产党的根本宗旨和中国社会主义国家的本质要求，其超越了资本主义社会“以资本为中心”的价值理念。

比较资本主义制度与社会主义制度下数字财富创造的不同点，除了其赖以存在和运行的社会制度和所有制结构不同，还体现在社会与资本、数据的关系上。在资本主义私有制下，一般是资本，尤其是垄断资本和大数据公司支配着社会，而在社会主义市场经济中，一般是国家代表社会来支配和制约资本和数据。在社会主义初级阶段，一方面，着眼于解放生产力和发展生产力的需要，我们还不可能彻底消灭资本；另一方面，资本和数据要素具有发展社会生产力、推动创新的积极作用，还能够容纳生产力的巨大发展，应该通过引导和规范使得其朝着创造更多社会财富的方向发展。

第三章　数字经济中的分配：数字化新生产要素

马克思非常重视分配问题，指出生产决定分配，分配关系对生产具有反作用。只有分配关系与生产相互适应才能解决好商品价值生产与价值实现的问题。数字经济中，分配关系也在发生重大变化，最关键的变化是数字化生产要素，即信息化和知识化的数据，作为新生产要素参与使用价值的生产，同时也要依据数据要素所有权获得相应的报酬。

第一节　马克思的生产条件分配理论

在《〈政治经济学批判〉导言》中，马克思辩证地讨论了物质资料生产的总过程中生产与分配、交换和消费等其他环节之间的关系，并在分析"生产和分配"时提出了"生产条件分配"的概念。

一　生产条件的分配

生产条件，是生产进行和财富创造的必要条件。一般而言，为物质资料的生产所必需的生产条件包括两个方面："一方面是物的生产资料，客观的生产条件，另一方面是活动着的劳动能力、有目的地发挥出来的劳动力，主观的生产条件。"① 只有客观生产条件和主观生产条件相互结合，才能成为现实的生产力并进行相关的生产活动。而二者结合的方式，不仅有来自技术因素的制约，还会受到社会方面的影响。从技术角度来讲，客观生产条件和主观生产条件的结合，即劳动力和生产资料的结合，受到自然条件、劳动者的熟练程度、科学技术的发展水平以及生产资料的规模效能等因素的限制，属于生产力范畴。从社会角度来讲，劳动力和生产资料的

① 《马克思恩格斯文集》第 8 卷，人民出版社 2009 年版，第 458、459 页。

结合还体现了生产过程中人与人的关系，由生产条件的分配决定，并随着生产力的发展而变化，属于生产关系范畴。

生产条件的分配，是指生产条件的占有或所有关系。作为财富创造的源泉，生产条件是重要的，又具有稀缺性，它总是要通过一定的方式或机制分配于参与生产的社会成员或相关部门，生产条件的数量或质量差异能够带来不同的生产结果以及物质收益。在生产过程中，越是占有或掌握稀缺的生产条件，越能在生产活动中取得主导。因此，人们对生产条件占有、确认和保护的需求，产生了包括生产资料所有制和劳动力所有制在内的生产条件所有制，并根据在社会生产中人们对生产要素的不同作用，发展成为以所有权为核心，包括占有权、支配权和使用权在内的产权制度。在相应所有制和产权制度的确认和保护下，人们要求以提供的生产条件为依据，参与社会产品和收入分配。

总之，马克思讨论的分配关系涉及两个层次，首先是生产资料或生产条件的分配；其次是收入分配①。二者相互联系，先于生产的生产条件分配，决定了收入分配的结果。

二　按生产条件分配规律

马克思认为，生产条件的分配决定收入分配，因为“消费资料的任何一种分配，都不过是生产条件本身分配的结果。而生产条件的分配，则表现生产方式本身的性质”②。更进一步，分配的结构也取决于生产的结构，“就对象说，能分配的只是生产的成果，就形式说，参与生产的一定方式决定分配的特殊形式，决定参与分配的形式”③。于是，按生产条件分配产品规律得以确立。

由于劳动力只有和物质生产资料相结合，作为全部的生产条件投入生产，才能带来物质利益。那么在所有制的确认下，参与财富创造过程的各类生产要素都能参与物质利益的分配，并且“一定的分配形式是以生产条件的一定的社会性质和生产当事人之间的一定的社会关系为前提的”④。例如，工资以雇佣劳动为前提，利息或利润以资本为前提，地租以土地所有权为前提，等等。总之，只要存在劳动力和其他物质要素共同参与生产的情况，按生产条件分配规律就会发生作用，成为人类社会

① 洪银兴、葛扬主编：《〈资本论〉的现代解析》，经济科学出版社 2011 年版，第 437 页。
② 马克思：《哥达纲领批判》，人民出版社 1992 年版，第 13 页。
③ 《马克思恩格斯文集》第 8 卷，人民出版社 2009 年版，第 19 页。
④ 马克思：《资本论》第 3 卷，人民出版社 2004 年版，第 998 页。

共有的客观经济规律。

在按生产条件分配规律正常发挥作用的过程中，从形式上看，是生产条件本身的重要性和稀缺性，决定了各种生产条件在生产过程中的作用大小以及在分配过程中的地位差异。而实际上，表现出不同阶级或群体对生产条件的相对占有或支配程度，是参与分配的各生产要素所有者彼此之间的相对关系，通过分配结果中所占据的份额体现。并且，根据生产条件是否归属于同一所有者或者不同所有者，按生产条件分配产品规律会有不同的表现形式，并随着生产条件在所有者之间的分配变化而发生转变。

三　占主导地位的生产条件与分配关系

根据前文，生产条件的分配所体现出的生产条件所有制，能决定劳动力和生产资料的结合方式。马克思肯定了二者结合对生产的必要性，并认为“实行这种结合的特殊方式和方法，使社会结构区分为各个不同的经济时期”①。也即是说，生产条件所有制形式不同，劳动力和生产资料的结合方式会有差别，使得生产过程中占主导地位的生产条件不同，从而社会结构也有差别。一旦占主导地位的生产条件发生完全的变化，就会形成新的社会经济形态。而每一时期最初的生产条件分配都是前一时期生产的结果，是连续的生产力发展与旧的生产关系矛盾运动的产物，它直接影响着该时期分配关系的演变。

在原始公社时期，一切生产条件由原始共同体成员共同占有并支配，所生产的产品归共同体成员所有。到奴隶社会时期，生产力缓慢发展，人的劳动力成为可以交换和消费的对象；奴隶主成为包括奴隶本身在内的一切生产条件的新支配者，根据其占有的全部生产条件而享有全部劳动产品。到封建社会时期，农业的生产力得到发展，土地成为占主导地位的生产条件；在封建土地制下，土地的所有者和使用者产生分离，耕种土地的农民对地主具有人身依附关系，占有大量土地的封建剥削阶级凭借对土地的所有权向农民索取地租。到资本主义时期，工业的生产力在工业革命后得到极大发展，以生产资料私有制为基础，资本成为占主导地位的生产条件；劳动者成为法律上的自由人，其所有的劳动力成为市场上可以交易的商品，凭借供给劳动力这个生产条件参与最终劳动产品的分配；资本家提供资本这一生产条件，当所有权和使用权合一时，职能资本家获得平均利

① 马克思：《资本论》第2卷，人民出版社2004年版，第44页。

润，当所有权和使用权分离时，平均利润产生分割，职能资本家获得企业利润，借贷资本家获得利息；土地所有者提供土地这一稀缺的生产条件，在所有权和使用权分离的情况下，农业资本家获得平均利润，土地所有者获得超过平均利润的超额利润。

同时，在各个社会经济形态内部，生产条件分配也会发生某些变化。例如，在自由资本主义时期，随着劳动社会化程度的加深以及社会生产力的发展，资本主义生产方式经历了简单协作、分工协作以及机器参与协作的变迁。随着机器的广泛使用，生产工具的分配乃至生产条件的分配均发生了一些质的变化，在促进生产力跨越式发展的同时加剧了劳资关系的对立，进一步加深了全体资产阶级对工人阶级所创造剩余价值的剥削，影响了资本主义社会的分配格局。

由此可以得到几点启示。首先，按生产条件分配产品规律是人类社会经济形态共有的客观经济规律，在社会经济形态发展以及各社会经济形态内部，按生产条件分配产品规律一直在发挥它的固有作用，在社会主义时期也不例外。其次，根据按生产条件分配产品规律，在所有制和产权制度的安排下，凡是参与生产、创造财富的生产要素，具有资格参与收入分配并得到收益，随着社会生产力发展而出现的新生产要素依然受到该规律支配，最终的分配形式不过是各种生产要素相关产权在经济上实现。最后，生产条件的分配包含生产条件的所有制，生产条件所有制的内部结构同样会影响收入分配，所有权和使用权是否分离、所有权本身是否归属于同一所有者等，均会对相关分配关系和结果产生制约。

第二节　数字化新生产要素参与收入分配

新科技革命背景下，以人工智能、区块链、云计算、大数据、边缘计算、智慧家庭、物联网和5G技术（即“ABCDEHI5G”）为代表的数字科技飞速发展，成为现阶段人类社会生产活动的核心生产力与竞争力。社会生产力得到极大发展，随着数字化信息和知识这一新型生产要素广泛参与到物质资料生产总过程的各个环节，促进世界经济不断释放新鲜活力，为各国的发展、改革或转型等提供了新业态和新模式，使现有的生产条件及其分配都发生了变化。

一方面，促使社会经济结构出现新的特征。在同一社会经济形态内部，农业经济、工业经济等传统经济形态的影响逐渐暗淡，数字经济这一新兴经济形态开始登上历史的舞台。2021 年全球数字经济发展较好的 47 个国家的数字经济增加值规模为 38.1 万亿美元①。另一方面，影响了数字经济下的收入分配。作为数字时代的“石油”②，甚至“货币”，在数字生产力发展同旧生产关系矛盾运动的过程中，数字化信息和知识会通过一定渠道和机制配置到不同的部门或成员。谁占有这些足够的数字资源，谁就能在生产中取得话语权，在分配中取得索取权。有研究表明，一个国家的数字化程度每提高 10%，不仅创新指数提升 6.4%、失业率降低 0.8%，人均 GDP 也能增长 0.5%—0.62%③。

在这样的背景下，占有数字化信息和知识就成为数字经济时代人们获取收益的源泉和保障，在价值生产、实现和分配的过程中都具有鲜明作用。

一 数字化信息和知识与价值生产

根据劳动价值论，在生产过程中，劳动是价值创造的唯一源泉，其他各类物质生产要素仅是价值创造所依托的手段和条件。尽管数字化信息和知识正逐渐成为占据重要地位的生产条件，但它仍必须同劳动者的劳动力相结合才能参与到与价值创造有关的生产过程，从而实现社会财富的创造。明确这一前提后，再进一步讨论数字化信息和知识在生产中的作用。

作为一种新型生产要素，数字化信息和知识同劳动、资本、土地一样参与生产，具有一般生产要素的共性，但还存在一些特性。从生产力角度来看，数字化信息和知识可以被视为一种实体性要素，在实际生产中或者作为劳动对象存在，成为劳动者劳动直接作用的对象；或者作为劳动资料存在，改变劳动手段并提高劳动效率。同时，数字化信息和知识还可以被视为渗透性要素，能促使其他实体性要素实现数字化，使劳动对象、劳动资料和劳动者本身都得到相应的发展。一方面，数字资源的广泛渗透，以及数字科技的高速发展，能促进劳动对象和劳动资料的数字化和数据化过程，使劳动者可以控制的生产资料的规模和效能得以提高；另一方面，新技术和新工具的应用，劳动者的体力和脑力付出增加，所提供的生产性劳动的复杂程度提高，等量时间创造的价值量得以倍加。于是，数字化信息

---

① 中国信息通信研究院：《全球数字经济白皮书（2022 年）》，2022 年 12 月 7 日，http：//www.caict.ac.cn/kxyj/qwfb/bps/202212/t20221207_412453.htm。

② The Economist，“The World's Most Valuable Resource”，*The Economist*，2017，423（9039）：7.

③ 数据引自世界经济论坛发布的《2011—2012 年全球信息技术报告：身处一个超连通的世界》。

和知识在生产中的应用，能转化为现实的生产力，大大提高了劳动生产率。

从生产关系角度来看，数字化信息和知识的参与，会通过影响劳动力和生产资料的结合方式，引起生产条件所有制的相关变化。在生产资料所有制方面，新的生产要素参与生产且对生产结果产生重要影响，足够引起人们的重视。人们会利用已有的资源和条件，尽可能地占有更多的数字化信息和知识，并对其相关权利进行确认和保护，以维护自己在生产和分配中应有的权益。在劳动力所有制方面，由于数字化信息和知识能够渗透到劳动力并人化在劳动者身上，那么掌握着大量数字资源和数字科技的核心劳动力将成为资本追逐的对象，其归属问题也成为数字经济时代需要讨论的重要问题。

二 数字化信息和知识与价值实现

在价值实现的过程中，数字化信息和知识同样发挥重要的作用。在资本主义生产方式下价值的实现具有不确定性，"每个人都用自己偶然拥有的生产资料并为自己特殊的交换需要而各自进行生产。谁也不知道，他的那种商品在市场上会出现多少，究竟需要多少；谁也不知道，他的个人产品是否真正为人所需要，是否能收回它的成本，到底是否能卖出去。社会生产的无政府状态占统治地位"①。一旦市场广泛加速信息化、数字化和数据化进程，数字化信息和知识得到有效运用，这种不确定性就会降低。

拥有庞大数字资源和数字技术的数字平台，能尽可能利用所有可得的数据信息，通过科学的算法和大量的统计，精确定位到人群的真实需求，向目标消费者发送有价值的信息，使得交易的成功率大大上升，缩短产品从生产者到达消费者的距离。在这一过程中，营运、仓储、运输等环节都能通过利用数字平台得到便利，所以流通时间和流通费用都有一定程度地压缩，从而加快预付资金的周转速度，促进价值的实现，完成"商品的惊险的跳跃"。在这一过程中，掌握数字化信息和知识的所有者，可以凭借其为价值实现提供的"便利"而收取一定的租金。

三 数字化信息和知识与价值分配

只有明确了数字化信息和知识在价值生产和价值实现中的作用，才能顺理成章地讨论数字化信息和知识凭借所有权参与收入分配的情形。根据

① 《马克思恩格斯选集》第3卷，人民出版社2012年版，第802、803页。

按生产条件分配产品规律，数字化信息和知识在生产过程和流通过程中发挥了特别作用，使相关价值得到顺利实现，相关所有者或使用者就有权参与分配过程，根据提供的数字化信息和知识对于生产和流通的重要程度、稀缺程度和使用数量决定。由于“产品一经完成，生产者对产品的关系就是一种外在的关系，产品回到主体，取决于主体对其他个人的关系”[①]。因此，数字化新生产要素参与分配的结果仍是起决定作用的生产关系的反面，并受到历史、道德、文化等因素的影响，体现出人与人之间所缔结的、与之相关的全部生产关系。

而生产条件在不同区域、不同阶级、不同群体之间的分配通常会有差异，“数字鸿沟”的存在不可避免，占有在数量和质量上有相对优势的数字化信息和知识能够带来明显的“数字红利”。同时，根据数字化信息和知识与劳动力结合方式的不同，人们不仅可以直接利用自己拥有的数字化信息和知识进行生产经营，不同所有者最终凭借所提供的数字化信息和知识的质量优劣和数量多少来取得收益和报酬，还可以将所拥有的数字化信息和知识转租给他人，使得所有权和使用权发生分离，所有者和使用者分割生产经营成果。

可以看到，在数字经济时代，数字化信息和知识广泛渗入价值生产和价值实现过程，其归属和占有关系影响着最终的价值分配环节。由此，有必要分情况讨论数字经济时代数字化信息和知识的占有和归属关系。

第三节　数字化新生产要素的产权与收入分配

由前文的分析，根据所有权和使用权是否分离、所有权本身是否归属于同一所有者，可以将数字化信息和知识这一生产要素的产权和归属关系区分为以下几种情形，进一步讨论数字经济时代的收入分配问题。

一　所有权被劳动者占有

一般在公有制经济中，所有或部分劳动者共同占有生产资料。作为一种生产条件，数字化信息和知识也是被劳动者所共有。在这种情况下，劳动者运用所有生产条件进行生产，生产成果由拥有所有权的劳动者共同享有。此时，按劳分配方式是分配过程中占据主导地位的分配方式，劳动者

① 《马克思恩格斯选集》第2卷，人民出版社1995年版，第12页。

以提供的劳动为唯一尺度参与分配产品。数字化信息和知识的加持，会通过渗入劳动者的劳动力，在劳动过程中提供更高质量的生产劳动，以更高的生产效率和更多的劳动产品表现出来，最终联系到个人可以获得的劳动报酬。

通常，劳动者本身存在脑力和体力的差异，即便是共有同等的生产条件，其运用生产条件进行生产的能力也有所差异，对于数字化信息和知识这一重要因素的运用同样如此。一方面，要对以发达信息技术为基础的数字化信息和知识进行有效利用，劳动者必须经过相应的教育和培训，掌握应有的文化知识和技能专长。教育和培训程度不同的劳动者，其劳动生产率的高低会有所差异，在生产环节得到体现。另一方面，即使经过同样的教育和培训过程，个人能力不同的劳动者对数字资源和数字技术的整合和控制程度也有不同，所提供劳动的复杂程度存在差异，所创造的社会价值就会存在差异。由于分配过程中，每个劳动者所提供的劳动与其所获得的报酬直接联系，能更好利用数字化信息和知识的劳动者，在收入分配中能取得更多份额。

另一种情况下，在一些个体经济中，生产条件也归劳动者个人所有。个体劳动者本身直接参与劳动，利用所持有的数字化信息和知识进行生产，能在一定程度上提高劳动生产率，获得更多的劳动成果。但由于个体经济的生产经营规模较小，技术层次较低，且社会化程度受到限制，个人能获取的数字资源和数字技术就较为有限。因此，数字化信息和知识本身积累到一定规模才能带来的规模经济和范围经济不能完全显现，对劳动者个人和家庭的收入影响通常较小。

总之，在数字化信息和知识的所有权被劳动者共同占有的情形下，劳动者共同享有数字化信息和知识所能带来的物质利益；劳动者内部由于个人能力的差异，运用数字化信息和知识所带来的劳动产品的数量和质量存在区别，到分配环节就表现出不同劳动者之间的劳动报酬差异。在数字化信息和知识的所有权被劳动者个人占有的情形下，更好利用数字化信息和知识的个体劳动者能得到更多收益。

二　所有权被资本家占有

在非公有制经济中，关键生产条件通常掌握在私人资本家手中。在数字经济时代，数字化信息和知识正广泛与社会经济各个领域深度融合，并不断延伸下沉到产业链的各个环节。天性逐利的资本家在巨大“数字红利”的吸引下，纷纷投身于万物互联的“互联网+”浪潮，加速信息化和数字化，促进科技创新，搭建数据平台，试图在这场革新中占据有利的生产条件。

数字化信息和知识及其收益在资本家之间的分配和再分配是通过部门内部的竞争和部门之间的竞争实现的。首先是在数字部门内部争夺市场的竞争。当供大于求时，数字部门的相关生产者竞争加剧，生产条件较次的企业被淘汰，生产条件较好的企业才能在竞争中取胜，其生产的数字产品逐渐占据市场的更多份额；当供小于求时，数字部门的相关购买者竞争会加剧，价格的上涨使得生产条件较次的企业也能获利，其生产的数字产品进入市场流通。由此，通过供求关系的变化调节社会全部拥有的数字化信息和知识在不同生产者之间的分配比例，生产的数字产品只有符合社会需要才能得以实现，实现的部分也就是能够分配的总额。

其次是在不同部门之间争夺投资场所的竞争。数字经济下各部门利用数字化信息和知识所带来的生产力水平不同，资本家逐利本性促使资本朝着回报率更高的企业流动，随着数字化信息和知识会通过市场机制分配到生产最具效率的部门。由此，通过资本家的资本转移调节数字化信息和知识在不同部门之间的分配，各部门掌握关键生产条件的质量和数量出现差别，在参与分配时因对生产的贡献不同而产生差距。

总之，在数字化信息和知识的所有权被资本家单独占有的情形下，资本家之间的竞争行为能够影响和改变生产条件在不同成员和不同部门之间的分配和再分配，并通过这些改变影响到收入的分配和再分配。

三　所有权由劳动者和资本家共享

在混合所有制经济中，劳动和资本能够在一定程度上进行合作、实现共赢。例如，在一些股份制企业中，资本家采取科学的股权和分红激励等措施，赋予企业内关键人才一定的经济权利，使其能以股东身份直接参与到企业决策和利润分配的过程，从而实现分散风险、促进创新、提高生产力等经营目标。此时，经济体中的劳资关系得到缓和，不再是资本主义中建立在生产资料私有制基础上相互对立的阶级关系，而是一种包含劳资双方对利益诉求的关系，体现劳动和资本的所有权在实现过程中的相互对立和统一。

在这种情况下，劳动者和资本家能共同占有生产条件，共享拥有的数字化信息和知识。一般而言，资本家的生产行为和生产条件被资本家独占的情况下没有差别，积极进行竞争并最大化生产效益。而劳动者具有双重身份，既是直接参与生产的企业职工，又是拥有生产条件所有权的企业股东。由此，在分配环节，劳动者不仅要遵循按劳分配原则，凭借自己付出的劳动数量和质量，得到相应的工资；还要遵循按生产条件分配原则，根据劳资双方提供的数字化信息和知识的比例，得到相应的利润。这样的分配形式，对于劳动者而言，实现了劳动者本身利益和企业利益的一致性，能够极大地调动劳动者进行生产和经营的积极性；对于资本家而言，通过让渡出一部分所有权，可以留住具有较高数字生产力的核心人才，为企业带来更多效益和持久发展。

总之，在数字化信息和知识的所有权被劳动者和资本家共享的情形下，劳动者和资本家凭借提供的数字化信息和知识共享数字产品带来的报酬，二者的利益得到相互促进。

四　所有权和使用权相分离

在不同的制度安排中，所有权和使用权可能是同一的，也可能是分离的。资本主义生产条件下，资本和土地的两权分离，最终导致相关利润分割；社会主义市场经济条件下，也存在生产条件的所有权和使用权相分离的情况，如股份制企业中，经理人执行实际职能，为所有者管理资产，二者之间通过契约确定各自的收益。在数字化信息和知识广泛渗透物质资料生产总过程的情况下，也有必要讨论其两权分离所带来的分配问题。

实际生产中，一旦数字化信息和知识所有者和使用者以租赁等方式联系在一起，就会迫使相关数字技术和数字资源的所有权和使用权相分离。当数字化信息和知识发生两权分离时，其所有权和使用权分别人化为所有者和使用者，成为不同的经济利益主体，对应着各自的经济利益，必须在分配中以具体的收入形式表现出来。具体而言，在生产环节，数字化信息和知识的所有者退出生产过程，其所有权成为单纯的法律意义的所有权，不执行任何实际的生产职能；而数字化信息和知识的使用者开始直接的生产经营，生产出实际的价值和产品并在流通中实现。对应着，在分配环节，尽管所有者排除在生产过程之外，但却能凭借法律强制性在经济有所实现，分享使用者出售数字产品的部分所得，剩余部分才是使用者真正能得到的收益。

随着数字经济的发展，这种两权分离的产权结构在实际中更加常见。通常拥有广泛的数据基础和先进的信息技术，才能占有更加优质和庞大的数字化信息和知识，这只有实力雄厚的企业才能做到。其他企业想要进入相关的市场，只能与实力雄厚的企业达成契约，承诺支付相应的租金，租金高低由受到参与生产的数字化信息和知识的重要程度和稀缺程度的影响进入的市场环境决定。

总之，在数字经济中，数字化信息和知识作为社会生产的重要生产要素，正在逐渐成为占据主导地位的生产条件。新生产要素的加入不仅促进了社会生产力的极大发展，还对旧的生产关系进行调整，改变了原有的生产条件分配，重构了相关的劳动过程，从而影响到了最终的收入分配环节。基于此，本章从生产条件分配出发探讨数字经济时代的收入分配问题，主要得出以下结论。一方面，数字化信息和知识成为数字经济时代获取收益的源泉和保障，对劳动过程、价值生产、实现和分配的过程都产生影响。数字化信息和知识的运用，促使传统劳动转变成为更高质量的数字劳动，在价值生产中能转化为现实生产力从而提高劳动生产率，在价值实现中能减少流通过程的不确定性并缩短流通时间和流通费用，在价值分配中能通过生产条件分配的变化来影响收入分配结果。另一方面，数字化信息和知识的归属和占有关系的不同会带来不同的分配结果。当数字化信息和知识的所有权被劳动者占有时，劳动者根据自身运用数字化信息和知识所带来劳动差异获得不同的劳动报酬，更好利用数字化信息和知识的个体劳动者能得到更多收益。当数字化信息和知识的所有权被资本家占有时，资本家相互竞争会影响和改变生产条件的分配和再分配，从而影响到收入的分配和再分配。当数字化信息和知识的所有权被劳动者和资本家共享时，劳动者和资本家凭借提供的数字化信息和知识共享数字产品带来的报酬，二者的利益得到相互促进。当数字化信息和知识的所有权和使用权相分离时，所有者和使用者分割数字化信息和知识带来的物质利益，分割比例受市场环境影响。

对中国而言，不断增长的国内市场、政府对数字经济的开放态度、互联网公司的广泛投资，以及在全球数据流动中的获利可能等几个因素，为中国数字经济的快速发展提供了良好的条件。当前，中国数字经济蛋糕正在不断做大做强，如何发挥好数字化新生产要素的积极作用，分配蛋糕就成了重要议题。具体可以从以下两个方面着手。

在生产方面，加强投资、鼓励创新，大力发展数字经济生产力。第一，加速各行各业的信息化和数字化，抓住新一轮科技革命下数字经济万物互联的机遇，从而为实现更多的经济价值、做大可供分配的蛋糕总额提供可能。第二，完善数字经济时代的战略布局，统筹规划资本、劳动、土地、能源、数字化信息和知识等各种生产要素，通过发展新业态和新模式来推动传统行业的转型和发展。第三，坚持共建共享的主旋律来发展数字经济，对外要扩大开放、共享发展，加强与世界各国的交流合作，对内要实现信息基础设施的均衡化，强调数字经济治理体系和制度体系的平等化，从而缩小地区、群体间因“数字鸿沟”带来的技术障碍。第四，要扩宽数字经济投资渠道、加大数字经济投资力度，促进数字化信息和知识的不断开发以及新兴科学技术的广泛运用，促使数字生产力的不断提高，以及数字经济的持续发展。第五，要做好应对数字经济发展相关风险的准备，以更加健全的法律体系和更加有力的政府治理，处理好技术发展与信息安全之间的矛盾与挑战。

在分配方面，加速数字经济下相关分配关系的调整，建立体现效率和公平的新收入分配机制。首先是要加强政府对数字经济的相关政策供给，尽快完成数字经济时代相关收入分配制度的建设，使参与到数字化信息和知识的价值生产和价值实现过程的各个成员和部门的利益均能够顺利实现。一方面，劳动者所付出的数字劳动得到了匹配的回报，有动机且有条件去继续提高个人能力；另一方面，企业也因将资本投入相关生产领域或者租借给相关领域生产者，而得到满意的报酬，能够持续进行数字产品的再生产。需要注意的是，要调整分配关系，实际上是要调整背后的生产关系，最重要的是调整生产条件的分配，调整数字化信息和知识在不同成员和部门间的占有和分配。现阶段我国社会中存在公有制经济和非公有制经济并存的多种经济形式，在不同经济形式内部，数字化的新生产要素会存在不同的占有和归属关系。在社会主义市场经济的条件下，这种有区别的生产条件占有关系会通过市场机制的作用，带来不同的分配结果。因此，要从源头处即生产条件分配的调整入手，只有实现更加合理且均衡的生产条件分配，才能促进更为合理且均衡的收入分配，实现劳动力素质提高和生活水平改善的双重优化，助力双循环新发展格局的形成。

第四节　在市场经济的收入分配中要突出数据要素贡献

一　数据要素按贡献参与分配

马克思主义理论认为，劳动是创造价值的唯一源泉，而以使用价值为主体内容的社会财富的创造则需要多种生产要素的有机结合[①]。习近平总

① 洪银兴：《中国特色社会主义政治经济学财富理论的探讨——基于马克思的财富理论的延展性思考》，《经济研究》2020 年第 5 期。

书记在党的十八届三中全会上指出："我们要通过深化改革，让一切劳动、知识、技术、管理、资本等要素的活力竞相迸发、让一切创造社会财富的源泉充分涌流。"① 在数字经济中，劳动力和资本、土地、技术、管理、数据等要素相互结合，作为全部的生产条件投入社会生产过程，才能创造出新的社会财富。与自然经济不同，市场经济中不仅自然资源和劳动是创造社会财富的重要源泉，而且资本、管理、技术和数据等逐渐成为社会财富创造的关键性要素。资本要素通过投入效应和资源配置效应推动社会财富的创造，管理要素通过组织协调效应提高全要素生产率，科学和技术要素通过直接和间接的促进作用推动了社会财富内容和结构的转变，以及社会财富规模的不断扩大，数据要素通过渗透效应等促进了劳动生产率的提高和创造出越来越多的数字财富这种新财富形态。在市场经济中，通过价格机制等引导各类要素配置到最稀缺的地方，既可以提高全社会的资源配置效率，又有利于提高各类要素所有者参与社会财富创造的积极性。

马克思指出："一定的分配形式是以生产条件的一定的社会性质和生产当事人之间的一定的社会关系为前提的。"② 在一定社会制度和所有制下，参与社会财富创造的各类要素都会按照要素所有权和社会财富创造中的贡献大小获得收入分配。所有权是所有人对自己的财产或要素依法享有的占有、使用、收益和处分的权利。所有权受到一个国家的社会制度性质和占主体地位的所有制关系的影响，同时又会受到经济体制和法律制度等的影响。在中国特色社会主义市场经济中，各类要素所有权既受到社会主义基本经济制度的制约，又受到具体法律制度等的影响。例如，在公有制经济中中央和地方政府代表全体居民持有自然资源、国有土地、国有资本和技术等，这些国有的各类要素在市场经济中也会凭借所有权获得相应的收入，并上缴国家或地方政府作为经济社会发展和民生事业发展的资本。非公有制经济中，各类要素所有者可以凭借所有权在市场经济中参与社会财富的创造进而获得相应的所有权报酬。

除了所有权，不同要素在社会财富创造中的作用和贡献不同，进而在分配时也要考虑贡献大小的问题。不同类型的企业中，占核心地位的要素不同，其分配时会侧重对核心要素的作用和贡献考虑。在资本密集型企业中会偏重资本的贡献，在知识密集型企业中会偏重知识劳动者的贡献，在技术密集型企业中会偏重对技术所有者的贡献，在数据要素密集型企业中

① 习近平：《习近平谈治国理政》，外文出版社 2014 年版，第 93 页。

② 马克思：《资本论》第 3 卷，人民出版社 2004 年版，第 998 页。

会偏重对数据要素所有者的贡献，等等。在市场经济中，要素报酬的获得不仅依赖于要素所有权和社会财富创造中的贡献大小，还会在价值规律作用下，受到市场中供求关系的影响。

二 突出数据要素的重要作用

数字经济中，按要素贡献分配要突出数据要素的重要作用。党的十九届四中全会《中共中央关于坚持和完善中国特色社会主义制度 推进国家治理体系和治理能力现代化若干重大问题的决定》将数据列为新的生产要素，并提出要健全按贡献决定报酬的分配机制。数据作为数字经济的核心生产要素，它是推动数字技术创新、数字经济业态和模式创新的关键力量，也是创造数字财富的重要源泉。将数据单列为生产要素，有利于提升数据要素的经济价值，推动数据要素市场体系的建立和完善，推动产业结构转型升级，赋能经济高质量发展。数据是数字经济的“石油”，它是驱动数字经济创新发展的重要动力。通过数据要素的乘数效应，将资本、劳动、土地和技术等生产要素有效结合起来，释放出创新活力，提高全要素生产率，可以创造出更多的社会财富。同时，数据本身作为数字财富创造的重要源泉，可以直接推动新产业、新业态和新模式的出现，创造出新的数字财富。

要发挥数据要素的关键作用和提升数据治理能力，就必须建立健全数据要素市场体系。具体包括确定和明晰数据要素产权、形成价格交易体系、完成市场交易制度、形成数据要素报酬分配机制和健全数据安全和治理体系等。从产权和激励理论角度来讲，形成数据要素报酬分配机制是重点之一。因为，只有形成合理和有激励的报酬机制，才能激励数据要素所有者发挥其经济价值，引导数据要素在市场经济中的合理配置。当前，在坚持基本经济制度基础上，要将按劳分配和按要素贡献分配有机结合起来推动数据要素在促进共同富裕中的作用，重点是要健全数据要素由市场评价贡献和按其贡献决定收入报酬的机制，同时要加强政府对收入分配的宏观调节作用。

第四章　数字经济中的交换：平台经济

马克思在《资本论》中非常重视交换问题。交换是整个社会实现再生产和扩大再生产的重要环节，无论是扩大再生产过程中的“卖出去”，还是“买进来”都需要通过交换完成。交换和分配还是连接生产和消费的中介。数字经济中的交换形式发生了新变化，平台是介于企业和市场的第三类交换组织形态，平台经济的崛起为交换数据化、集成化和国际化提供了新途径。随着平台经济全球化发展，数字税成为各国进行国际利益博弈的新手段。研究平台经济全球化与数字税可以准确把握数字经济中交换方式发展的新变化和新趋势。

第一节　数字经济中的平台化发展趋势

一　数字经济中的平台化趋势日益明显

当前，借助于互联网+、大数据、云计算、人工智能等新技术手段，数字经济正在深刻地改变人们的生产生活方式和经济社会治理方式。《全球数字经济白皮书（2022年）》研究报告显示，2021年全球5个主要国家的数字经济总量为31万亿美元，其中美国继续蝉联世界第一，规模达到15.3万亿美元，中国规模为7.1万亿美元，保持全球第二大数字经济体地位①。值得注意的是，由于数字基础设施建设、数字技术终端使用和技术创新能力差距，世界范围内已经出现“信息富国”与“信息穷国”之间的数字鸿沟。目前，全球有27亿人仍未接入互联网，约占全球人口的1/3，数字发展不平衡问题十分突出②。“信息富国”与“信息穷国”之间

---

① 中国信息通信研究院：《全球数字经济白皮书（2022年）》，2022年12月7日，http://www.caict.ac.cn/kxyj/qwfb/bps/202212/t20221207_412453.htm。

② 国际电信联盟：《衡量数字化发展：2022年事实和数字》，2022年11月30日，https://www.itu.int/zh/mediacentre/Pages/PR-2022-11-30-Facts-Figures-2022.aspx。

的这种数字鸿沟会带来收入分配的不均和发展的不平衡，进而会影响世界经济的整体增长质量。

数字经济中的平台化趋势日益明显。数字经济发展过程中平台经济体已经成为新的社会生产组织形态①。无论是产业数字化，还是数字产业化，发展基于产业生态系统的平台经济已成为一种新趋势。在生产领域，工业互联网平台快速发展，例如美国通用电气公司打造的工业物联网平台Predix和中国徐工集团的“徐工工业云”开启了“互联网+云技术+智能制造”的新模式。在流通领域，阿里巴巴、亚马逊、京东、易贝、乐天等成为世界性和区域性的电子商务交易平台，影响了几十亿人的购物和消费方式；优步、来福车、滴滴出行等出行平台，改变了传统的出行模式，降低了顾客的时间成本；菜鸟、货车帮、闪送、中储智运等物流平台提高了物流速度，显著降低了全社会的物流费用。在媒体和社交领域，国外的YouTube、脸谱、推特等，国内的爱奇艺、微信等为人们提供了丰富的视听资源，满足了人们多样化的娱乐和社交需求。在搜索引擎领域，美国的谷歌、中国的百度等链接了海量的信息资源，为人们提供了可以快速获取信息的工具。在金融服务领域，PayPal、支付宝、微信钱包、京东白条等金融互联网平台快速崛起，通过创新金融产品类型和服务方式实现了金融的普惠性，提高了金融服务效率，不过也形成了潜在的金融风险。

二　平台经济发展的新特征

当前，平台经济发展出现了一些新特征。一是平台经济扩张迅速，单个平台规模越来越大。互联网和移动终端的普及使得全世界的万事万物连接起来，并形成了超大规模的数字经济消费市场。借助于平台经济本身所具有的规模效应和网络效应，通过现代金融工具创新和国际资本市场融资，单个平台经济可以快速扩张为富可敌国的超大型跨国企业。二是平台领域细分与跨界混合式发展趋势明显。随着互联网、大数据、云计算、人工智能等技术应用场景的扩大，平台经济涉及的领域越来越广泛，且领域细分趋势比较明显。一些平台凭借供给侧和需求侧两侧的规模效应，利用庞大的产销者和客户资源，以及由此形成的交易大数据资源，开始跨领域经营。三是平台之间的竞争日趋激烈，本土内卷化和国际化扩张出现明显分化。互联网经济中存在明显的头部效应，位于行业前面位置的一家或几家企业往往以巨大的资源聚合优势形成垄断地位。受到一国民众偏好、隐

① 裴长洪、倪江飞、李越：《数字经济的政治经济学分析》，《财贸经济》2018年第9期。

私保护、市场容量、政府规制等的影响，一些平台企业出现了内卷化趋势，即仅仅维持本国的市场规模，另外一些平台企业则实现了区域性或全球性的市场扩张，形成了跨国平台公司。四是平台的大数据产权和安全问题越来越受到关注。数字经济时代，数据将成为越来越重要的生产要素。现实中数据产权的不明晰，阻碍了数据要素的交易和权益的保护，侵犯隐私和威胁到国家安全的问题日益凸显。

三　中国平台经济发展具有一定的比较优势

数字经济渗透到我们生活的方方面面。与此同时，人工智能、物联网和大数据等促使了传统行业的转型升级，数字经济展现出强劲的活力。党的十九大报告提出要建设“数字中国”，将发展数字经济上升为国家重大政策方针。当前，随着传统产业数字化转型和数字产业化发展，数字经济将成为拉动我国经济增长的新引擎，成为改变人们生活方式的新途径。

中国已成为全球第二大数字经济体，2022 年数字经济规模达到了 50.2 万亿元[①]。2022 年 8 月 2 日《财富》发布的世界 500 强排行榜中，中国企业（含中国香港企业）共 145 家，数量连续三年居首，全球范围内上榜的 6 家互联网公司中有半数都是中国企业[②]。2021 年，中国信息通信研究院发布全球互联网上市公司 30 强名单，中国有 11 家企业进入名单，数量仅次于美国[③]。

尽管中国的数字平台公司具有一定的数量和规模优势，但是它们主要凭借中国超大市场规模优势成长为巨型公司，其国际化水平和营收规模与美国公司相比还有很大差距。根据 PWC 发布的《2022 全球市值 100 强上市公司排行榜》显示，在全球市值 100 强公司中，2022 年亚马逊的市值为 16590 亿美元，Alphabet 的市值为 18420 亿美元，而中国排名最高的公司腾讯控股的市值仅为 4590 亿美元，较前者仍有不小差距[④]。谷歌、脸书等美国公司通过国际化成为跨国数字公司，其营业收入和利润大部分来源于美国以外，而中国数字公司的营业收入和利润主要来源于国内。因此，在

① 国家互联网信息办公室：《数字中国发展报告（2022 年）》，2023 年 5 月 23 日，http：//www.cac.gov.cn/2023-05/22/c_ 1686402318492248.htm。

② 《2022 年财富世界 500 强排行榜》，财富中文网，2022 年 8 月 3 日，https：//www.fortunechina.com/fortune500/c/2022-08/03/content_ 415683.htm。

③ 中国信息通信研究院：《中国互联网行业发展态势暨景气指数报告（2021 年）》，2021 年 9 月 9 日，http：//www.caict.ac.cn/kxyj/qwfb/bps/202109/P020210923338177677850.pdf。

④ 普华永道：《2022 全球市值 100 强上市公司排行榜》，2022 年 6 月。

深耕国内市场的同时，中国的数字公司需要加快实现区域化和国际化，重点要加强对“一带一路”沿线国家市场的开发和合作。

平台经济成为保障中国经济社会平稳运行的重要支撑。平台经济连接了产品产业链的上下游，紧密对接了生产者、中间商和消费者，正在重塑相关产业链，降低社会交易成本，提高经济社会运行的效率和透明度。例如，淘宝和京东等网购平台、美团和“饿了么”等外卖平台、滴滴和神州专车等打车平台、支付宝等互联网支付平台、携程和“去哪儿”等出行旅游平台、钉钉等网络办公平台以及众多的在线教育、在线娱乐和网络医疗等平台经济实现了供给与需求的有效对接，加快了生产方式和生活方式的数字化和智能化变革。

2020 年，新冠疫情暴发，很多的医疗用品、应急物品、生活用品通过数字经济平台进行交易，减少了人员接触的范围，保障了流通领域的通畅，确保了疫情期间正常的生产生活秩序。尽管受到疫情影响，餐饮、酒店、旅游等行业经营遭遇较大困境，但是中国的网络用户规模进一步扩大，网络购物、在线医疗、互联网教育、云端大数据、网络支付等业务的用户规模逆势增长。后疫情时代，平台经济必然推动中国经济实现转型升级，加速数字经济和实体经济全面融合。随着制造业和服务业的数字化转型，以及智慧城市的发展，中国经济社会深度“数字化”将成为大势所趋。

第二节 平台经济的垄断与反垄断治理

一 平台经济的垄断问题

平台经济呈现双边市场或多边市场特征，通过平台的连接可以带来增值性，同时平台经济具有网络外部性和开放型特征，可以带动整个行业生态系统的协同演进[①]。凭借着网络效应和需求侧规模效应，平台可以实现快速扩张。随着平台规模的扩大和跨界经营的普遍化，数字经济领域的垄断问题日益凸显[②]。平台经济中以横向垄断和纵向垄断为主。横向垄断主

① 李允尧、刘海运、黄少坚：《平台经济理论研究动态》，《经济学动态》2013 年第 7 期。

② 吴汉洪、王申：《数字经济的反垄断：近期美国反垄断领域争论的启示》，《教学与研究》2020 年第 2 期。

要表现为具有相同领域的平台竞争者之间就统一价格、共同分割市场、限制商品销售量、联合抵制交易和限制新技术新产品等达成书面、口头形式的协议。纵向垄断主要表现为平台所有者、经营者与交易相对人通过大数据、算法技术、平台规则等进行价格限制、价格统一、限制交易条件和排除竞争等方式达成限制性价格协议。具体来讲，封杀竞争对手产品、虚假评论、对竞争者的恶意差评、平台要求商家“二选一”、大数据“杀熟”、捆绑销售、利用混合经营模式规避监管等是平台经济中不正当竞争和垄断中比较常见的形式。

从各国的垄断立法和实践来看，垄断行为主要包括经营者达成垄断协议、滥用市场支配地位和经营者集中三类行为。平台经济的垄断问题也涉及这三类垄断行为，但是由于平台经济本身具有的虚拟性、网络外部性和开放共享性等特征①，平台经济中的垄断行为具有特殊性。由于平台经济通过“互联网+”实现了平台化运行，进行跨界竞争，形成了多边市场结构，以及通过互联网技术和算法等跨越了传统的地域市场界定，在反垄断中存在“相关市场界定”的难题。平台经济竞争中，大平台通过大数据优势、算法优势和双边市场的规模效应往往形成天然的市场支配地位，在动态竞争和技术快速迭代中判定平台公司是否滥用市场支配地位也存在难题。随着人工智能和算法技术的大规模使用，平台企业可以通过算法绕过传统的书面或口头垄断协议，直接用算法支持平台中的垄断高价或补贴性低价，逃避反垄断机构的监管。

平台经济中的垄断问题主要是由于平台经济的交叉网络效应、特殊的组织形式和市场结构、混合经营模式产生的“监管脱敏”等导致的。

平台经济中的交叉网络效应加速了平台的扩张。平台作为一种双边市场，存在交叉网络效应，平台一侧的市场主体规模或价值会受到另一侧市场主体规模的显著影响②。通过交叉网络效应，平台形成了供给侧的规模经济和需求侧的规模经济。一方面，大量的生产者、销售者、自我雇用的劳动者等接入平台，形成了庞大的供给者规模。平台的规模越大，吸引供给者的能力就越强。另一方面，通过价格优势、多样性选择、品牌效应等，平台的需求侧逐渐形成了规模日益庞大的需求者。平台经济中供给侧的产销者和需求侧的消费者是互相影响的，消费者愿意选择产销者多的平

---

① 芮明杰等：《平台经济趋势与战略》，上海财经大学出版社 2018 年版，第 7—8 页。

② Reisinger M., Ressner L., Schmidtke R., “Two-sided Markets with Pecuniary and Participation Externalities”, *Journal of Industrial Economics*, 2009, 57 (1): 32-57.

台，产销者也愿意选择消费者市场规模大的平台。这种“滚雪球”式的“互吸效应”就导致平台快速扩张。另外，由于双侧的规模效应，又可以不断降低平均成本和边际成本，随着用户规模的扩大，边际成本逐渐趋于零。正是由于存在交叉网络效应，供给者规模和用户规模的扩大会增加网络的价值，产生规模报酬递增，使得平台规模不断扩张，通过“赢者通吃”的竞争作用，最终会形成平台垄断。

平台经济中的组织形式和市场结构容易形成垄断。平台本身扮演着生产者与消费者连接者、供需信息的匹配者、协调资源配置的机制设计者的多重角色。平台经营者通过接口准入、运营规则和评级管理等方式管理着双边市场或多边市场，扮演着管理者和仲裁者的双重角色。这就使平台经营者可以利用规则制定者优势对接入平台的产销者形成各类限制，同时利用大数据优势对接入平台的消费者实行价格歧视或“大数据杀熟”。在组织形式上，平台不再是传统“管道式”的科层结构，而是网络式的平台生态系统。平台生态系统往往是嵌套型的组织结构，有大平台对小平台和独立产销者的控制机制，有上下游供应链关系形成的链接机制，有投资的股权结构和形式形成的相互依赖关系，还有外包、众包、零工经济等形成的衍生支持体系，这就构成了比较复杂的网络化生态体系和控制体系。在这种多元的平台生态体系中，借助于互联网、大数据和人工智能等信息技术，以及现代化的产业—金融体系，容易形成自然垄断①。有研究表明，平台经济市场结构的最优形式由平台类型决定，相较于内容型平台行业市场结构，功能型平台行业市场结构更容易趋于垄断②。

由于互联网的连通作用，平台经济中存在非常典型的头部效应和长尾效应。在某一细分领域，通过供给侧的规模效应和需求侧的规模效应，一个或几个头部平台企业会获得更多的社会关注，聚集更多的优质资源，在该领域占据核心地位，自然会阻碍其他小型平台企业的竞争和发展。例如，在出行领域，优步等占据了欧美国家的大部分市场份额；在搜索引擎领域，谷歌等占据了全世界超过一半以上的市场份额等。互联网经济中，不同品类之间会存在长尾效应。媒体的宣传、公众的认识、消费者的主体性偏好等可导致人们对商品的选择会集中在主要的一些商品上，但是还有

---

① 谢富胜、吴越、王生升：《平台经济全球化的政治经济学分析》，《中国社会科学》2019年第12期。

② 姜琪、王璐：《平台经济市场结构决定因素、最优形式与规制启示》，《上海经济研究》2019年第11期。

一些消费者却偏好一些个性化、小批量的商品。这些个性化和少量的需求在需求曲线上就表现为一条长长的“尾巴”。这些个性化和小批量的需求集中在一起往往能够形成巨大的市场规模。电商等平台整合了各类产销者，往往可以满足这种个性化的、小批量的需求。这种“小而全”需求最终会聚合成巨大的市场规模优势。

平台的混合式经营模式、算法和算力导致了“监管脱敏”。为了鼓励数字经济发展和提升国际竞争力，各国对数字经济领域的产品创新、技术创新、业态创新和模式创新等采取了鼓励性措施，对其业务也采取宽容审慎的监管态度。在相对宽松的监管环境下，一些平台企业在技术驱动、市场驱动、全球化和金融资本的驱动下实现了快速扩展，逐渐成为各个细分领域的头部企业。这些头部企业，为了逃避政府关于反垄断、劳动保护、金融监管，采取了混合式经营模式。混合式经营模式混淆了传统行业分类的边界，模糊了监管的归属，出现了“监管脱敏”问题。“监管脱敏”是指借助互联网技术和混合经营模式改变、模糊业务属性，以达到躲避监管目的的一种状态。另外，借助于大数据、云计算和人工智能等技术，平台可以利用算法和算力躲避监管部门对价格协议和限价行为的监管，形成逃避监管的“技术壁垒”。

平台经济中的垄断破坏了公平竞争，抑制了创新，给经济社会发展带来了很多不利影响。平台经济中的垄断扭曲了市场中的价格信号，扰乱了正常的经济秩序。垄断平台通过最低限价、补贴性价格等方式，与其他平台、非平台之间进行竞争，导致市场价格信号失灵，影响了市场配置资源功能的有效发挥。平台经济中的垄断问题，影响了平台之间、平台与非平台之间的公平竞争，寡头垄断破坏了行业的竞争秩序，造成了社会福利损失。一些平台为了维持垄断地位，恶意打压和收购新出现的中小平台，阻碍了新技术、新业态和新模式的创新，降低了市场经济运行的效率。平台垄断产生的财富效应也造成了市场经济中收入分配的两极分化，损害了社会公平和正义。平台垄断者还通过“媒体俘获”“舆论俘获”“学术俘获”等方式影响和控制社会民众和公众领域，甚至公开挑战政府公信力和权威。此外，垄断平台掌握了大量消费者的身份信息、健康信息和生物信息，其“数据转卖”“大数据杀熟”等行为侵犯了消费者的隐私权，损害了消费者的切身利益，甚至会威胁到国家的数据安全。

此外，平台经济中的跨国垄断导致了“信息富国”与“信息穷国”之间的发展不平衡不充分问题日益突出。具有垄断优势的“信息富国”通过“中心—外围”结构之间的不平等交换关系获得了巨大的经济利益，而

"信息穷国"往往成为被"剥削"的对象。国际垄断平台公司也成为一些霸权国家掌控世界范围其他国家的大数据，以及通过资本输出方式获得超额垄断利润的重要途径。例如，以美国为首的霸权国家，一方面对其国内的平台垄断问题进行"软性监管"，纵容美国的互联网巨头公司在世界范围内获取信息，占领国际市场；另一方面对欧盟对美国公司的反垄断调查进行阻挠和干预，甚至通过加征额外关税等方式胁迫欧盟放弃反垄断调查。可见，在平台经济领域，针对国际垄断巨头的反垄断不仅涉及法律监管问题，还涉及国家与国家之间在政治经济领域的实力对比和利益分配问题。

从某种程度上来讲，平台经济全球化中的跨国垄断是资本主导生产关系的具体体现，由此导致全球经济发展不平衡也是国际经济旧秩序造成的[①]。在资本主义生产方式下，垄断是资本竞争的必然结果。数字经济时代，金融资本和数字技术结合将这种垄断推向了新高度，形成了更加严重的不均衡发展问题。列宁的一句话对此做出精辟的概括，即"金融资本特别机动灵活，在国内和国际上都特别错综复杂地交织在一起，它特别没有个性而且脱离直接生产，特别容易集中而且已经特别高度地集中，因此整个世界的命运简直就掌握在几百个亿万富翁和百万富翁的手中"[②]。希法亭也指出，工业垄断资本和银行垄断资本结合在一起形成了金融资本，在金融资本形成的基础上又会产生金融寡头，进而控制国民经济命脉[③]。平台经济中，凭借国际资本市场，数字技术与金融资本的结合加快了国际垄断平台的形成。国际垄断的发展进一步加深了资本主义的基本矛盾，加剧了发达国家之间以及发达国家与不发达国家之间的矛盾。

二 平台经济的反垄断治理

垄断和不正当竞争是破坏市场公平竞争秩序的两大问题。对于反垄断和反不正当竞争，世界各国的立法模式主要有合并立法模式，如澳大利亚，以及分别立法模式，如德国和日本。中国采取了反垄断法和反不正当竞争法的分别立法模式。对于平台经济的垄断特殊性问题，国家市场监管总局也公布了《关于平台经济领域的反垄断指南》，给予重点关注。平台

---

① 杨圣明、王茜：《马克思世界市场理论及其现实意义——兼论"逆全球化"思潮的谬误》，《经济研究》2018 年第 6 期。

② 《列宁全集》第 27 卷，人民出版社 1990 年版，第 142 页。

③ ［奥］鲁道夫·希法亭：《金融资本》，李琼译，华夏出版社 2010 年版。

经济领域的垄断是由市场占有率、技术垄断、标准垄断和知识产权垄断等多种诱因导致的。要解决平台经济领域的反垄断问题需要从反垄断立法和执法、大力发展监管模式和创新大数据管理体系等多个方面来做出统筹安排。

加强平台经济领域的反垄断立法和执法。2020 年 11 月 10 日，国家市场监管总局公布了《关于平台经济领域的反垄断指南（征求意见稿）》，迈出了平台经济领域反垄断的关键一步。由于平台的组织形式、业务内容、盈利模式和跨界宽度与传统企业不一样，这就导致《中华人民共和国反垄断法》中的一些规定并不适用于平台经济领域的反垄断标准。因此，通过这次征求意见，进一步明确平台经济领域的“相关市场的适用范围”“市场支配地位的判别”“滥用市场支配地位”“经营者集中”的内涵、形式和标准，以增加反垄断指南的针对性和操作性。另外，要加强反垄断执法，随着平台经济日益做大做强，反垄断也应该由过去的宽容执法向相对宽容执法过渡，逐渐演变为严格执法。

大力发展混合式监管，推动行为监管和功能监管相统一。通过大数据、云技术、人工智能等技术的应用，推动监管的数字化和智能化，提升监管机构的数据分析、处理能力，强化垄断的识别和预警能力。构建数字化监管体系，及时、动态和全面地了解潜在风险和垄断问题。同时，既要强化平台服务的行为监管，又要加强功能监管。凡是从事特定类型服务的业务都应该被纳入相应监管机构的监管范围内。例如，电商平台既从事商品买卖业务，又从事金融服务业务等，其业务就应该同时纳入工商管理、金融监管等监管体系。监管体系要实行分类分级监管，既要留有余地鼓励创新，又要实施全面审慎的监管框架。

创新大数据管理体系，保护产销者和消费者权益，保障国家大数据安全。大数据时代，数据资源是互联网企业最重要的资产，也是一个国家最重要的新财富。信息化时代，保护大数据安全，维护产销者和消费者权益，保障国家数据安全是实现经济社会发展和安全的重要内涵。应该加快大数据安全立法，将平台经济中的大数据的采集、存储、使用和交易等纳入法治化轨道，最大限度地保护消费者的数据安全，保障国家的数据安全。考虑到大数据安全的战略意义，应该将大型平台企业的大数据接入国家数据库，实行备份和安全管理。

当前，中国政府加强了对平台经济的反垄断治理。市场监管总局等已经对美团、阿里、腾讯、京东、百度、字节跳动等平台经济巨头进行了反垄断调查和处罚等。其中，针对美团的反垄断调查具有典型性。2021 年 4

月，市场监管总局依据《中华人民共和国反垄断法》进行了调查①。同年9月26日，市场监管总局向美团公司开出了《行政处罚告知书》。在此次反垄断调查中，相关商品市场界定为“网络餐饮外卖平台服务市场”，相关世界范围界定为中国境内市场，美团占有的市场份额超过了50%，判定为具有相关市场支配地位，相关市场集中度较高，对市场具有较强的控制能力。美团在经营过程中，采取与平台内企业签订独家合作协议等限制商品的选择，实施“二选一”行为，限制了相关市场竞争，破坏了公平竞争环境，损害了平台签约企业的正当利益和消费者利益。因此，市场监管总局要求美团公司停止违法行为，并对美团公司处以其2020年度中国境内销售额3%的罚款，合计约34.42亿元。美团的反垄断案，是市场监管总局针对平台经济进行的一次重大的反垄断执法，体现了国家保障平台经济领域的公平竞争秩序，规范和引导平台经济健康发展的治理思路，有利于推动和形成良好的市场环境，以公平竞争促进平台经济高质量发展。

第三节　平台经济的全球化

当今世界，以大数据、云计算和人工智能等为代表的新一轮新科技革命和新产业变革方兴未艾。数字经济时代，信息化、网络化、数字化和智能化已经成为人类生产方式和生活方式变革的新趋势。数字经济代表着新的经济发展方向，世界主要发达国家中数字经济占GDP比重不断增加。平台经济是数字资本主义时代社会生产方式变革产生的一种新经济形态，它以现代通信和数字技术为基础，由数据采集、数据驱动、平台支持、专业分工、网络协同的经济活动单元所构成的新组织或新交换系统，它连接了生产、分配、交换和消费多个环节，形成了新经济关系。平台经济全球化修复了资本循环的时空链条，正在重塑生产资料与劳动结合的方式，影响着生产关系的局部变革。数字经济时代，如何深刻认识和理解平台经济全球化的变化规律和发展趋势，对中国的数字企业和国家利益关系重大，其直接影响到中国平台型数字企业的国际竞争力与国家利益，需要引起各方面的高度重视。

① 《国家市场监管总局发布美团在中国境内网络餐饮外卖平台服务市场垄断案行政处罚决定书和行政指导书》，《中国价格监管与反垄断》2021年第10期。

一　资本是驱动平台经济全球化的主导力量：一个批判的视角

数字经济时代，平台经济全球化的推动力量主要是基于数字技术的全球化分工体系和社会化大生产体系。在数字资本主义生产方式下，全球化分工体系和社会化大生产体系形成的根本性驱动因素是资本，即以数字技术体系为基础，资本逻辑才是驱动平台经济全球化的主导力量。资本主义生产方式是“以交换价值为基础的生产方式”[①]，也是“以资本为基础的生产方式”[②]。资本逻辑就是指在资本主义生产方式下，“剩余价值的生产是生产的直接目的和决定动机”[③]，资本作为占支配地位的生产关系，支配着其他生产要素和劳动者，通过组织社会扩大再生产和创新价值实现方式，不断追求资本增值的过程。其运动过程具有内在的逻辑性和规律性。数字资本主义生产方式下，正是资本逻辑推动着平台经济的全球化，影响着其发展进程、组织形式、矛盾困境与内在超越。

在马克思主义经济学中，资本具有双重属性。一方面，资本是一系列的使用价值，是包括生产资料和劳动力的生产要素，这是它的物质属性。另一方面，资本是能够带来剩余价值的价值，“资本不是物，而是以物为中介的人和人之间的社会关系”[④]，这是它的社会属性。资本的物质属性和社会属性是辩证统一的。在特定的社会生产方式下，资本的物质属性和社会属性的统一，使得资本在遵循价值规律和剩余价值规律基础上不断释放着强大的力量，推动着社会再生产方式的内容变革、组织变革以及资本与劳动关系的变革。

从资本逻辑看，资本的本质是要追逐更多的剩余价值。正如马克思指出的，在资本主义生产方式下“生产剩余价值或赚钱，是这个生产方式的绝对规律”[⑤]。在数字技术体系下，资本也需要遵循这个绝对规律。资本需要实现对“社会整体雇佣劳动者”劳动力的购买和占有，参与资本之间的市场竞争，试图占有绝大部分劳动产品，完成生产资料占有规律向劳动产品占有规律的转变。资本追逐剩余价值的过程，是生产资料与劳动力结合的过程，也是价值增殖过程。在这一过程中，作为生产关系的资本占据了主导地位，开始支配和使用可以产生使用价值和创造价值的“自然力”。

---

① 《马克思恩格斯全集》第 30 卷，人民出版社 1995 年版，第 221 页。
② 《马克思恩格斯文集》第 8 卷，人民出版社 2009 年版，第 179 页。
③ 马克思：《资本论》第 3 卷，人民出版社 2004 年版，第 997 页。
④ 马克思：《资本论》第 1 卷，人民出版社 2004 年版，第 878 页。
⑤ 马克思：《资本论》第 1 卷，人民出版社 2004 年版，第 714 页。

这种“自然力”包括依赖于人类生命体的劳动力、依赖于自然资源的“自然力”和依赖于人们劳动过程中的分工与协作关系形成的生产力①。在平台经济中，资本逻辑的具体表现就是资本支配和使用这三种“自然力”来追逐更多剩余价值。只不过，这三种“自然力”具有新的技术和关系特征。

首先，平台经济中由于劳动形式的复杂化，资本支配和使用的劳动力逐渐演变为“总体工人”的劳动力。数字经济时代，劳动过程逐渐呈现了数字化新趋势，具体可以概括为四种表现形式：传统雇佣经济领域下的数字劳动过程、互联网平台零工经济中的数字劳动过程、数字资本公司技术工人的数字劳动过程和非雇佣形式的产销型的数字劳动过程②。这些劳动过程，前三种是有偿劳动，后一种是无偿劳动。由于劳动过程的新变化，平台经济中资本除了正式雇用一些知识劳动者以外，还通过技术修复、评论和在线回答等方式把一些参与劳动过程的无偿劳动者纳入了资本配置和使用的劳动力范畴。随着数字技术体系跨时空和跨国界的快速发展，资本在全球范围内扩张更广了，深度也更深了。资本的全球性扩张，必然要求全球范围内的劳动力与之相“配合”，即它要求全球范围内的劳动力都必须成为资本支配和使用的对象。平台经济正好可以借助网络技术跨越国界，连接世界范围内的各类劳动者。尽管这些劳动者中有些是正式雇用的劳动者，有些是零工劳动者，有些是“玩劳动”或自我产销型的劳动者，但他们都是“社会总体工人”的组成部分。只不过在全球化时代，一个国家和地区范围的“社会总体工人”逐渐演变成了“国际性社会总体工人”。所以，在平台经济中，资本剥削的不仅仅是其直接雇用的劳动者，而且是其间接雇用的“社会总体工人”和“国际性社会总体工人”。

其次，平台经济中，资本支配和使用依赖于自然资源的“自然力”具有独特性。传统经济中，自然资源的“自然力”主要来源于风力、水力、矿藏和土地肥力等。数字经济时代，数字化的知识和信息是关键生产要素、现代信息网络是重要载体、信息通信技术的有效使用是重要目的。平台经济作为数字经济中各种经济联系的综合体，其使用的自然力主要是基于数字技术体系的知识和信息形成的。这种自然力已经超越了纯粹的自然力，而是人造自然力或者是社会自然力。

① 鲁品越：《资本逻辑与当代中国社会结构趋向——从阶级阶层结构到和谐社会建构》，《哲学研究》2006年第12期。

② 韩文龙、刘璐：《数字劳动过程及其四种表现形式》，《财经科学》2020年第1期。

平台经济中，资本通过搭建电子化的交易平台，向前连接了众多生产者，向后连接了众多消费者，形成了一个典型的双边市场结构[①]。大资本只要对数字化基础设施和大数据信息进行垄断，就可以获得排他性的市场地位。在平台组织内部，一方面，大资本可以利用数字化垄断优势支配平台前端的众多生产者和卖家，使得接入平台的生产者和卖家所使用的"自然力"也变为平台可以间接支配的自然力。尤其是信息网络等服务业具有的规模经济效应和范围经济效应[②]，可以进一步扩大平台经济的支配范围。另一方面，大资本可以利用大数据和算法优势支配平台后端的消费者，使得接入平台的消费者间接成为"玩劳动"或自我产销型的劳动者，通过体验和评论等支持平台建设。在此过程中，消费者实际上也在利用自己掌握的"自然力"间接地为平台经济服务。平台经济之间，资本在追逐利润的内在动力和外在竞争压力下，借助于现代金融技术和国际金融市场不断实现资本集中。尤其是国际性股票市场可以实现资本在短期内大规模集中，形成国际性平台组织。国际性平台组织借助于全球范围内数字基础实施的互联互通，可以支配和使用的数字化的知识和信息更广泛了，进而形成了国际性的垄断平台。

最后，资本支配和使用的依赖于人们劳动过程中由分工与协作关系形成的生产力得到了巨大发展。数字经济时代，平台经济本质上是以数字技术体系为主要支撑的社会化大生产过程中一个局部的"总体生产组织"[③]。社会化大生产需要更大范围的分工和协作。一般来讲，"劳动过程的简单要素是：有目的的活动或劳动本身，劳动对象和劳动资料"[④]。此外，随着劳动过程的发展，管理、分工协作、科技的发明和使用等都会作为新要素加进来[⑤]。平台经济的劳动过程中，不仅是劳动的三要素发挥了重要作用，而且新要素与传统要素有机结合后正在发挥越来越大的作用。平台经济所实现的社会分工和协作，已经突破了亚当·斯密等所讲的企业内、行业内和市场内的分工和协作，逐渐形成了跨越时空和国界的国际性分工和协作体系。在资本逻辑驱动下，这种分工体系将基于大数据、云计算和人工智

---

① 李晓华：《数字经济新特征与数字经济新动能的形成机制》，《改革》2019 年第 11 期。

② 江小涓、罗立彬：《网络时代的服务全球化——新引擎、加速度和大国竞争力》，《中国社会科学》2019 年第 2 期。

③ 王彬彬、李晓燕：《互联网平台组织的源起、本质、缺陷与制度重构》，《马克思主义研究》2018 年第 12 期。

④ 《资本论》第 1 卷，人民出版社 2004 年版，第 208 页。

⑤ 马昀、卫兴华：《用唯物史观科学把握生产力的历史作用》，《中国社会科学》2013 年第 11 期。

能的数字技术体系，基于全球市场的网络化生产和销售体系，基于技术和社会科学的全球化的管理和控制技术等，基于劳动者新技能与新兴生产资料相互结合的劳动过程相互融合，实现生产要素市场、产品和服务市场、资本市场的全球性协作，加速资本的流通和周转。但是马克思指出，“协作这种社会劳动生产力，表现为资本的生产力，而不是表现为劳动的生产力”①。因此，在平台经济的全球化扩张过程中，资本仍然是占据主导地位的。

平台经济中，资本不仅可以支配和使用“自然力”实现全球性扩张，让“社会总体工人”和“国际性社会总体工人”不断创造价值，还可以通过信息化的支付工具、现代化的物流仓储技术、体验和嵌入式的广告营销手段和现代化的消费金融工具加速价值的实现。马克思所处的机器大工业时代产业资本占据主导优势，后工业化时代金融资本不断崛起，现代信息社会时代，商业资本凭借平台经济正在快速崛起。商业资本的崛起是全球生产相对过剩的必然结果。数字技术体系的发展和运用为商业资本的崛起提供了技术途径，平台经济的形成为商业资本的崛起提供了组织基础。凭借强大的聚合能力，平台经济可以将闲置的货币资本、过剩产能、失业或不完全就业的劳动者、剩余商品等聚合在一起②。通过资本循环在时空上的修复，为剩余价值的实现找到新的出路。全球性的商品链、价值链、创新链和生产网络为商业资本的全球性扩张提供了基础。平台经济的崛起，一方面通过开拓国际市场和加速资本循环促进了商品价值的实现，另一方面也带来了流通环节的垄断。平台经济凭借数字化的基础设施和大数据信息，成为流通环节的控制者。千千万万的生产者和卖家都需要接入平台来完成商品销售，他们必然要接受商业资本的控制和剥削。

随着经济全球化和经济金融化的发展和变化，当代资本主义发展进入了新帝国主义阶段。新帝国主义是垄断资本主义经历的特殊历史阶段，其特征和性质表现为生产和流通的新垄断、金融资本的新垄断、美元和知识产权的新垄断、国际寡头同盟的新垄断、经济本质和大趋势五个方面③。垄断是“资本主义发展的最新阶段”的最新成就④。尤其是金融资本的新垄断对产业发展产生了重要影响。列宁在对金融资本和金融寡头的论述中

① 《马克思恩格斯全集》第32卷，人民出版社1998年版，第295页。

② David Harvey, *The Limits to Capital*, New York: Verso, 2006, p. 85.

③ 程恩富、鲁保林、俞使超：《论新帝国主义的五大特征和特性——以列宁的帝国主义理论为基础》，《马克思主义研究》2019年第5期。

④ 《列宁选集》第2卷，人民出版社2012年版，第597页。

指出银行等金融机构通过参与制就可以实现对股份公司等的控制，进而增加垄断者的权力，获取较高的利息和股息收入等[①]。在新帝国主义阶段，平台经济是实现新垄断的重要中介，金融垄断资本通过风险投资、入股、参股和公司上市等途径可以助推平台规模实现快速扩张。尤其是全球金融市场为平台经济全球化扩张插上了腾飞的翅膀，加快了资本循环速度，扩大了资本增值规模，导致国际垄断平台的形成。例如，凭借股票市场形成的资本集中效应，谷歌母公司 Alphabet 的市值曾达到 1 万亿美元，谷歌作为搜索引擎平台公司，在全球的搜索引擎市场中占据绝对优势。同时谷歌公司及其背后的金融资本集团凭借资本权力和政治影响力干预政治和司法，作为“大而不能拆分”的巨型公司享受着巨额的垄断利润。

二　资本驱动下平台经济全球化的生产关系透视

平台经济的发展一方面深刻改变了生产过程中劳动与资本的结合方式，使得劳动对资本的形式隶属向实际隶属的转变更加彻底，另一方面也加快了数字财富的积累，带来了社会生产关系的局部变革。

（一）一般性生产关系

马克思认为：“资本不是物，而是一定的、社会的、属于一定历史社会形态的生产关系，后者体现在一个物上，并赋予这个物以特有的社会性质。”[②] 资本逻辑视角下，对平台经济全球化的政治经济学分析，必然要涉及生产关系问题。狭义的生产关系就是直接生产过程的关系，广义的生产关系则是一个体系，涉及生产资料所有制、生产资料与劳动者的结合方式，以及与此相适应的生产过程中的交换关系和分配关系等[③]。

生产资料所有制是生产关系的基础。资本主义生产方式下，平台经济仍然是在生产资料私有制下运行的。生产资料所有制的性质决定着生产过程中人与人之间的关系，还决定着分配关系、交换关系和消费关系等。随着生产资料的社会化转向，平台经济中生产资料所有者不再是单独的个体，而是由产业资本、商业资本、金融资本的所有者，持有公司股票的劳动者和拥有社会资本的股民等联合起来的集合体。随着国际贸易、国际投资和国际金融市场的联通作用，这个集合体往往是全球性的。在这个集合体中，谁占有相对优势地位，谁将决定平台经济中的分配关系、交换关系

---

① 《列宁选集》第 2 卷，人民出版社 2012 年版，第 615 页。

② 马克思：《资本论》第 3 卷，人民出版社 2004 年版，第 922 页。

③ 马昀、卫兴华：《用唯物史观科学把握生产力的历史作用》，《中国社会科学》2013 年第 11 期。

和消费关系。从全球主要互联网平台公司的发展情况来看，机构性质的金融资本所有者往往是最后的实际控制人。这就决定了平台经济的分配必然是优先考虑各类大资本所有者，尤其是金融资本所有者的利益。但是，生产资料的社会化转向，也使得通过劳动或其他方式获得部分资本的知识型和管理型劳动者，以及社会中的普通股民也可以获得部分的增值收益。

数字技术体系的发展正在改变生产过程中生产资料与劳动的结合方式。数字经济时代，出现了大量的零工和产销型劳动者，他们可能是拥有知识技能的劳动者，也可能是拥有部分生产资料的小生产者。通过网络平台的聚集效应，他们直接或间接加入了平台经济的生产过程。平台经济中，数字化的基础设施和基于供产销产生的大数据信息是关键性的生产资料。劳动者和生产资料的结合出现了多样性。第一种是无任何生产资料的劳动者与资本所有者拥有的关键性生产资料结合，这是传统的资本雇佣劳动型的生产方式。这属于平台经济中雇佣关系结构的底层，如从事平台外围工作的劳动者，他们往往只能通过出卖体力劳动或脑力劳动获得一般性的工资性收入。第二种是拥有部分生产资料的劳动者与资本所有者拥有的关键性生产资料结合，这是资本半雇佣劳动型的生产方式。这属于平台经济中雇佣关系结构的中间层。一些汽车共享平台中，司机用私家车接入平台，通过投入生产资料和劳动力共同获得收入。第三种是个别拥有重要知识型生产要素的劳动者与用于其他生产资料的所有者的结合，这是劳资共享型的生产方式。这属于平台经济中的中上层。平台经济中的高层管理者、高级工程师和科学家等知识型劳动者，主要通过独特的知识技能获得收入。第四种是拥有部分关键性生产资料的所有者与拥有其他生产资料的所有者结合，这是资本共享型的生产方式。这属于平台经济中的上层，本质上是资本与资本之间的合作，如产业资本所有者、商业资本所有者和金融资本所有者之间的合作。随着全球性的劳动力市场和生产资料市场的发展，平台资本凭借数字经济体系的跨时空和超越国界的特性，可以在全球范围内配置生产资料和雇用劳动者。资本逻辑推动的平台经济全球化，一方面是生产资料全球化配置提高了生产效率，资本循环得到了时空上的修复，为剩余价值创造和实现提供了更广阔的空间；另一方面则导致地区间生产力布局的不平衡，导致发达国家与发展中国家之间的贫富差距日益严重，以及全球范围内产业后备军的形成，使得仅靠出卖劳动力谋生的劳动者陷入了更加严重的“相对贫困”。

以数字技术体系为基础设施的平台经济正在重塑社会再生产过程的交换关系。一般来讲，生产决定交换，生产的性质决定交换的性质。生产越发达，交换的范围就会越广。反过来，交换的发展有利于促进生产和消费的实现。马克思讲过，“当市场扩大，即交换范围扩大时，生产的规模也就增大，生产也就分得更细”①。平台经济既是以数字技术体系为主要支撑的社会化大生产过程中局部的“总体生产组织”，更是社会化大生产过程中局部的“总体交换组织”。平台经济的崛起，带来了新的交换方式，将传统的线下交换逐渐转变为线上交换。交换的主体由生产者和消费者的二元主体转变为生产者、平台和消费者的多元主体，交换的媒介由信用货币逐渐转变为电子货币和数字货币，交换的组织形式由传统的场所式集市和商场转变为网络化的信息平台，交换的标的物由传统的商品和服务转变为更加多元化的内容，如基于个人偏好的数据和信息等。全球化的商品生产体系、贸易体系、投资体系和金融体系都进一步便利了平台经济范围的扩张。此时，资本主义生产方式中的交换关系已经突破了企业、行业、地区和国家的范围限制，成为世界性的交换关系。平台经济促进了世界性交换关系的形成。只不过，在世界性的交换关系中，仍然存在两大不平等交换。一是资本所有者与劳动者之间占有和分配劳动产品的不平等交换，二是发达国家与不发达国家之间存在的“中心—外围”式的不平等交换。

以数字技术体系为基础设施的平台经济使得分配关系日趋复杂化。马克思的收入分配理论涉及生产条件的分配和收入分配两个层次②。生产条件的分配决定了收入分配的结果。生产条件是进行生产和创造财富的条件，包括两方面：“一方面是物的生产资料，客观的生产条件，另一方面是活动着的劳动能力、有目的地发挥出来的劳动力，主观的生产条件。”③生产条件的分配主要由生产条件所有制的性质决定，同时受到具体经济制度和产权制度的制约。平台经济的分配过程中，仍然遵循生产条件分配的基本原则。但是，物质的生产资料与劳动力的结合方式发生了新的变化。平台通过建设数字基础设施，将拥有生产资料所有权的厂商和卖家，拥有部分生产资料所有权的自雇型劳动者或仅拥有劳动力所有权的他雇型劳动者，以及纯消费者和产销型的消费者聚合在平台上，使得物质的生产资料与劳动力的结合方式更加多元化，分配方式也更加多元化。平台经济中，劳动产品的分配一方面取决于价值产生的规模和价值实现的规模，另一方面取决于生产过程中物质的生产资料与劳动力结合方式和比例，同时受到

---

① 《马克思恩格斯文集》第8卷，人民出版社2009年版，第23页。

② 洪银兴、葛扬主编：《〈资本论〉的现代解析》，经济科学出版社2011年版，第437页。

③ 《马克思恩格斯文集》第8卷，人民出版社2009年版，第458—459页。

市场竞争程度和资源稀缺程度的影响。

平台经济的收入分配中，生产资料的所有者，尤其是资本的所有者仍然占据优势地位，获得了较多的收益。平台经济的发展，一方面使得拥有不同生产资料所有权和劳动力所有权的所有者比较容易接入平台，参与世界范围内的产品和服务的交换体系，获得一定的收入；另一方面，平台的资本所有者通过股份制和跨国上市等形式不断扩张平台规模，实现了巨额财富的快速积累。实际上，这是平台经济的"马太效应"，将会带来新的发展不平衡问题。

（二）生产的国际关系

一般来讲，马克思主要是从国内生产关系和交换关系角度来研究资本主义生产方式的。但是，马克思也非常重视"生产的国际关系"。他讲过"关于自由贸易和保护关税的辩论，是促使我去研究经济问题的最初动因"①。马克思也提到"生产的国际关系。国际分工。国际交换。输出和输入。汇率"②，并为此专门制订了研究和写作计划。尽管这些宏伟的写作计划最终没有实现，但是马克思提出的"生产的国际关系"成为研究对外贸易和世界市场的重要理论工具。列宁继承和发展了马克思主义，针对20世纪世界范围内资本主义发展的新变化，他创造性地提出了帝国主义论，并指出垄断是资本主义发展的最新阶段的最新成就③。在数字资本主义时代，面对以资本逻辑推动的平台经济全球化过程中出现的国际关系新变化，列宁的帝国主义论仍然具有积极的指导和借鉴意义。平台经济全球化改变了与之相适应的交换关系和生产关系，使得平台经济部分具有了马克思所讲的"生产的国际关系"属性，同时以垄断平台为核心的国家之间的关系也具有列宁所讲的霸权国家和金融资本等瓜分"势力范围"的蕴意。

在平台经济全球化过程中，"生产的国际关系"呈现一些新变化。借助于全球化的生产网络、贸易体系、金融体系和市场体系，平台经济使得资本推动的价值生产和价值实现范围变为世界性的了，其在促进国际分工和协作体系发展的同时也促进了生产的国际关系发生新变化。新变化主要体现在三个方面。一是数字平台组织之间存在动态的不完全竞争关系。平台组织与非平台组织存在支配—依赖关系，大小平台之间形成了控制与依

---

① 《马克思恩格斯文集》第2卷，人民出版社2009年版，第588页。

② 《马克思恩格斯全集》第30卷，人民出版社1995年版，第50页。

③ 《列宁选集》第2卷，人民出版社2012年版，第597页。

赖紧密结合的动态嵌套层级结构，大型平台之间存在垄断竞争关系[①]。平台经济全球化将这种不完全竞争关系延伸到了世界主要国家平台组织之间的竞争领域。企业除了通过技术创新、组织创新、模式创新和服务创新等赢得竞争优势以外，垄断平台企业往往会通过政治游说和利益俘获等方式借助政府行政力量限制非本土企业的发展。例如，美国的脸书公司等借助美国国家行政力量打压和限制中资公司 TikTok 发展，谋取非竞争优势。在新帝国主义时代，以美国为首的霸权国家的垄断企业主导着世界市场，通过金融资本输出和控制、国际垄断、霸权国家干预、军事和战争威胁等方式遏制和打压其他国家的相关企业，企图阻止竞争，获得高额的国际垄断利润。

二是主权国家与平台之间的关系从传统的支持逐渐转向了干预和限制。互联网企业存在头部效应，通过国际资本和全球市场容易在短时间内形成巨型平台公司。数字资本主义时代，巨型平台公司凭借垄断地位和优势，对国家治理和社会治理带来巨大挑战，造成了资本与国家之间的“紧张”关系。目前，一些垄断平台公司已经形成了对本国政府公权力的“挤压”，通过网络和媒体的放大效应正在“消解”政府传统的控制领域和影响力，造成了国家治理的部分失灵。同时通过大数据、人工智能和云计算等信息技术，垄断平台公司可以获取海量的公民隐私数据，带来了大数据安全隐患问题。例如，谷歌、脸书等公司多次被曝侵犯和泄露私人隐私信息。为此，美国政府要求谷歌、脸谱等要加大保障数据安全和公民隐私的制度和技术支持，并对泄露隐私数据的公司进行了巨额罚款。

三是主权国家之间围绕数字经济领域开展的经贸利益博弈加剧。从经济地理上看，数字经济的发展极不均衡：联通力不足的国家与高度数字化的国家之间的差距越来越大，以及利用数字数据和前沿技术能力的差异导致不同国家之间的数字鸿沟不断扩大[②]。在发达国家有 4/5 的人使用互联网，而不发达国家这一比例仅为 1/5，同时非洲和拉丁美洲拥有的主机代管数据中心的总量占世界总数的比例在 5%以下[③]。“信息富国”与“信息穷国”之间的这种数字鸿沟会带来收入分配的不均和发展的不平衡，也会

---

① 谢富胜、吴越、王生升：《平台经济全球化的政治经济学分析》，《中国社会科学》2019 年第 12 期。

② 联合国贸易和发展会议：《2019 年数字经济报告》，http：//www. cbdio. com/image/site2/20190911/f42853157e261ee2da463e. pdf。

③ 《联合国〈2019 年数字经济报告〉呼吁共享成果》，人民网，2019 年 9 月 9 日，http：//sh. people. com. cn/n2/2019/0909/c138654-33335436. html。

影响世界经贸格局的变化。

主权国家之间围绕跨国平台公司的矛盾日益激化。矛盾主要集中在发展权利、数据安全、隐私保护和税收利益分配问题上。这些矛盾的根源是由于垄断资本的输出对东道国的经济社会发展形成了破坏力。列宁指出："对垄断占统治地位的最新资本主义来说，典型的则是资本输出。"① 资本主义世界体系中，"输出资本的国家已经把全世界瓜分了"②。数字资本主义时代，"瓜分"世界范围内数字经济市场的工具和武器是平台公司。美国作为世界范围内平台经济最发达的国家，其拥有的跨国平台公司控制着资本主义体系内的最大资源和市场，这不利于其他国家的数字经济发展权利、发展利益和发展安全的实现，因此其他国家势必针对美国等的平台公司采取限制性措施。例如，为了削弱美国数字技术科技巨头的垄断地位和获得互联网数字技术红利，2017 年至今，欧盟已经对谷歌和脸书开出了共计 220 亿欧元的罚单，并通过法律限制数字技术企业使用私人数据和版权数据等商业行为③。

三　平台经济全球化与资本积累矛盾的新变化

马克思认为，在资本主义生产方式下，资本积累必然导致两极分化，一方面财富越来越多地集中在少数人手中，另一方面劳动者陷入了相对贫困的境地。数字经济时代，资本积累是平台经济这种新经济形态全球化扩张的过程，也是世界范围内资本主义积累矛盾发生新变化的过程。从资本驱动平台经济全球化的视角，我们重点从剥削、收入分配、垄断和基本矛盾等方面来阐释这些新变化。

首先，平台经济重塑了资本的价值剥削体系，扩大了价值剥削范围。马克思指出："凡是社会上一部分人享受生产资料垄断权的地方，劳动者，无论是自由的或不自由的，都必须在维持自身生活所必需的劳动时间以外，追加超额的劳动时间来为生产资料的所有者生产生活资料。"④ 这种凭借生产资料所有权无偿占有劳动者创造的剩余产品就是剥削。在资本主义生产方式下，平台经济正在改变传统的资本剥削体系。平台经济通过众包、外包和零工等形式将越来越多的数字工人、知识工人和"玩劳动"等社会大众纳入了社会总生产过程中，实现了资本剥削范围

---

① 《列宁选集》第 2 卷，人民出版社 2012 年版，第 626 页。

② 《列宁选集》第 2 卷，人民出版社 2012 年版，第 631 页。

③ 路广通：《解析数字税：美欧博弈的新战场》，《信息通信技术与政策》2020 年第 1 期。

④ 《马克思恩格斯文集》第 3 卷，人民出版社 2009 年版，第 83 页。

的扩大化。资本既实现了对正式雇佣劳动者的剥削，也将没有正式雇佣关系的众包、外包、零工中的劳动者纳入了剥削体系，甚至通过平台垄断等方式将消费者等社会大众纳入了“产销型”劳动者或无酬劳动者范畴进行间接剥削。

随着经济全球化、资本主义金融化和信息技术的发展，人们对劳动产品的需求由物质产品更多向精神产品转向。劳动产品范围的拓展，使得资本可以支配和使用的生产资料和劳动者更加多元化，资本剥削的范围也日益扩大。一方面，金融业和物流业的发展使得资本可以通过对社会协作的剥削来榨取价值，既对劳动者进行剥削，也对其他行业的生产者进行剥削①。例如，农业、餐饮、住宿、文化产业等都被纳入了平台资本的剥削体系。另一方面，数字化劳动的出现，使得剥削方式越来越隐蔽化，剥削的界限越来越模糊化，逐渐形成了以大工业和商业平台的正式雇佣关系为中心，无酬劳动和隐性劳动为边缘、各种新的剥削形式为补充的剥削格局②。平台经济更容易通过社会分工和协作体系将其他行业纳入其统御范围，也更容易形成多层次的剥削格局。尤其是平台经济中，消费、娱乐、社交等行为与单纯的生产界限被打破了，消费者可能就是潜在的产销型生产者，社会大众可能被纳入产业后备军范围，全球的普通网民可能就是“去劳动关系化”的潜在雇佣工人③。全球化时代，信息技术和平台经济的发展，促进了这种新型剥削方式的创新，使得资本的价值剥削范围更广了，程度更深了。

其次，平台经济在实现“共享”发展的同时，也容易产生收入分配的皮凯蒂效应④。共享经济是将闲置资源和使用权通过特定的信息平台和数据链将供给者和使用者有效结合起来，提高资源使用效率的一种新经济模式。共享经济分为利润导向性和非利润导向性两种。从亚马逊、优步、爱彼迎等公司发展来看，平台经济更多是一种利润导向性的交换平台，也是资本主导型的平台。“资本作为自行增值的价值，不仅包含着阶级关系，包含着建立在劳动作为雇佣而存在的基础上的一定的社会性质。”⑤ 在这样

① Sandro Mezzadra et Brett Neilson, “Entre Extraction et Exploitation: Des Mutations en Cours Dans L’organisation de la Coopération Sociale”, *Actuel Marx*, 2018, 63.

② 张春颖：《法国理论界对资本主义剥削问题的阐述——以〈今日马克思〉杂志为中心》，《马克思主义与现实》2019 年第 6 期。

③ 刘皓琰：《信息产品与平台经济中的非雇佣剥削》，《马克思主义研究》2019 年第 3 期。

④ 常庆欣、张旭、谢文心：《共享经济的实质——基于马克思主义政治经济学视角的分析》，《马克思主义研究》2018 年第 12 期。

⑤ 《资本论》第 2 卷，人民出版社 2004 年版，第 121 页。

的平台中，资本和劳动关系发生了新变化，最主要的变化就是“去劳动关系化”。“去劳动关系化”过程中，由于众包、分包、零工和产销型劳动者的大量出现，生产资料和劳动力结合过程中劳动力在劳动关系形式上不直接从属于平台资本，传统的劳资契约关系弱化或隐性化，非正式雇佣劳动者的权益得不到劳动法的有效保护。资本主义生产方式下，平台经济形成的雇佣关系，不仅形成了资本与劳动的对立，还导致了正式雇佣劳动者与非正式雇佣劳动者的对立。这会导致平台经济中劳资之间的矛盾社会化，以及资本所有者和劳动者之间、正式雇佣劳动者和非正式雇佣劳动者之间的收入分配差距扩大化，甚至形成皮凯蒂分配效应。法国经济学家托马斯·皮凯蒂在《21世纪资本论》中总结了英国、法国、德国、美国等主要发达资本主义国家的财富收入分配规律，指出在自由市场经济中，资本回报率总是倾向于高于经济增长率，这会导致贫富差距不断扩大①。利润导向性的平台经济，势必会形成有利于资本的财富分配结构。凭借现代金融工具和国际金融市场形成社会化的资本集中，平台经济可以短期内做大做强，同时创造出富可敌国的超级富豪。平台经济通过强大的资源聚合能力，实现收入的再分配效应，但是却不能消除资本主义基本矛盾钳制下的两极分化问题。

再次，平台经济在适应社会化大生产的同时演绎了垄断的新形式。关于资本主义的垄断问题，列宁对此做过经典论述。他指出，“因为马克思对资本主义所作的理论和历史的分析，证明了自由竞争产生生产集中，而生产集中发展到一定阶段就导致垄断”②。平台经济中的垄断是由竞争转化而来的。平台经济将相关行业中的各类生产者、卖家和消费者等聚合在一起，形成了供给侧和需求侧的规模经济，同时借助于现代金融工具和金融市场，平台能够快速实现资本的集中，形成竞争垄断或寡头垄断的格局。资本主义生产方式下，资本的逐利性和多种资本的联合是导致垄断的重要原因。在剩余价值规律和平均利润率平均化趋势规律作用下，随着资本有机构成的提高，平均利润率可能会下降。但是平台通过增加投资，实现更大规模的资本集中，可以扩大利润总额。个别资本通过资本集中形成的垄断还可以获得超额利润。

平台经济中的垄断，既是资本积累过程金融化的必然结果，也是资本积累过程全球化的必然结果。随着信息技术的发展、金融工具的创新和国

---

① ［法］托马斯·皮凯蒂：《21世纪资本论》，巴曙松等译，中信出版社2014年版。

② 《列宁选集》第2卷，人民出版社2012年版，第588页。

际金融市场的互联互通，闲置的各类资本可以进入金融市场成为潜在的预付资本。平台企业通过股票上市等方式可以获得这些闲置资本的使用权，并投入平台的运作，逐渐形成资本所有权社会化的大平台。但是，考察世界上主要的平台经济跨国企业，持有原始股的创业者、战略投资者、各类基金公司等往往是平台的实际控制者。通过关键性的投票权，他们就可以通过相对集中的个别资本控制分散的社会资本，进而控制整个平台。列宁的一句话对此可以做出精辟的概括，即“金融资本特别机动灵活，在国内和国际上都特别错综复杂地交织在一起，它特别没有个性而且脱离直接生产，特别容易集中而且已经特别高度地集中，因此整个世界的命运简直就掌握在几百个亿万富翁和百万富翁的手中”①。

“世界市场总体”的形成使得平台经济的范围扩张到了世界各地。借助于互联互通的数字技术基础设施，平台经济可以更加方便地在世界范围内组织和分配各类自然资源、产品、劳动力和资本。资本的逐利性，迫使那些“信息穷国”开放贸易区域和本国市场，为平台经济的发展提供廉价的初级产品、半成品和劳动力，同时成为平台经济的消费者，其国家的产业发展也被锁定在低端。而“信息富国”的资本通过控制平台，使得本国产业处于产业链和价值链的高端。一定程度上来说，全球化的平台经济垄断是资本主导的国际性生产关系的具体体现。在资本主义生产方式下，垄断是资本竞争的必然结果，垄断必然进一步激化资本主义的各类矛盾。正如列宁所言的：“这就是资本主义的垄断，也就是说，这种垄断是从资本主义生长起来并且处于资本主义、商品生产和竞争的一般环境里，同这种一般环境始终有无法解决的矛盾。”② 当然，“从自由竞争中生长起来的垄断并没有消除自由竞争，而是凌驾于这种竞争之上，与之并存，因而产生很多特别尖锐特别剧烈的矛盾、摩擦和冲突”③。

最后，平台经济全球化过程中资本主义社会的基本矛盾不断深化。信息技术革命和垄断资本的全球扩张推动资本主义发展进入了数字资本主义时代④。数字资本主义时代，资本主义社会的基本矛盾仍然是生产资料的私人占有与社会化大生产之间的矛盾。生产力与生产关系的矛盾运动使得资本主义基本矛盾不断深化，具体表现为以下三个方面。

一是社会生产的扩大与劳动者有支付能力需求的相对缩小之间的矛盾

① 《列宁全集》第 27 卷，人民出版社 1990 年版，第 142 页。

② 《列宁选集》第 2 卷，人民出版社 2012 年版，第 660 页。

③ 《列宁选集》第 2 卷，人民出版社 2012 年版，第 650 页。

④ ［美］丹·席勒：《数字资本主义》，杨立平译，江西人民出版社 2001 年版，第 5 页。

有了新变化。平台经济作为适应社会化大生产的组织形式缩短了资本循环时间，创造出了庞大的数字财富。同时，收入分配的不平等和财富差距扩大使得劳动者有支付能力的需求相对缩小或增长缓慢。平台经济这种新的社会组织形式通过规模效应、网络效应和头部效应等更容易实现资本和社会财富的聚集。以美国为例，亚马逊的贝佐斯等数字公司的开创者成为富可敌国的超级富豪。美国财富加速向1%甚至0.1%的超级新贵集中，而中产阶级与他们的差距不断拉大①。

二是平台经济生产的有组织性与社会生产的无政府状态之间的矛盾依然尖锐。尽管平台经济将供应、生产和销售等环节连接在一起，促进了生产社会化，提高了交换效率，提升了平台经济内部生产和交换的有组织性，但是平台经济连接的各个生产部门或企业还处于无政府状态，市场中的生产相对过剩问题仍然普遍存在。尤其平台经济的垄断，进一步激化了生产社会化与生产资料和产品的私人占有制之间的矛盾，生产了列宁所论述的情况，即“少数垄断者对其余居民的压迫却更加百倍地沉重、显著和令人难以忍受了”②。

三是平台经济全球化过程中新帝国主义同盟国家之间为瓜分数字经济世界市场和争夺数字经济红利开展了激烈的较量。由于连通力不足，以及利用数据和前沿技术能力的差异决定了不同国家在数字经济领域“中心—半外围—外围”结构中的地位。处于中心地位国家的跨国数字公司凭借庞大的国际垄断资本、先进的数字技术和全球化的市场需求获得垄断利润，而处于半外围和外围国家的民族资本则往往处于竞争劣势。当今世界中，美国是世界第一大数字经济体，拥有的数字跨国公司也是最多的。凭借强大的国际垄断资本，美国和美国数字公司获得了巨大的经济利益，而与美国有一定抗争能力的欧盟地区国家一直处于数字经济发展的第二梯队。为了获得可观的财政收入，同时给本国民族资本争取数字经济发展空间、保持经济独立性和安全性，法国等国家宣布征收数字服务税，主要针对的是以美国公司为主的国际垄断资本。按照法国的数字税法案相关条件，有 27 家数字公司符合法国数字服务税要求③。其

① 肖巍、钱箭星：《从美国不平等扩大看政府的作用》，《复旦学报》（社会科学版）2017 年第 5 期。

② 《列宁选集》第 2 卷，人民出版社 2012 年版，第 593 页。

③ United States Trade Representative，“Section 301 Investigation-Report on France's Digital Services Tax”，December 2，2019，https：//ustr.gov/sites/default/files/Report_ On_ France%27s_ Digital_ Services_ Tax.pdf.

中 17 家为美国公司，占到约 2/3[①]。法国等欧盟国家征收数字税的行为，美国通过启动“301 调查”和提高其他商品关税等行为予以反制。

数字资本主义时代，主要发达国家等之间为争夺数字经济相关的利益而开展的较量，是新帝国主义国家瓜分数字经济的世界市场的最新表现。在列宁所处的帝国主义时代，帝国主义国家同盟为瓜分殖民地和划分势力范围而开展尖锐的斗争，甚至是战争。在新帝国主义时代，新帝国主义国家和金融垄断资本瓜分的对象是世界市场。具体到数字经济领域，他们瓜分的是市场份额和国际税收等。列宁在论述资本家同盟瓜分世界时指出资本家会围绕瓜分“势力范围”开展斗争，同时深刻地总结道，“最新资本主义时代向我们表明，资本家同盟之间在从经济上瓜分世界的基础上形成了一定的关系，而与此同时，与此相联系，各个政治同盟、各个国家之间从领土上瓜分世界、争夺殖民地、‘争夺经济领土’的基础上也形成了一定的关系”[②]。新帝国主义时代，形成了“一霸多强”结成的国际资本主义寡头垄断同盟，形成了全球性垄断剥削体系的经济基础[③]。但是，垄断同盟之间仍然存在为争夺经济利益而进行的激烈斗争。美国与欧盟国家之间的数字税之争就是其真实写照。

四　以“共建共享共治”的理念推动平台经济健康发展

数字经济时代，在资本主义发展的新阶段，即新帝国主义阶段，资本逻辑推动着平台经济全球化，实现了数字经济规模的快速扩张，推动了一般性生产关系和“生产的国际关系”的局部变革。在数字资本主义积累过程中，资本主义世界的社会矛盾和基本矛盾进一步被激化，使得剥削、收入分配差距、垄断等问题越来越严重；同时随着资本积累的矛盾不断深化，世界范围内数字经济发展的不平衡和不公平问题日益凸显，“信息富国”与“信息穷国”之间的发展差距不断扩大。数字经济时代，资本主义通过平台垄断和“剪息票”等方式维持着腐朽的统治。如果任由资本逻辑推动平台经济全球化，必将导致垄断，垄断又会产生经济停滞问题。因此，为了实现全球数字经济的共享发展，我们必须超越资本逻辑，倡导

---

① 另外的公司为：中国 1 家（阿里巴巴），西班牙 1 家（Amadeus），德国 2 家（Axel Springer 和 Zalando），荷兰 1 家（Randstad），挪威 1 家（Schibsted），日本 2 家（Rakuten 和 Recruit），法国 1 家（Criteo），英国 1 家（Travelport）。

② 《列宁选集》第 2 卷，人民出版社 2012 年版，第 639 页。

③ 程恩富、鲁保林、俞使超：《论新帝国主义的五大特征和特性——以列宁的帝国主义理论为基础》，《马克思主义研究》2019 年第 5 期。

“共建共享共治”的合作发展逻辑，努力构建人类命运共同体。

在全球治理层面，中国作为负责任的大国，在数字经济发展过程中一直积极推动世界各国共建网络空间命运共同体。2015年12月16日，习近平主席在第二届世界互联网大会开幕式上的讲话中，提出了推进全球互联网治理体系变革应该坚持的四项原则，即尊重网络主权、维护和平安全、促进开放合作、建立良好秩序；同时就全球网络基础设施建设和互联互通、打造网络文化交流平台、推动网络经济创新发展、保障网络安全、构建互联网治理体系等提出了五点主张；重点提出要倡导共同构建网络空间命运共同体①。此后，历届世界互联网大会的致辞或贺信中，习近平主席都积极倡议世界各国共同推进网络空间全球治理，积极推动构建网络空间命运共同体。共建网络空间命运共同体是推动人类命运共同体建设的重要内涵，也是有效途径之一。“共建共享共治”是构建网络空间命运共同体的重要原则。“共建”指世界各国在数字基础设施的建设过程中加强合作，实现数字基础设施互联互通。“共享”指世界各国，无论大小、贫富都可以平等地获得数字经济发展机会，共享数字经济发展红利。“共治”需要世界各国携手共同面对数字经济发展中技术、安全、冲突和治理等问题。只有世界各国加强沟通、凝聚共识、扩大合作，坚持“共建共享共治”理念，努力共建网络空间命运共同体，才能实现平台经济健康发展，才能形成全球经济增长的新动力，才能解决全球数字经济发展不平衡和网络空间治理赤字问题。

在应对具体挑战层面，在数字经济全球化的新发展格局中中国必须采取有力措施维护好国家安全和发展利益。当前，世界正在经历百年未有之大变局，美国的霸权主义行径和地缘政治冲突增加了世界经济发展的不稳定性。在“逆全球化”和世界格局大变局中，中国平台型的数字公司全球化面临诸多挑战。一是为了全面遏制和打压中国发展，美国政府采取霸权主义行径和国家干预主义对中兴和华为等高科技公司，以及TikTok和微信等数字平台进行打压，严重违反了国际规则和市场经济公平原则。此外，受到地缘政治影响，印度等周边国家采取民粹主义行为禁止或下架中国数字企业产品和服务，使得中国数字企业面临不公平的竞争环境。二是国际垄断资本对中国数字企业采取的非公平竞争行为严重损害了中国公司利益。为了配合美国政府对中国数字企业的打压，脸书等公司借助政府干预和模式抄袭等方式围剿中国数字企业的国际化发展。三是法国等国家将要

① 习近平：《在第二届世界互联网大会开幕式上的讲话》，《人民日报》2015年12月17日第2版。

征收的数字服务税使得阿里巴巴等中国数字企业面临国际税收新挑战。从具体对策层面而言，为了积极应对我国平台型数字企业全球化面临的挑战，可以从三个方面采取应对措施。

首先，从国家层面维护我国平台型数字企业在海外的发展权利和经济利益。从全球化的历史经验来看，世界范围内的竞争具有两个层次，一是在既定国际格局和秩序下企业之间的市场竞争，二是市场竞争之上国家之间的政治和军事竞争。企业之间的市场竞争是国家之间竞争的基础，国家之间的竞争和国际关系的变化会影响企业之间的竞争。随着美国对中国进行全面打压和遏制，以及印度等国家民粹主义情绪的出现，中国数字企业在美国、印度等受到了政治审查、强制退市、限制交易和高管捕获等不公正待遇，这是国家之间的竞争关系影响到企业国际化发展的典型事件。在这样的事件中单靠企业无法对抗美国等国家的政治干预力量，中国政府必须通过国际组织申诉、政治谈判、经贸协商、合理反击和补贴性支持等方式帮助和支持本国数字企业维护海外发展权利和经济利益。

其次，平台型数字企业要积极融入国内国际双循环新发展格局，培育全球化竞争新优势。面对国际垄断资本与民族资本的矛盾，中国平台型数字企业需要加强核心技术的自主研发以形成核心竞争力，重塑供给链以提高有效供给，打造产业生态价值体系以提高产品附加值，积极融入以国内大循环为主和国际国内双循环相互促进的新发展格局；同时依托“东盟”和“一带一路”合作机制实现平台经济的区域化和国际化发展。在国际市场上中国数字企业要与国际资本展开竞争和合作，通过竞争促进自身发展，通过合作获得共同利益。

最后，中国要积极倡导公平公正的国际税收治理新秩序，通过国际税收谈判为我国平台型数字企业全球化提供良好国际税收环境。法国等欧盟国家和一些发展中国家宣布的数字服务税征收方案会对阿里巴巴等中国数字企业国际化中的发展权利和经济利益产生不利影响。中国应该依托“一带一路”税收征管合作机制率先与“一带一路”沿线主要国家之间达成数字服务税解决方案；同时通过与欧盟地区和相关国家的国际税收谈判等为中国平台型数字企业国际化谋取更多的发展权利和更大的发展空间。

第四节　平台经济全球化面临的数字税新挑战

平台经济的潜能解放会对社会生产关系带来变革。本章将从资本逻辑出发，从生产的国际关系视角来阐释平台经济全球化面临的新挑战——数字税。

一 平台经济生产的国际关系新挑战——数字税

马克思曾提到："生产的国际关系。国际分工。国际交换。输出和输入。汇率。"[①] 马克思以生产为起点来探寻资本主义生产方式下生产关系和阶级关系的新变化，在国际层面研究国际分工体系中生产的国家关系和世界市场与经济危机问题[②]。马克思论述了资本主义社会在特定历史阶段的生产问题，既强调生产的一般性，也强调生产的国际性。目前，平台经济的全球化生产决定了与之相适应的交换关系和生产关系具有生产的国际关系属性。

平台经济正在重塑全球化生产过程中的交换关系。一般来讲，生产决定交换，生产的性质决定交换的性质。生产越发达，交换范围越广。反过来，交换的发展有利于促进生产和消费实现。马克思指出："当市场扩大，即交换范围扩大时，生产的规模也就增大，生产也就分得更细。"[③] 平台经济既是一个以数字技术体系为主要支撑的社会化大生产过程中的一个局部的"总体生产组织"，也是社会化大生产过程中的一个局部的"总体交换组织"。全球化的商品生产体系、贸易体系、投资体系和金融体系有利于平台经济的国际化扩张。数字经济时代，生产方式中的交换关系已经突破企业、行业、地区和国家的范围限制，成为世界性交换关系。只不过，在世界性交换关系中，不平等交换是其本质内容。按照沃勒斯坦的世界体系理论，一个国家在国际性生产关系结构中的地位往往决定着该国世界范围内价值生产和实现中是处于"中心""半外围"，还是"外围"[④]。"中心""半外围""外围"国家之间常常存在不平等交换。

平台经济正在全球范围内形成"技术—市场"依赖关系。随着国际生产力体系的发展，形成了生产的国际关系结构[⑤]。在国际性生产关系结构下，一国平台经济发展状况和全球市场影响力是一个国家参与国际生产分工体系、价值分工体系和创新分工体系的重要基础，也是一个国家综合国

① 《马克思恩格斯全集》第30卷，人民出版社1995年版，第50页。

② 李滨：《马克思主义的国际政治经济学研究逻辑》，《世界经济与政治》2015年第7期。

③ 《马克思恩格斯文集》第8卷，人民出版社2009年版，第23页。

④ ［美］伊曼纽尔·沃勒斯坦：《现代世界体系》第1—4卷，郭方等译，社会科学文献出版社2013年版。

⑤ 鲁品越：《生产关系理论的当代重构》，《中国社会科学》2001年第1期。

力的重要体现。在世界分工体系中，存在严重的依附关系[①]。随着生产力发展和国际关系演变，这种依附关系已经从传统殖民地依赖、“金融—产业”依赖、“技术—工业”依赖[②]，向“技术—市场”依赖转变[③]。平台经济全球化过程中就体现了技术领先国家与技术落后国家之间的“技术—市场”依赖关系。拥有先进信息数字技术和大型跨国网络平台企业的国家成为世界市场的新中心，那些使用和依赖这些数字技术和网络平台的其他国家成为依赖者。例如美国的谷歌、脸书和亚马逊等成为全球性的搜索引擎、交流平台和购物平台等，全球几十亿的人在使用这些平台，形成了严重的“技术—市场”依赖关系。

平台经济的全球化扩张，一方面极大地解放和发展了社会生产力，使得人类的生产方式和交换方式越来越变为世界性的；另一方面也出现了数字生产力在全球范围内分布的不平衡，以及发达国家与发展中国家之间越来越大的数字鸿沟。当前，数字税是平台经济全球化过程中不平衡发展带来的新挑战。近些年，OECD 组织加强了对数字税议题的关注。针对数字经济发展对国际税收带来挑战的专门研究和回应的标志性事件是 2013 年 OECD 组织发布的《税基侵蚀与利润转移行动计划》中提及“面对数字经济的税收挑战”[④]。2015 年 OECD 组织发布的报告中提出应对数字经济带来的全球税收挑战的三项原则：以重要经济形成存在的新税收关系规则（new nexus in the form of a significant economic presence）、预扣税（the withholding tax）和数字平衡税（the equalisation levy）[⑤]。2017 年 11 月 OECD 组织对数字税问题进行了磋商，2018 年 3 月发布了《数字化带来的税收挑战》，2019 年 2 月就征税权和税基侵蚀问题等提出建议规划。

法国是世界上最先开征数字税（the Digital Service Tax）的国家之一。欧盟关于征收数字税的临时措施提案被部分成员国反对和否决后，2019 年 3 月，法国借鉴欧盟数字税方案提出要对大型跨国数字平台企业征收数字税，2019 年 5 月和 7 月法国国民议会和参议院分别批准了数字税相关法案，规定

---

① ［阿根廷］劳尔·普雷维什：《外围资本主义：危机与改造》，苏振兴等译，商务印书馆 2015 年版。

② Theotonio Dos Santos，“The Structure of Dependence”，*American Economic Review*，1970，60（2）：231-236.

③ 陈子烨、李滨：《中国摆脱依附式发展与中美贸易冲突根源》，《世界经济与政治》2020 年第 3 期。

④ OECD，*Action Plan on Base Erosion and Profit Shifting*，OECD Publishing，2013，p. 10.

⑤ OECD，*Addressing the Tax Challenges of the Digital Economy*：*Action 1 - 2015 Final Report*，OECD Publishing，2015，p. 13.

该法案追溯到2019年1月1日生效。该数字税法案对达到纳税规模的大型互联网企业的广告收入、数据转售收入和数字平台收取的佣金等销售收入征收3%的数字服务税。按照相关条件，符合法国数字服务税征收对象的数字企业30多家，主要是来自美国、中国和英国的互联网公司，尤其是美国的谷歌、苹果、脸书和亚马逊等巨型互联网跨国公司，所以该法案又被称为“GAFA法案”（GAFA是四家公司的首字母缩写）。除了法国，多个欧洲国家也相继宣布征收数字税。2017年英国发布了《企业税收与数字经济：立场文件》，此后相关文件规定从2020年4月起征收税率为2%的数字服务税，意大利相关文件也规定从2019年1月起征收税率为3%的网络税[①]。

数字税是针对为全球范围内提供网络购物、搜索引擎、在线视频、社交媒体和即时通信等数字产品和服务的平台组织、数据销售商和网络广告商等的收入或利润所征收的税收。数字税按照征收对象分为数字服务税和数字所得税。数字服务税是对数字信息平台的收入征税，属于间接税；数字所得税是对数字信息平台的利润所得征税，属于直接税。欧盟对于数字税的解释是，数字税既可以抵扣企业所得税，也可以作为一种单独税种征收，这就产生了数字税定性的混乱问题。从法国等欧盟国家的情况来看，征收数字税主要以数字服务税为主。以法国为例，数字服务税的纳税人要满足两个条件：一是应税企业的规模和市场地位，按照法国的《数字税法案》，提供数字产品和服务的实体企业在相关财政年度内在全球范围内的总收入超过7.5亿欧元；二是应税企业在欧盟国家具有数字足迹并获得收入，即在相关财政年度内数字型企业在欧盟获得的应税收入总额超过2500万欧元[②]。数字服务税的征税范围是数字型企业提供的在线广告收入、通过平台组织进行用户交易获得的收入，以及提供和销售用户数据信息等获得的收入[③]。如谷歌（Google）等的搜索引擎服务和脸书（Facebook）、推特（Twitter）等的交互式社交服务，连接客户和供应商的平台中介服务，如优步（Uber）、爱彼迎（Airbnb）、亚马逊（Amazon）和易贝（eBay）等，以及支付服务，如贝宝（PayPal）等。

法国等欧盟国家出台数字服务税主要基于三方面的考虑。一是作为临时性措施解决税负不均等问题。税负不均等表现为两个方面。一方面

① 励贺林、姚丽：《法国数字服务税与美国“301调查”：经济数字化挑战下国家税收利益的博弈》，《财政科学》2019年第7期。

② 欧盟标准是应税收入总额超过2500万欧元。

③ 茅孝军：《从临时措施到贸易保护：欧盟“数字税”的兴起、演化与省思》，《欧洲研究》2019年第6期。

是数字平台企业与传统企业的税负不均等的问题。在欧盟从事数字经济业务的数字型企业的平均有效税率仅为9.5%，而同等规模的传统企业的平均有效税率达到了23.2%[①]。这种“二元税负”带来了严重的赋税不公问题。另一方面是数字平台企业的国际赋税不均等问题。传统经济中，跨国企业一般都会在产品和服务销售地设立实体机构，向当地缴纳税收。数字经济时代，跨国数字平台组织在为其他国家提供产品和服务的同时，并没有在该国设立实体性的企业组织，仅通过互联网技术和平台组织等渠道就可以提供产品和服务。如谷歌的搜索引擎服务、脸书和推特的社交媒体服务、亚马逊的在线销售服务等，它们的公司总部在美国，分公司设在爱尔兰等低税收国家，向法国等欧盟国家提供产品和服务获得收益，但是由于没有在当地设立常设机构并不向法国等欧盟国家缴纳税收。这就产生了平台经济国际税收分配的不公平性问题。为了解决数字经济时代的“税基侵蚀”和“利润转移”问题，2021年底OECD发布《应对经济数字化税收挑战——支柱二全球反税基侵蚀规则立法模板》，对此给予了重点关注[②]。

二是通过数字税提升本国数字企业的竞争力并获得财政收入。数字经济存在“头部效应”，由于数字平台经济的网络效应和规模效应，使得大量的资源、人才、市场和收入等都汇集到头部企业中，形成了国际性的垄断市场结构，限制了中小企业的竞争。以法国为例，为法国提供数字经济产品和服务的头部企业主要是美国的谷歌、亚马逊、脸书、推特、优步等，而法国自己的大型互联网平台企业相对很少。为了对国际超大型数字经济平台进行规制，欧盟先后对微软、谷歌和安卓手机系统等开出了巨额罚款。法国作为数字服务贸易的主要输入国，面临本国数字型企业和传统企业发展空间被挤压的困境。征收数字税在某种程度上可以发挥赋税宏观调控的作用，为国内数字企业提供一定的生存和发展空间。另外，征收数字税可以为法国提供可观的税收收入。截至2021年底，数字经济发展较好的47个国家的数字经济增加值规模为38.1万亿美元，占GDP的

① European Commission, “Time to Establish a Modern, Fair and Efficient Taxation Standard for the Digital Economy”, 2018－02－21, https://ec.europa.eu/taxation_customs/sites/taxation/files/communication_fair_taxation_digital_economy_21032018_en.pdf.

② 国家税务总局：《OECD发布〈应对经济数字化税收挑战——支柱二全球反税基侵蚀规则立法模板〉》，2021年12月22日，https://www.chinatax.gov.cn/chinatax/n810219/n810724/c5171595/content.html。

45.0%[①]。

三是掌握和主导数字经济国际税收规则的话语权和制定权。数字经济在国民经济中越来越具有核心地位，截至2018年底，数字经济发展较好的47个国家的数字经济规模超过30.2万亿美元，占GDP的40.3%[②]。2019年联合国数字合作高级别小组发布的《数字相互依存的时代》提出数字技术的发展提升了通过数字纽带连接起来的世界的效率、创新和速度，加强了全球的联系[③]，同时也带来数据安全、隐私保护和国际税收公平性等新挑战。尤其是数字经济领域的赋税分担问题已经成为全球税收治理体系面临的重要挑战。互联网技术突破了传统的地理领土边界限制，使得跨国大型数字平台经济面临收入来源地和税收缴纳地的不一致问题，导致国际税收规则丧失了公平性。数字税是解决"税收侵蚀"和"利润转移"等国际税收治理问题的重要方案。法国等国家率先开征数字税，提供国际税收治理方案，可以获取未来制定全球数字税国际规则的话语权和制定权，攫取最大税收利益。

征收数字税必将给平台经济全球化带来新影响。一是重塑国际税收规则形成平台经济国际税收分配新格局。数字税打破了传统国家之间的税收利益平衡，各国为了获得更多国际税收利益正在开展激烈的博弈。受到数字税征收扩散效应的影响，除了法国、英国和意大利等已经开展数字税征收的国家，加拿大、澳大利亚等发达国家和泰国、印度、马来西亚、新西兰、墨西哥、尼日利亚等发展中国家也开始研究和布局数字税征收事宜[④]。为了达成数字税征收共识，形成新的国际税收协调机制，2019年6月日本大阪G20财政和央行行长会议批准了《应对经济数字化所带来的税收挑战并形成广泛共识的解决方案》，明确在已有共识基础上构建新的国际税收结构，建立"公平、可持续和现代化的国际税收体系"[⑤]。可以预见，OECD和法国等国际组织和国家为了实现本国税收利益的最大化会积极推

---

① 《法国拟对互联网巨头开征"数字税"》，《经济日报》2019年4月11日。

② 中国信息通信研究院：《全球数字经济白皮书（2022年）》，2022年12月7日，http://www.caict.ac.cn/kxyj/qwfb/bps/202212/t20221207_412453.htm。

③ Secretary-General's High-level Panel on Digital Cooperation: The Age of Digital Interdependence, June 2019.

④ 邱峰：《数字税的国际实践及启示》，《西南金融》2020年第3期。

⑤ OECD, Programme of Work to Develop a Consensus Solution to the Tax Challenges Arising from the Digitalisation of the Economy, OECD/G20 Inclusive Framework on BEPS, OECD, Paris, 2019, www.oecd.org/tax/beps/programme-of-work-to-develop-aconsensus-solution-to-the-tax-challenges-arising-from-the-digitalisation-of-the-economy.htm.

动以数字税为基础的国际税收体系的重构。数字税的实践和国际税收规则的重构必将影响平台经济组织国际竞争关系，形成利益分配新格局。

二是可能引发针对平台经济的贸易保护主义行为。由于欧洲缺少数字技术平台大型公司，其数字服务市场基本被谷歌、亚马逊、脸书、推特和优步等美国数字科技巨头垄断。为了削弱美国数字科技巨头的垄断地位和获得互联网数字技术红利，2017 年至今，欧盟已经对谷歌和脸书开出了共计 220 亿欧元的罚单，并通过法律限制数字技术企业使用私人数据和版权数据等商业行为[①]。欧盟对美国数字技术企业的罚款一度遭到美国的强烈反对。法国等欧盟国家向谷歌、亚马逊、脸书等全球巨型数字平台企业开征数字税，也遭到了美国的强烈反制。美国将一些欧盟国家的数字税视为贸易保护措施，认为这些国家数字税实质上构成对美国企业的歧视，因此 2019 年以来美国相继对法国、英国、意大利等国数字税发起“301 调查”[②]。2020 年 6 月 2 日，美国贸易办公室宣布对欧盟、英国、奥地利、捷克、意大利、西班牙、土耳其、巴西、印度和印度尼西亚等国家征收数字税发起“301 调查”[③]。美国与其他国家之间的数字税博弈，势必会加剧全球范围内的服务贸易摩擦。

数字税表面是国际税收利益的分配问题，深层次原因是国家之间的经贸利益的博弈。根据现行的国际税收主权和税收管辖规定，数字税超越了纳税人属地原则，实质上是一种“准关税”。马克思指出：“保护关税制度把一个国家的资本武装起来和别国的资本作斗争，加强一个国家的资本反对外国资本的力量。”[④] 数字税作为一种“准关税”[⑤]，势必会成为一些国家之间争夺国际税收利益的手段，影响到数字经济平台的全球化发展。

二　数字税之争与资本积累国际化过程中的新矛盾

“数字税之争”引发了资本积累国际化过程中的新矛盾。资本积累过程的全球化给平台经济组织编制了一张全球性依附关系网。“世界市场”使得平台经济的范围扩张到世界各地。正如马克思所讲的，资本“从本质

① 路广通：《解析数字税：美欧博弈的新战场》，《信息通信技术与政策》2020 年第 1 期。

② 国家发展和改革委员会：《探索数字税调节数据收益再分配》，2023 年 4 月 10 日，https：//www. ndrc. gov. cn/wsdwhfz/202304/t20230410_ 1353437. html。

③ 《美对多个贸易伙伴数字服务税发起“301 调查”》，新华网，2020 年 6 月 3 日，http：//www. xinhuanet. com/2020-06/03/c_ 1126068526. htm。

④ 《马克思恩格斯全集》第 4 卷，人民出版社 1958 年版，第 284 页。

⑤ Gary Clyde Hufbauer and Zhiyao Lu，“The European Union’s Proposed Digital Services Tax：A De Facto Tariff”，*Peterson Institute for International Economics*，2018，p. 8.

上来说，就是推广以资本为基础的生产或与资本相互适应的生产方式。创造世界市场的趋势已经直接包含在资本的概念本身中”[①]。借助于互联互通的数字技术基础设施，平台经济可以更加方便地在世界范围内组织和分配各类自然资源、产品、劳动力和资本。资本的逐利性，迫使那些不发达的国家开放本国的贸易领域和本国市场，为平台经济的发展提供廉价的初级产品、半成品和劳动力，同时成为平台经济的消费者，其国家的产业发展也被锁定在低端。而发达国家的资本通过控制平台，使得本国产业处于产业链和价值链的高端。一定程度上来说，全球化的平台经济垄断是资本主导的生产关系的具体体现，由此导致的全球经济发展不平衡也是由国际经济旧秩序造成的[②]。在资本主义生产方式下，垄断是资本竞争的必然结果。数字经济时代，金融资本和数字技术结合将这种垄断推向了新的高度，形成了更大的不均衡发展问题。列宁的一句话对此做出精辟的概括，即“金融资本特别机动灵活，在国内和国际上都特别错综复杂地交织在一起，它特别没有个性而且脱离直接生产，特别容易集中而且已经特别高度地集中，因此整个世界的命运简直就掌握在几百个亿万富翁和百万富翁的手中”[③]。垄断的发展进一步加深了资本主义的基本矛盾，加剧了发达国家之间，以及发达国家与不发达国家之间的矛盾。

征收数字税加剧了以法国为代表的欧盟国家和美国之间的经贸摩擦。在法国参议院通过数字税法案前一天，美国贸易代表办公室就宣布对法国数字税提出“301 调查”，此后又针对来自欧盟的 110 亿美元商品加征报复性关税，特别针对法国 24 亿美元输美产品加征最高 100%的报复性关税。美国反对法国征收数字税的原因，一是法国数字税的征税范围针对的正是美国企业全球领先的领域，对美国企业存在歧视；二是对数字型企业的营业收入征税，违反了以利润为征税对象的国际税收原则，增加了美国企业的税收负担。美国全力反对法国等国家开征数字税，既是维护本国税基安全和跨国资本利益的考虑，也是国家之间税收利益的博弈。

从马克思主义政治经济学的角度讲，“数字税之争”涉及资本积累国际化过程中的新矛盾。“数字税之争”的表层矛盾是国际税收的公平性和规则制定权的争夺。随着数字平台经济的发展，传统的国际税收规则正在受到“税基侵蚀”和“利润转移”问题的困扰。在国际税收的实体组织属

① 《马克思恩格斯文集》第 8 卷，人民出版社 2009 年版，第 88 页。

② 杨圣明、王茜：《马克思世界市场理论及其现实意义——兼论“逆全球化”思潮的谬误》，《经济研究》2018 年第 6 期。

③ 《列宁全集》第 27 卷，人民出版社 1990 年版，第 142 页。

地征收原则下，谷歌、微软、苹果等国际巨型公司将注册地设在了加勒比等地区的低税率国家，公司的营运在美国，同时在爱尔兰等欧洲的低税率国家设立分公司，数字产品和服务的巨额销售收入则来源于法国、德国和意大利等欧盟国家。这就产生了“税基侵蚀”和“利润转移”问题。跨国巨型数字平台的国际避税行为严重损害了欧洲国家利益，研究表明，跨国企业的避税行为每年给欧盟成员国带来了500亿—700亿欧元的税收损失①。

美国为了实现资本回流和增加本国经济竞争力，2018年美国特朗普政府签署了《减税与就业法案》，简化了现行税制，降低了税率，修改了关于公司和个人的减税和抵扣政策②。美国的减税行为引起全球性的税收竞争，一些国家纷纷降低了本国企业的所得税税率，同时寻找新的税源来增加财政收入。数字税就是以法国与美国为代表的大国之间争夺国际税收主权③，获取数字税规则制定权和话语权的国家间的利益博弈。

“数字税之争”的深层矛盾是国际垄断资本与民族资本之间的利益博弈。互联网经济存在显著的头部效应，借助于网络效应和规模效应，容易形成国际垄断。互联网平台为了强化资本积累，一方面通过股份制在资本市场上市迅速完成了资本集中，形成了国际性的巨型公司。例如，亚马逊作为全球市值最大的互联网平台公司之一，市值已经突破1万亿美元。通过“赢者通吃效应”，这些巨型的互联网公司背后的国际垄断资本不断开拓国际市场，在一些国家占据主导地位。目前，美国的谷歌、脸书、推特、亚马逊、易贝等巨型数字平台企业在欧洲数字经济市场占有绝对优势地位。相关研究报告表明，谷歌占有90%的互联网国际市场，脸书占据了全球2/3的社交媒体市场，亚马逊在全球在线零售平台中占有近40%的份额④。谷歌等公司的主要利润来源于美国以外，但是税收大部分是向美国缴纳的。这就造成了美国与法国等欧盟国家之间国际税收利益的冲突。对于法国来说，要保护本国民族资本的发展和获得合理的国际税收，所以坚定地通过数字税法案。对于美国

---

① 《每年损失500亿欧元：欧盟出新规打击跨国企业避税》，中国新闻网，2016年1月29日，http：//www.chinanews.com/gj/2016/01-29/7739228.shtml。

② 中华人民共和国财政部网站，《美国〈减税和就业法案〉》，http：//www.mof.gov.cn/mofhome/tfs/zhengwuxinxi/zhengcejiedu/201802/t20180209_ 2810875.html。

③ 刘永伟：《税收主权与税收专约的解释依据》，《中国社会科学》2013年第6期。

④ Digital Economy Report 2019-Value Creation and Capture：Implications for Developing Countries，04 Sep 2019，https：//www.baidu.com/link？url=KDpaMbR2k9qJfMdzp-TKkH_ pO0fgUcpIn32r7UI5ahfS14qmwGJ6Q9upbyHLIYQDNfC32P2k7PKtzWNQ-sYa74lXJWxd7iAVA2ZG0IQLFFVm9MRmGqtpjycxhE00q8xU&wd=&eqid=81c70ce30003147100000035ed46d80.

来说输出数字产品和服务是关系其核心利益的，正如马克思所言的："使输出工业品的数量不断增长，实际上成了关系这个国家的生死存亡的问题。"[①]法国等欧盟国家的数字平台企业规模相对较小，发展空间受到美国垄断资本的打压。数字经济已经成为拉动法国经济增长的重要支撑，但是法国的数字经济市场却主要被美国公司占据，税收也主要被美国拿走，这势必激化法国民族资本与国际垄断资本之间的矛盾。

进入数字经济时代，国际垄断资本与民族资本之间的矛盾越来越严重。矛盾的双方，一方是通过技术优势和规模优势占据对方市场获得超额利润的国际垄断资本，另一方是发展受到技术和市场限制的本国民族资本。国际垄断资本的本质是为了追求超额利润，而民族资本则更加重视本国数字经济的独立性和安全性。两者之间的矛盾在激烈的国家竞争和利益博弈中不断被激化。法国征收数字税，出于两个方面考虑。一方面是为了获得税基增加本国财政收入。由于经济停滞和社会福利开支增加，法国等欧洲国家出现了严重的财政赤字和债务问题。为了摆脱经济困境，这些国家不断进行国内政策和贸易政策的调整，数字税就是法国等欧盟国家依据国家利益调整对外税收和贸易政策，积极参与数字经济领域财富分配的国家行为。另一方面则是限制以美国公司为主的国际垄断资本，扶持本国民族资本的发展。国际垄断资本与民族资本之间的利益博弈还体现在发达国家与发展中国家之间。发展中国家为了保证经济独立和国家利益，提高本国创造财富的能力，往往会选择国家干预和贸易保护主义政策来应对国际垄断资本的竞争[②]。泰国、印度、马来西亚、新西兰、墨西哥、尼日利亚等国家也研究出台数字税，利用国家干预和贸易保护主义政策应对数字经济的新挑战。

"数字税之争"的根本原因是资本主义基本矛盾的深化。信息技术革命和垄断资本的全球扩张推动资本主义发展进入了数字资本主义时代[③]。数字资本主义生产方式下，信息技术和数字经济平台是跨国垄断资本实现超额利润的技术和组织工具。从本质上讲，数字资本主义仍然是贴着"数字"标签的国际垄断资本主义，是产业资本、金融资本和信息资本的融合体。数字资本主义是生产方式信息化和数据化、生产方式高度社会化和资本高度国际化的必然产物，其推动着资本主义基本矛盾运动发生新变化。生产方式的信息

---

① 《马克思恩格斯全集》第 28 卷，人民出版社 2018 年版，第 541 页。

② 贾根良、陈国涛：《经济民族主义与马克思主义：比较与启示》，《马克思主义研究》2013 年第 9 期。

③ ［美］丹·席勒：《数字资本主义》，杨立平译，江西人民出版社 2001 年版，第 5 页。

化和数据化加速了资本、劳动、技术和信息等生产要素的全球化流动和配置，实现了商品和服务生产的网络化、销售的平台化、市场的全球化。尤其是以跨国巨型互联网公司为主导的数字经济全球化，形成了高度社会化的生产方式。与数字资本主义生产方式相适应，股份公司和数字平台组织等新的资本集中形式和组织形式不断被创造出来，极大地解放和发展了社会生产力。资本主义生产关系的内核——生产资料的私有制并没有发生动摇，反而通过快速的资本集中等方式形成了巨大的贫富差距。从生产的国际关系角度看，“数字鸿沟”导致全球范围内出现新的贫富差距[①]，同时发达国家与发展中国家之间、发达国家内部的利益博弈越来越激烈。法国等欧盟国家与美国的数字税博弈就属于发达国家之间的新矛盾。

生产力与生产关系的矛盾运动使得数字资本主义方式下的资本主义基本矛盾发生了新变化，在经济上，生产的相对过剩、经济金融化和虚拟化使得危机爆发的频率和规模增加；跨国公司内部生产的计划性和世界市场的无政府状态加剧了数字资本之间的竞争；国际数字巨型公司通过控制民族国家的技术和市场，使得民族国家的数字经济独立性受到威胁。在政治上，发达资本主义国家内部的阶级矛盾、失业问题、国家治理危机等日益突出。另外，随着美国经济影响力和国际影响力的下降，以美国为代表的国家奉行单边主义和保守主义政策，对世界格局和治理体系产生了负向冲击。

三　中国的平台经济优势与数字税应对

在以平台经济为代表的数字经济领域中国具有一定的优势。中国已经成为全球第二大数字经济体，2022 年数字经济规模达到了 50.2 万亿元[②]。截至 2022 年底我国网民规模达到了 10.67 亿，互联网普及率达 75.6%，网络购物用户规模达 8.45 亿，比上一年增长 319 万；海关数据表明 2022 年我国跨境电商进出口总额达 2.11 万亿元，同比增长 9.8%[③]。2022 年 8 月 2 日《财富》发布的世界 500 强排行榜中，中国企业（含中国香港企业）共 145 家，6 家上榜的互联网公司中，中国的京东、阿里巴巴和腾讯在列[④]。2021

① 胡鞍钢、周绍杰：《新的全球贫富差距：日益扩大的“数字鸿沟”》，《中国社会科学》2002 年第 3 期。

② 国家互联网信息办公室：《数字中国发展报告（2022 年）》，2023 年 5 月 23 日，http://www.cac.gov.cn/2023-05/22/c_1686402318492248.htm。

③ 中国互联网络信息中心：第 51 次《中国互联网络发展状况统计报告》，2023 年 3 月 2 日。

④ 《2022 年财富世界 500 强排行榜》，财富中文网，2022 年 8 月 3 日，https://www.fortunechina.com/fortune500/c/2022-08/03/content_415683.htm。

年中国信息通信研究院发布全球互联网上市公司30强名单，中国有11家企业进入名单①。

尽管中国的互联网平台企业具有一定的数量和规模优势，主要依靠中国超大市场规模成长为巨型公司，但是国际化水平和营收规模与美国公司相比还有很大差距。根据《2022全球市值100强上市公司排行榜》，就市值比较，2022年亚马逊的市值为16590亿美元，Alphabet的市值为18420亿美元，而中国排名最高的公司腾讯控股的市值仅为4590亿美元②。谷歌、脸书等美国公司主要通过国际化成为世界巨型公司，其营业收入和利润大部分来源于美国以外，而中国互联网公司的营业收入和利润主要来源于国内。因此，在深耕国内市场的同时，中国互联网平台公司需要加快实现区域化和国际化，尤其是要加强对“一带一路”沿线国家市场的发掘和利用。

平台经济成为保障中国经济社会平稳运行的重要支撑。随着互联网、大数据、人工智能和物联网等新技术的应用，平台经济实现了快速发展。平台经济连接了产品产业链的上下游，紧密对接了生产者、中间商和消费者，正在重塑相关产业链，降低社会交易成本，提高经济社会运行的效率和透明度。例如，淘宝和京东等网购平台、美团和“饿了么”等外卖平台、滴滴和神州专车等打车平台、支付宝等互联网支付平台、携程和“去哪儿”等出行旅游平台、钉钉等网络办公平台以及众多的在线教育、在线娱乐和网络医疗等平台经济实现了供给与需求的有效对接，加快了生产方式和生活方式的数字化和智能化变革。

新冠疫情期间，医疗用品、应急物品、生活用品等通过数字经济平台进行交易，减少了人员接触的范围，保障了流通领域的通畅，确保了疫情期间正常的生产生活秩序。2020年初，尽管受到疫情影响，但是中国的网络用户规模进一步扩大，网络购物、在线医疗、互联网教育、云端大数据、网络支付等业务的用户规模逆势增长，到2022年，我国数字经济保持较快发展，信息传输、软件和信息技术服务业增加值增长9.1%；全国网上零售额137853亿元，增长了4.0%③。

后疫情时代，平台经济正在推动中国经济实现转型升级。受到疫情影响，餐饮、酒店、旅游等行业经营遇到较大困境，但是网络购物、在线医

① 中国信息通信研究院：《中国互联网行业发展态势暨景气指数报告（2021年）》，2021年9月9日，http://www.caict.ac.cn/kxyj/qwfb/bps/202109/P020210923338177677850.pdf。

② 普华永道：《2022全球市值100强上市公司排行榜》，2022年6月。

③ 中国互联网络信息中心：第51次《中国互联网络发展状况统计报告》，2023年3月2日。

疗、互联网教育、云端大数据、网络支付等新行业、新业态逆势发展，态势良好。另外，传统产业加快了数字化和平台化转型，制造业、零售业、农业、餐饮业等也加快融合互联网+，接入数字经济平台实现转型升级。随着制造业和服务业的数字化转型，以及智慧城市的发展，中国经济社会深度“数字化”可谓大势所趋。

当前，从生产的国际关系视角看，中国平台经济发展面临数字税的挑战。要面对数字经济发展对现行国际税收规则的挑战，解决税基侵蚀和利润转移等问题，实现国家之间税收分配的公平性，征收数字税是大势所趋。中国已经成为世界第二大数字经济体，京东、阿里巴巴和腾讯等一批巨型数字平台企业正在积极“走出去”，开拓国际市场。尽管中国数字平台企业在欧盟国家的市场份额相对较少，同时法国等欧盟国家的数字税主要针对的是美国的谷歌、脸书和亚马逊等巨型公司，但是随着中国企业的深度国际化，已经成为数字税的征税对象①。因此，中国在大力支持和发展平台经济的同时必须积极面对数字税挑战。一是积极融入国际税收治理体系，最大限度地获得数字税国际规则制定的话语权和主导权。当前，数字税的国际规则制定权主要是由 OECD 国家主导的。鉴于美国利益与其他 OECD 国家利益的不一致性，中国应该积极倡导在二十国集团（G20）内部制定数字税国际规则，获得话语权和主动权。同时，中国可以依托“东盟 10+3”“上海合作组织”“金砖国家峰会”“‘一带一路’峰会”“中非合作论坛”等形成区域性的数字税议题和规则，以便在全球数字税国际规则制定中获得话语权和主动权。二是加快研究和布局数字税，探索构建中国特色数字税征收体系。按照公平性原则改革现行税制，形成传统企业与数字企业相统一的增值税，重点解决互联网平台企业跨境转移利润和逃避缴税等问题。同时借鉴外国经验审慎制定数字税，并在局部省市进行先行先试。在中国数字经济市场中占据主导地位的主要是本国企业，本着做强做大做优数字经济的目的，可以通过减税降费政策等进一步鼓励网络平台企业深耕国内市场，拓展国际市场。

数字税是国际税收规则之争和利益之争。面对数字税的挑战，作为世界第二大数字经济体，中国对外要争取数字税的国际规则制定权和主导权，对内要实现传统企业与数字企业的赋税公平，探索建立中国特色数字

---

① 例如，奥地利的数字税征收计划中将对所有来自欧盟以外的第三国的包裹征收营业税，将起征点由原来的市值 22 欧元降低至 0，同时强调要应对中国阿里巴巴虚假报税的情况。参见《奥地利 2020 年起率先征收数字税》，中国商务部网站，2019 年 4 月 8 日，http：//www. mofcom. gov. cn/article/i/jyjl/m/201904/20190402851494. shtml。

税体系。当前，平台经济的发展拓宽了生产力的范畴，改变了生产过程中生产资料与劳动力的结合方式，但是却没有根本改变它所处的生产关系。它仅仅是通过数字技术体系、市场组织形式和国际化的分工协作体系进一步调整了生产关系的部分内容，适应了新生产力发展的需要。整体而言，平台经济的发展为生产社会化提供了新的途径，也为实现马克思讲的人类社会发展三大社会形态理论关于“以物的依赖性为基础的人的独立性”的第二阶段向“个人全面发展”和“自由人联合体”的第三阶段演进奠定了生产力和生产关系基础①。

① 洪银兴、刘伟、高培勇、金碚、闫坤、高世楫、李佐军：《“习近平新时代中国特色社会主义经济思想”笔谈》，《中国社会科学》2018 年第 9 期。

第五章　数字经济中的消费：数字消费力

在中国经济高质量发展阶段，数字经济为中国经济发展注入了新活力。我国已经成为世界上第二大数字经济体，数字经济占我国GDP的比重已经超过1/3，成为增长最快的领域。当前，面对美国等国家对中国发展进行全面遏制和打压，我们必须坚持以国内大循环为主体、国内国际双循环相互促进，加快形成新发展格局。构建国内大循环体系的关键是让内需成为拉动经济增长的决定性力量，其中消费是扩大内需的重中之重。当前，我国消费对经济增长的贡献度接近60%，还有很大提升空间。要扩大消费需求，一是要不断增加居民收入，奠定扩大消费的收入基础；二是要通过供给侧结构性改革提高产品质量、提升品牌价值、增加产品附加值、扩大服务内涵；三是要大力发展数字消费，以数字消费引领消费新趋势，实现消费的转型升级。深刻认识数字消费新内涵的变化，把握数字生产力和数字消费力的辩证关系和经济规律，培育数字消费力是扩大消费需求，实现中国经济高质量发展的重要路径。

第一节　数字经济中的消费新内涵

一　数字消费内容的多元化、虚拟化和个性化

数字经济时代，消费内容出现了新变化。一是消费内容的多元化。数字经济时代传统消费内容逐渐实现了数字化转向，即可数字化的传统产品和服务逐渐进行了数字化转型。第一、第二产业等实体性产业主要通过“互联网+”、数字化和智能化进行结构转型，不断提高产品的科技含量和附加值。第三产业中的现代服务业与数字化融合比较快。由于服务业中的很多内容具有非实体性特征，非常容易与数字技术结合形成新的服务内容。如银行业和保险行业的部分产品和服务逐渐向数字化转型，网上银

行、在线理财和数字保险产品等逆势成为这些行业的新增长点；其交易模式也逐渐转为在线交易。数字经济时代，数据产业化创造了新消费内容。数字产业化即通过数据储备、数据挖掘和数据可视化等技术，对数字实现管理、开发和利用，形成数据产品，如网络操作、广告推送、大数据营销、搜索服务、数据定价和交易等。数据产业化发展过程中带动了数字产品服务的新消费，其内容涵盖新闻资讯、社交娱乐、短视频、教育培训、知识学习等各个方面。总之，无论是传统消费内容数字化，还是数据产业化发展都依靠数字技术形成了多样化的产品和服务，使得人们的消费选择范围更加广泛。

二是消费内容的虚拟化。随着收入的增加，传统的衣食住行中的物质化内容的比例逐渐降低，人们消费中非物质类的商品越来越多。例如，以互联网为载体的视频、图片、音频和文字等成为人们越来越重视的精神享受内容。马克思在讨论劳动力价值时提到劳动力生产和再生产过程，既是劳动力恢复的过程，也是新的劳动力形成过程，认为劳动力价值包括：维持劳动者自身正常生活状况所必需的生活资料的价值；维持劳动者家属子女即劳动力的接替者所必需的生活资料价值；劳动力的教育与培训费用。劳动力价值的决定，还包括历史和道德的要素①。在马克思所处的时代，劳动力价值的内容主要以物质内容为主，而在数字经济时代，劳动力价值中的精神层面的内容越来越多。随着互联网、人工智能、大数据和云计算等新技术的发展，消费内容越来越虚拟化。例如，网上娱乐、通信视频、数字教育、社区论坛等均是在网络虚拟空间等完成的。人们可以购买虚拟产品或信息产品来满足自己的各种需求。商品的虚拟化，使得人们的消费模式也发生了改变，网络空间成为人们获得虚拟消费商品的新场所，虚拟商品的需求规模不断扩大。

三是消费内容的个性化。改革开放四十多年来，随着我国经济高速发展，物质和精神产品实现了极大丰富；同时居民的收入水平不断提高，目前中国已经形成了4亿左右庞大的中等收入群体。供给能力和需求能力的双向扩张，为居民的个性化消费提供了基础。数字经济时代，凭借数字技术形成的新产品、新业态和新模式进一步催化了居民消费的个性化需求。消费的个性，即不同的消费者关注不同产品和服务的不同点，在功能、设计、品牌、体验、服务等方面提出了个性化的要求。例如，对于新闻资讯，不同的消费者会关注不同的内容。腾讯新闻和企鹅智库联合发布的

① 马克思：《资本论》第1卷，人民出版社2018年版，第198、199页。

《互联网第一战场：2019 泛内容消费趋势报告》显示，男女对不同类型的新闻资讯的关注度是不一样的，男性更偏好科技、军事、财经、体育和汽车类新闻资讯，女性更偏好生产常识、娱乐、健康和教育类新闻资讯①。随着大数据、人工智能、云计算等数字经济的发展和使用，在数字经济中更容易满足和实现个性化的需求。不过，数字经济时代的消费也容易被"潮流"和"意见领袖"所左右。通过大数据和可视化技术，借助网络广告、现场直播等方式，存在"关键意见领袖"的引导作用和"关键意见消费者"的评价作用。如"直播带货"等明星示范效应和"服务评价"等结果反馈效应，会引导消费者对某种产品和服务产生非理性偏好。

二 消费模式的网络化和平台化

数字经济时代，人们的消费模式发生了巨大改变，网络和平台逐渐占据了消费渠道的主导地位。在线零售快速发展，已经成为人们赖以生活的新方式。在数字经济时代，网络成为连接生产者、供给者和消费者的中间纽带，通过信息传递和互动，消费者可以获得个性化的商品和服务。互联网的快捷和便利使得消费突破了时间和空间的限制，使得消费边界不断扩展。消费者可以在网络上购买家电、书籍和日用品等，还可以购买虚拟化的产品和服务。网络平台通过大数据分析可以较快地实现供需双方信息的匹配，供给者可以更好地满足消费者的个性化需求。

当前，平台经济正在成为数字经济领域发展的新趋势，它依靠数据收集、数据传输、数据处理和数据挖掘等形成了商品流和信息流的集成，正在形成跨越时空的全球性网络体系，连接了全球范围的生产、分配、交换和消费等活动②。平台经济的崛起极大地改变了消费者的消费模式。消费者通过手机等移动终端接入某一专业平台就可以完成商品的筛选、购买、评价和服务的预订等。平台经济已经深入了居民生活的衣食住行方方面面。例如，在京东、淘宝等购物平台上可以购买各类生活用品，通过美团、饿了么等平台可以点外卖，通过携程和飞猪等旅行平台可以预订机票和酒店，通过滴滴打车等平台可以预约网约车；等等。平台经济的崛起极大地方便了居民的生活，提高了资源配置和使用的效率，深刻改变了居民的消费模型和习惯，也带动了新经济的快速发展。2022 年中国全年实物商

① 《互联网第一战场：2019 泛内容消费趋势报告》，https://new.qq.com/omn/20190424/20190424A06BF8.html。

② 谢富胜、吴越、王生升：《平台经济全球化的政治经济学分析》，《中国社会科学》2019 年第 12 期。

品网上零售额 119642 亿元，同比增长 6.2%，占社会消费品零售总额的比重为 27.2%，比上年提高 2.7 个百分点①。中国作为世界上第二大数字经济体，2022 年数字经济占 GDP 的比重提升至 41.5%②。

三 数字化零售与消费的全球化

数字经济时代，数字化零售具有洞察消费需要、促进供需匹配和联动再生产资源配置的潜在机制③。数字化零售实际上较好地连接了生产者和消费者，提高了商品流通的速度。平台经济的崛起加快了数字化零售的快速发展，使得商业资本在数字经济时代越来越处于核心地位。商业资本的循环，也因为有了数字技术的助力，节省了流通时间，提高了商品流通速度。例如，现代仓储和物流技术的发展已经让货物"朝发夕至"成为普遍现象，通过数字平台进行的网络购物已经成为居民消费的普遍选择。以中国为例，截至 2019 年底，中国已经拥有超过 9 亿网民，互联网普及率达到了 64.5%，2019 年网络购物交易规模达 10.63 万亿元，同比增长 16.5%；通过跨境电子商务平台进出口商品总额达 1862.1 亿元，增长了 38.3%④，已经形成了蓬勃发展的数字经济消费市场和贸易市场。

借助于现代信息和网络技术，数字化零售和平台经济正在实现全球化扩张。平台经济的全球化扩张背后是资本逻辑推动的，即资本要获得更多的剩余价值就需要超越时空限制，通过国际市场扩张来完成生产网络、销售网络和需求网络的全球化布局。客观地讲，平台经济全球化有两个方面的影响。一方面其带来生产资料和消费资料的全球生产和供给，提高了资源配置效率和市场交易效率。平台经济等的崛起，也加快了商业资本的循环，使得具有优势地位的数字化零售平台获得了越来越多的超额利润。另一方面，随着平台经济的发展，商品流通领域的垄断问题也日益突出。例如，亚马逊作为全球市值最大的在线销售平台之一，其市值已经突破 1 万亿美元，其占有全球在线零售市场的比例超过了 40%。通过这种平台垄断优势，亚马逊的创始人贝佐斯获得了巨额财富，多年蝉联成为世界首富。

---

① 商务部：《2022 年中国网络零售市场发展报告》，2023 年 2 月 20 日。

② 国家互联网信息办公室：《数字中国发展报告（2022 年）》，2023 年 5 月 23 日，http://www.cac.gov.cn/2023-05/22/c_1686402318492248.htm。

③ 谢莉娟、王晓东：《数字化零售的政治经济学分析》，《马克思主义研究》2020 年第 2 期。

④ CNNIC 发布第 45 次《中国互联网络发展状况统计报告》，中国互联网络信息中心，2020 年 4 月 28 日，http://www.cnnic.cn/gywm/xwzx/rdxw/20172017_7057/202004/t20200427_70973.htm。

平台经济的两极分化效应，使得平台经济的商品销售规模扩大了，销售速度加快了；同时也使得实体店铺遭遇了生存困境，正在面临艰难的转型。对于全社会来讲，数字经济时代的数字化零售和新消费改变了虚拟经济和实体经济之间价值实现的方式，使得实体经济越来越依附于平台经济等来完成价值实现。平台经济构建起了全球性的生产网络和销售网络，使得商品的价值生产和价值实现更加国际化和社会化了。

第二节　数字经济中生产与消费的辩证关系

从辩证唯物主义方法论视角看，马克思主义经济学中的生产与消费之间存在互相促进与互相制约关系。因此，研究数字经济中的生产与消费的关系要用辩证的眼光来看待新事物和新趋势；同时要重点把握和运用数字经济中的生产与消费的新规律。

一　生产决定消费的方式

生产决定消费的方式，有什么样的生产方式就有什么样的消费方式与之相适应。数字化生产方式决定了消费方式也逐渐向数字化转变。运用大数据、云计算、人工智能等数字信息技术，通过平台经济连接起来以后，不同市场主体之间的联系更加紧密了。数字经济时代，社会分工更加多样化和深化了，全球互联网的发展推动生产和消费打破了地域和时间的限制，可以实现关键性要素、产品和可贸易服务在全球范围内的流动和有效配置。数字技术推动产业发生了新变化，产业数字化已经成为新发展趋势。数字技术与农业、工业和服务业正在实现深度融合。互联网+农业、工业互联网和物联网、服务业智能化正在改变传统的生产方式，使得人类进入数字化和智能化新时代。生产的数字化和智能化，也要求与之相匹配的消费方式实现数字化和智能化。其中，平台经济成为连接生产者和消费者的中介组织。平台经济能够凭借强大的资源整合能力和网络效应，将众多的生产者和消费者连接在一起实现供给和需求的快速匹配，缩短了产品从生产环节到消费环节的时间，加快了资本循环，降低了交易费用。

此外，生产的结构决定消费的结构。按照马克思的两大部类扩大再生产原理，第一部类生产的生产资料要满足两大部类扩大再生产对生产资料的需要，第二部类生产的消费资料要满足两大部类扩大再生产对消费资料的需要。数字经济时代，仍然需要遵循两大部类扩大再生产的原理。第一部类的生产资料的范围更加宽泛了，数字型生产资料等成为越来越重要的生产资料，例如各类芯片已经成为智能生产和智能服务的核心生产资料。核心数字生产资料的再生产成为一国制造业和服务业取得竞争优势的关键。中国在芯片等核心生产资料领域受到了“卡脖子”等问题困扰，尤其是美国动用国家力量打压华为，对中国实施技术封锁和遏制战略以来，高端芯片等的再生产成为我们面临的新挑战。当前，华为、中芯国际等一大批企业加大了芯片领域的投入，将会逐渐解决芯片核心技术受制于人的问题。以上的案例分析说明，只有实现了生产资料部门核心产品和技术的突破才能进一步支持第一部类和第二部类的扩大再生产，由此才能提高消费资料的质量和品质。

二　消费创造出新的生产需求

消费是社会生产和再生产过程中的一个重要环节，它既是检验国民经济循环是否正常有序有效的标尺，也是向社会再生产其他环节反馈信息的指示器[①]。马克思区分了“生产的消费”和“原来意义上的消费”（即生活性的消费）。数字经济时代，无论是“生产的消费”还是“生活性的消费”都发生了改变。在数字生产过程中，除了传统的资本、劳动、土地和技术等要素，数据也作为重要的要素投入生产过程，甚至在数字化生产过程中成为主导型要素，正在改变传统生产过程中的技术结构和组织结构等。马克思认为，生产决定消费，“生产出消费的对象、消费的方式和消费的动力”[②]。数字化经济时代，数字化的生产方式产生的产品内容也逐渐数据化、虚拟化，消费也从传统的实体店转移到了网络空间和网络平台，如网络购物、在线娱乐、网络医疗、平台经济。人们的消费方式越来越依赖于网络平台。中国互联网络信息中心发布的第 51 次《中国互联网络发展状况统计报告》显示，截至 2022 年 12 月，我国网络购物用户规模达 8.45 亿，较 2021 年 12 月增长 319 万，占网民整体的 79.2%[③]。数字消费中，人们消费的动力也由原来的物质生活享受转向了精神生活享受。数字化的产品和服务可以更好地满足人们的各类精神需求，如人们对真善美等的追求，促使人们通过网络途径和信息平台去关注科学、哲学、艺术、休闲和娱乐等信息。

消费是生产过程的终点和新的再生产的起点。它既受到生产的制约，

---

① 吴锦华：《扩大内需与马克思主义的消费理论》，《马克思主义研究》2000 年第 4 期。

② 《马克思恩格斯文集》第 8 卷，人民出版社 2009 年版，第 16 页。

③ 中国互联网络信息中心：第 51 次《中国互联网络发展状况统计报告》，2023 年 3 月 2 日。

也会对生产产生重要影响。马克思指出："消费创造出新的生产的需要，也就是创造出生产的观念上的内在动机，后者是生产的前提。"① 数字经济背景下居民消费呈现出电子商务市场规模持续增长、居民消费增长势头强劲、数字经济基础产业与居民消费协同发展、数字消费逐步占领居民消费的新高点、"90"后展现出巨大的网络消费潜力、我国跨境电商快速发展的六大发展态势②。随着数字化消费模式的发展，个性化与定制成为新的趋势。消费端的变化必然要求生产端做出及时调整，通过柔性生产、智能制造和生产服务化来满足客户的各类需求。通过客户端的及时反馈，生产端可以快速调整生产工艺，创新产品和服务，不断满足客户的新需求。马克思提出了扩大消费的途径，"第一，要求在量上扩大现有的消费；第二，要求把现有的消费推广到更大的范围来造成新的需要；第三，要求生产出新的需要，发现和创造出新的使用价值"③。数字化生产方式下，生产者不仅需要通过大数据分析快速创新产品和改进服务来满足客户多样化的需求，而且需要"熊彼特式的创新"来主动引领新消费。

三　生产与消费的良性互动

在社会生产和再生产过程中，生产与消费之间的互动要通过分配和交换这样的中介才能实现。马克思认为，物质资料的生产是一个社会形成财富的重要基础，也是人类生存的本质要求，同时物质生产资料的交换是物质生产得以实现的基本前提。一个社会中的交换关系涉及国内交换和国外交换两个方面。在现代市场经济中，国内交换主要依靠市场机制来完成，国外交换主要依靠国际贸易和国际市场来完成。数字经济时代，交换的组织形式发生了重大改变。作为适应数字技术体系的资本积累和社会生产与再生产的新组织形式，平台经济依靠高效的数据采集和传输系统、发达的算力以及功能强大的数据处理算法所支持的数字平台，跨时空跨国界跨部门地集成社会生产、分配、交换与消费活动，大力促进了社会生产力发展④。平台经济凭借强大的规模效应和网络效应，已经成为数字经济领域主要的交换形式。在全球数字经济发展中，美国的亚马逊成为全球最大的

---

① 《马克思恩格斯文集》第 8 卷，人民出版社 2009 年版，第 15 页。

② 马香品：《数字经济时代的居民消费变革：趋势、特征、机理与模式》，《财经科学》2020 年第 1 期。

③ 《马克思恩格斯文集》第 8 卷，人民出版社 2009 年版，第 89 页。

④ 谢富胜、吴越、王生升：《平台经济全球化的政治经济学分析》，《中国社会科学》2019 年第 12 期。

在线交易平台，同时优步、爱彼迎、脸书、推特等数字平台企业已经成为大型国际数字公司，对欧美等国家的数字服务市场形成了垄断。中国作为世界第二大数字经济体，也形成了以腾讯、阿里巴巴、京东等为代表的大型数字平台企业，成为数字经济交换便利化的重要推动者。平台经济将生产者和消费者有效地连接起来，可以快速实现生产与消费的匹配，提高资源配置效率和经济运行效率。

一个社会中的分配关系是由两个层面的制度决定的。一是由生产资料所有制的性质决定。从唯物史观角度讲，分配制度是由一个社会的统治阶级制定，并为占有主导地位的生产资料所有者的利益服务的。例如，在资本主义社会中，资本家占有绝大多数的生产资料，所以按资分配就是资本主义社会的核心分配原则；在社会主义社会中，主要的生产资料归全体人民共同所有，所以按劳分配是社会主义社会的核心分配原则。对于中国的具体国情来讲，中国已经是社会主义国家，但是处于社会主义初级阶段，所以坚持按劳分配为主体，多种分配方式并存的分配制度。二是由具体的资源配置机制决定的。人类社会的资源配置机制是多样化的，例如有奴隶社会和封建社会的权威机制、计划经济体制下的计划机制和现代市场经济中的市场机制。我国已经是社会主义市场经济国家，市场在资源配置中起决定性作用，同时要更好发挥政府作用。在具体的生产过程中，资本、劳动、技术、土地等要素都要参与使用价值的形成，为了体现稀缺资源的经济价值，各个要素可以根据参与使用价值形成的贡献来获取相应的要素报酬。在数字经济时代，数据作为关键性的要素也要参与数字产品和服务的使用价值形成过程，所以也要获得相应的报酬。在收入分配中，各要素所有者获得相应的报酬后就会成为消费者。收入分配的合理性和公平性决定各个要素所有者能否获得合理的报酬。只有合理的分配关系才能充分激发要素所有者的积极性，才能充分释放各要素所有者的消费潜力。

第三节　培育数字经济中的消费力

一　生产力与消费力的矛盾运动

在马克思主义经济理论中，消费力是指消费者的消费能力。消费力可以分为个人消费力和社会消费力。个人消费力由其收入水平决定，社会消费力主要与整个社会的分配制度相关。马克思指出："消费的能力是消费的条件，因而是消费的首要手段，而这种能力是一种个人才能的发展，一种生产力的发展。"① 可见，提高消费力是解放和发展生产力的重要途径②。要发展生产力既要通过技术进步和组织创新等实现劳动时间的节约，也要通过提高消费者的消费力来实现商品价值。要发展生产力就需要提高消费力，同时提高消费力需要以发展生产力为前提，这两种力是需要互相支持的。马克思指出："发展生产力，发展生产的能力，因而既是发展消费的能力，又是发展消费的资料。"③ 马克思的这一论述可以理解为发展消费力和发展消费资料是发展生产力的两种重要途径。"社会消费力既不是取决于绝对的生产力，也不是取决于绝对的消费力，而是取决于以对抗性的分配关系为基础的消费力；这种分配关系，使社会上大多数人的消费缩小到只能在相当狭小的界限以内变动的最低限度。这种消费力还受到追求积累的欲望的限制，受到扩大资本和扩大剩余价值生产规模的欲望的限制。"④

从人类社会的发展规模来看，生产力与消费力的矛盾运动大致可以经历三个阶段，第一阶段社会生产力落后于社会消费力，社会生产力制约社会消费力的发展；第二阶段社会生产力超越社会消费力，社会消费力制约社会生产力的发展；第三阶段社会生产力与社会消费力实现均衡发展⑤。数字经济时代，我国正处于第二阶段向第三阶段转变的过程中。从总体上来看，经过改革开放四十多年的发展，我国社会生产力取得了巨大进步，已经成为世界第二大经济体，第一大工业品制造国、第一大货物贸易国，形成了庞大的物质财富和精神财富，2019 年我国人均 GDP 超过了 1 万美元。可以说我国已经处在社会生产力超越社会消费力的阶段，但从总体来讲，我国社会消费力还不足。《中华人民共和国 2022 年国民经济和社会发展统计公报》显示，2022 年最终消费支出对 GDP 增长的贡献率达到了 32.8%⑥，仍然低于发达国家 70%—80%的水平。当前，我国经济进入新常态，经济正在向高质量发展转变，以数字经济为主的一批新技术、新产

① 《马克思恩格斯文集》第 8 卷，人民出版社 2009 年版，第 203 页。

② 洪银兴：《马克思的消费力理论和扩大消费需求》，《经济学动态》2010 年第 3 期。

③ 《马克思恩格斯全集》第 8 卷，人民出版社 2009 年版，第 203 页。

④ 《马克思恩格斯全集》第 46 卷，人民出版社 2003 年版，第 273 页。

⑤ 谭顺：《生产力与消费力矛盾运动——马克思解析人类社会发展规律的第五种视角》，《社会科学辑刊》2019 年第 3 期。

⑥ 国家统计局：《中华人民共和国 2022 年国民经济和社会发展统计公报》，2023 年 2 月 28 日，www.ssj/zxfb/202302/t20230228_ 1919011.html。

业、新业态和新模式正在重塑生产方式和消费方式，尤其是平台经济的崛起更是助力消费的转型升级，使得生产和消费的结构逐渐合理化。

二 培育数字消费力

数字消费力主要受到供给水平、收入能力和消费环境等的影响。因此，数字经济时代，要实现生产力和消费力的均衡，需要大力发展数字生产力和大力培育数字消费力。这需要重点把握以下几点。

一是辩证地发挥好政府与市场的作用，大力发展数字生产力，丰富数字产品和服务。以数字信息技术为核心内容的新科技革命和产业变革正在进行，人类的生产生活方式将会极大改变。为了主动适应数字信息经济变革，政府需要发挥积极作用。借鉴互联网技术和航空航天领域发展的美国经验，国家应该加强数字信息技术领域的基础研究，构建高质量的数字信息基础设施，培养高素质的数字信息行业的科学家、工程师和蓝领工人，制定数字信息技术发展规划和形成有序竞争的法律体系。同时，需要让市场在要素配置中发挥决定性作用，让企业成为数字信息技术和产品的主要研发者和供给者，鼓励企业积极投入研发，努力“走出去”在世界舞台上开展竞争，形成强大的国际竞争力。只有政府、市场和企业共同合作，才能发挥协同效应和规模效应，形成庞大的数字信息技术产业集群，为数字消费奠定坚实的生产力基础。

二是改革与创新收入分配制度，不断增加居民收入。马克思指出：“社会消费力既不是取决于绝对的生产力，也不是取决于绝对的消费力，而是取决于以对抗性的分配关系为基础的消费力。”① 提升社会消费力的关键是理顺收入分配关系，不断增加居民收入。只有居民收入增加了才能扩大全社会的消费力。首先，改革现行的收入分配制度，从宏观层面要解决政府、企业和居民部门收入分配格局不合理问题，让居民部门获得更多的收入份额，同时构建和谐劳资关系，形成居民工资的正常增长机制；从微观层面要解决收入分配不合理和收入分配不公平问题，让劳动者获得更多的劳动报酬收入，实现收入分配的起点公平和过程公平，坚决打击和取缔非法收入等。其次，创新收入分配制度体制机制，保护数据要素产权，让数据要素成为获得收入的重要依据。在保护劳动者权益和增加劳动者收入的同时，要充分调动资本、土地、技术、管理、数据等各类要素所有者的积极性，让这些要素所有者按照在生产过程的贡献参与分配，获得合理的

① 《马克思恩格斯全集》第46卷，人民出版社2003年版，第273页。

要素报酬收入。再次，要通过发展的方式解决地区之间、城乡之间的收入分配差距问题。地区之间和城乡之间的收入差距对我国整体收入分配差距的贡献较大。要进一步提高居民的消费力，尤其是要提高中部、西部，以及农村居民等群体的收入水平，通过区域协调发展和城乡融合发展等路径不断解决地区之间和城乡居民之间的收入分配差距。最后，要积极扩大就业。数字经济的发展，可能会形成创造性的补偿效应和破坏性的替代效应，如果替代效应大于补偿效应，就可能产生结构性失业问题。数字信息技术的发展，尤其是人工智能的发展必然会对传统行业就业者和低技能就业者等群体产生负向影响。这就要求政府、企业和社会组织要共同解决好结构性失业问题，通过再就业培训、在岗培训和志愿者服务等方式让更多的劳动者习得新技能，获得新的就业岗位。

三是推动供给侧结构性改革，不断满足更高层次需求。马克思在分析劳动力价值时指出劳动力的价值主要有维持其生存的生活资料的价值、维持劳动者家属子女的生活资料的价值、劳动者接受教育与培训的费用，还包括历史和道德的因素等。从马克思对劳动力价值的分析中可以看出，从劳动者生活资料的消费来看，消费需求包括生存、享受和发展三个层次。三个层次依次演变的过程也是社会消费力不断递增的过程。在生存层次，居民的恩格尔系数往往较高，在享受层次和发展层次，居民的消费支出会越来越多元化，支出方向越来越偏向于非物质化的内容。数字经济时代，数字信息产品和服务更多地偏向于享受层次和发展层次，所以数字经济对消费的拉动作用是比较明显的。当前实现中国消费结构的转型升级，就是要主动适应消费需求的新变化，大力推进供给侧结构性改革，重点在汽车、家具、家电等耐用消费品，住房，以及信息服务、教育、医疗、旅游等方面进行供给侧结构性改革，不断提高供给的质量和产品的安全性、品牌度等。对于数字消费领域就是要推动数字信息产品的智能化升级，重点加强大数据、云计算、人工智能、5G、可穿戴设备、虚拟现实等数字化产品的研发和市场化运作，通过创新产品功能和提升服务品质等不断满足消费者需求。另外，要通过互联网和人工智能等技术与传统服务业进行融合，培育更大规模的在线生活、学习、教育、娱乐、医疗、出行和旅游等数字消费新领域，形成智慧生活、智慧家庭、智慧健康、智慧养老、智慧交通和智慧城市等高效便捷的生活方式，加快在线音乐、数字影视、网络文学、在线娱乐和在线直播等数字消费新业态和新模式的创新。

四是创新数字消费金融产品，不断挖掘消费潜力。马克思非常重视信用制度在现代经济发展中的作用①。消费信用是现代信用制度的重要内容之一。为了加快资本循环和周转，实现商品的价值，可以通过适度地消费信用扩张来完成消费的扩张。现代金融中，住房按揭、汽车按揭、手机按揭等都成为消费信用的重要实现形式。在数字经济时代，可以通过数字金融产品的创新来实现多元化的消费信用扩张。例如，京东白条、蚂蚁花呗等与电商平台相互连接的新型数字金融产品成为青年人关注的短期消费信用实现形式。2019 年，城镇居民家庭负债参与率为 56. 5%，城镇居民家庭资产负债率总体稳健，家庭偿债能力总体较强，债务风险总体可控②。在坚持落实中央提出的“防范和化解重大金融风险”政策，不断结构性降低家庭债务杠杆率的同时，可以适度创新数字金融类产品，引导消费者主动进行数字消费升级。

五是扩大社会主义条件下的集体消费，进一步拉动内需。随着我国生产力的不断发展，物质财富逐渐丰富，消费基金逐渐增加，全社会用于集体消费的规模也将逐渐扩大。在社会主义条件下，“用来满足共同需要的部分，如学校、保健设施等。同现代社会比起来，这一部分一开始就会显著地增加，并随着新社会的发展而日益增长”③。当前，要满足我国人民日益增长的美好生活需要，就需要根据经济社会发展情况，适度增加集体消费的部分。要发展数字经济和发展数字中国，就需要加快数字经济基础设施的建设。数字基础设施是社会主义国家集体消费的重要内容。数字基础设施涉及以大数据中心、工业互联网、5G 网络、人工智能、量子通信等为核心的新技术研发和运用的一系列物理技术工程支持体系和非物理的制度支持体系。例如，为了落实“新基建”的要求，需要打造数据平台、智能平台、技术平台和业务平台等多平台，形成数字经济运行的智能化应用场景，连接政府、企业、居民等多个使用主体，实现万物互联互通。

总之，通过数字消费实现消费结构转型升级，扩大消费需求是扩大内需，形成以国内大循环为主体、国内国际双循环相互促进新发展格局的关键途径。数字经济时代，数字技术正在改变我们的消费内涵。一方面，消费内容更加多元化、虚拟化和个性化，消费模式出现了网络化和平台化趋势，借助数字零售和平台经济实现了消费的全球化。另一方面也在创造新

---

① 韩喜平：《马克思的信用理论及我国信用制度的构建》，《当代经济研究》2000 年第 7 期。

② 《2019 年中国城镇居民家庭资产负债情况调查：中青年群体负债压力大 债务风险较高》，2020 年 4 月 24 日，http://finance.sina.com.cn/roll/2020-04-24/doc-iirczymi8104197.shtml。

③ 马克思：《哥达纲领批判》，人民出版社 2018 年版，第 13 页。

的消费需求，尤其是数字产品日渐成为人们消费的热点。从马克思关于生产与消费辩证关系的论述看，消费作为生产过程的终点和新的再生产的起点，它既受到生产的制约，也会对生产产生重要影响。数字经济中的消费与生产同样具有这种辩证关系。当前，要发展生产力就需要提高消费力，同时要提高消费力需要以发展生产力为前提，这两种力是需要互相支持的。要实现生产力和消费力的均衡，需要大力发展数字生产力和大力培育数字消费力。培育数字消费力的重点在于大力发展数字经济提高数字消费品的供给能力和质量，改革收入分配制度形成支持数字消费的收入基础，创新数字金融产品助力数字消费的实现，实现消费结构转型升级来引领数字消费新趋势，扩大社会主义条件下的集体消费进一步拉动数字消费。

第六章　数字经济赋能中国经济高质量发展

党的十九大报告提出要建设“数字中国”，随后中央将发展数字经济逐渐上升为国家重大经济发展战略。2020 年 5 月 23 日，习近平总书记指出：“加快推进数字经济、智能制造、生命健康、新材料等战略性新兴产业，形成更多新的增长点、增长极。”[①] 目前，中国已经成为全球第二大数字经济体。按照中国信息通信研究院的报告，2022 年中国数字经济规模达到了 50.2 万亿元[②]，具有一定的数字经济规模优势和国际竞争力。

2016 年 G20 杭州峰会通过的《二十国集团数字经济发展与合作倡议》对数字经济进行了定义，即数字经济是指以使用数字化的知识和信息作为关键生产要素、以现代信息网络作为重要载体、以信息通信技术的有效使用作为效率提升和经济结构优化的重要推动力的一系列经济活动[③]。21 世纪以来，全球科技创新进入空前密集活跃的时期，新一轮科技革命和产业变革正在重构全球创新版图、重塑全球经济结构[④]。尤其是随着大数据、云计算、人工智能和量子信息技术等数字信息技术的迅速发展，数字经济正在深刻改变着我们的生产方式和生活方式。对于中国而言，数字经济在释放消费潜力、拉动投资、创造就业和实现经济结构转型升级等方面发挥着越来越重要的作用[⑤]。数字经济正在改造传统产业，促进产业的转型升级，同时数字经济也在创造新产业、新业态和新模式，为中国经济创造新

---

① 《习近平关于网络强国论述摘编》，中央文献出版社 2021 年版，第 145 页。

② 国家互联网信息办公室：《数字中国发展报告（2022 年）》，2023 年 5 月 23 日，http://www.cac.gov.cn/2023-05/22/c_1686402318492248.htm。

③ 《G20 杭州峰会通过〈二十国集团数字经济发展与合作倡议〉为世界经济创新发展注入新动力》，中国网信网，2016 年 9 月 29 日，http://www.cac.gov.cn/2016-09/29/c_1119648535.htm。

④ 习近平：《习近平谈治国理政》第 3 卷，人民出版社 2020 年版，第 245 页。

⑤ 刘航、伏霖、李涛等：《基于中国实践的互联网与数字经济研究——首届互联网与数字经济论坛综述》，《经济研究》2019 年第 3 期。

的增长空间。当前，我国经济已由高速增长阶段转向高质量发展阶段①。在数字经济时代，工业互联网、物联网、智能制造、电商网购、线上服务等数字经济新业态已经成为中国经济高质量新动力来源。数字经济是创造社会财富的新经济形态。新发展阶段，数字经济是赋能高质量发展的新动力。从马克思主义政治经济学视角来看，我们有必要从社会再生产过程中的四个环节视角来审视数字化赋能高质量发展问题，以及探索培育数字经济竞争力助力高质量发展的路径。

第一节　社会再生产过程的数字化赋能与经济高质量发展

数字经济是由数字技术驱动社会生产方式变革产生的一种新经济系统，它以现代通信和数字技术为基础，由数据采集、数据驱动、平台支持、专业分工、网络协同的经济活动单元所构成的新组织或新交换系统，它连接了生产、分配、交换和消费多个环节，形成了新经济关系。马克思非常重视总体社会结构的变化及影响，他在《〈政治经济学批判〉序言》中指出："人们在自己生活的社会生产中发生一定的、必然的、不以他们的意志为转移的关系，即同他们的物质生产力的一定发展阶段相适合的生产关系。这些生产关系的总和构成社会的经济结构，即有法律的和政治的上层建筑竖立其上并有一定的社会意识形式与之相适应的现实基础。"② 作为新经济关系，数字经济中孕育的数字生产力正在重塑生产资料与劳动结合的方式，提高了生产效率；促进了生产与分配、交换（流通）、消费的有效对接，缩短了流通时间；有效促进了社会生产力的发展，使得经济社会逐渐向数字化和智能化等高质量发展阶段演进。数字生产方式正在带来生产关系的局部变革，使得社会生产和再生产的数字化和集中化趋势在交换关系、劳资关系、组织关系、资本积累过程等都发生了新变化③。生产关系的变化，又会影响数字生产力的发展。能够适应数字生产力发展的生产关系变革，将会进一步释放数字生产力发展的新动能，助力经济高质量发展。

在马克思主义政治经济学中，生产、分配、交换（流通）和消费是社

① 习近平：《习近平谈治国理政》第 3 卷，人民出版社 2020 年版，第 237 页。

② 《马克思恩格斯选集》第 2 卷，人民出版社 1995 年版，第 32 页。

③ 谢富胜、吴越、王生升：《平台经济全球化的政治经济学分析》，《中国社会科学》2019 年第 12 期。

会再生产过程的四个环节。畅通四大环节是实现经济高质量发展的关键。数字经济时代，社会再生产过程的四个环节已经实现了数字化变革，为经济高质量发展赋予了新动能和新活力。

一 数字生产力为经济高质量发展提供了新动力

生产力是人们适应自然、改造自然的能力。生产力有实体性要素，包括劳动对象、劳动资料和劳动者，渗透性要素，包括科学技术、管理和信息等。数字经济时代，生产力的实体性要素和渗透性要素都发生了重大改变，正在形成数字生产力。数字生产力是指随着互联网、大数据、人工智能和云计算等数字技术的快速发展，人们利用数字技术改造传统产业和形成数字产业过程中形成的改造世界和创造社会财富的能力。数字生产力中，劳动对象由传统的自然资源等实体性物质逐渐转向虚拟性要素，以及实体性要素与虚拟性要素等结合体。尤其是在数据价值化过程中，单纯的数据已经成为重要的劳动对象。劳动资料是劳动过程中所使用的物资资料和物质条件等，是劳动者与劳动对象之间的媒介，劳动工具在其中起到决定性作用。劳动资料是一个社会生产力发展的测量器，劳动工具的水平往往可以反映一个社会的生产力发展水平。数字劳动过程中，随着要素数据化，以及交换和分工的拓展，劳动资料中的动力系统、控制系统、运输系统和信息传递系统也越来越数字化和智能化。尤其是人工智能和大数据技术改变了人类所使用的劳动工具，正在用人工智能设备和工具不同程度地替代劳动者的脑力劳动。数字经济时代的劳动者仍然是生产力诸要素中最富有活力和创造力的要素。数字劳动过程中，数字化的知识和技能成为对劳动者的基本素质要求。掌握更高水平数字知识和技能的劳动者，如科学家、工程师和高级技工等成为推动数字经济相关产业高质量发展的关键力量。

现代社会中，生产力的渗透性要素发挥着越来越重要的作用。数字经济领域，科学技术是第一生产力这一规律发挥着重要作用。科技正在改变着人类劳动的对象、劳动资料和劳动者自身，实现了经济社会发展加速器的作用。数字经济时代，数字技术和数字产业已经成为国家之间竞争的重要领域。随着中国经济增长由要素驱动向创新驱动转变，科学技术的重要性更加凸显出来。高新技术产业和传统产业转型发展中，科技创新是最大的助推器。哪个行业的科技研发投入多，科技含量高，哪个行业的发展速度就快，获得的社会评价就高。管理也是渗透性要素中的重要内容。数字化过程既是技术过程的变迁，也是组织和管理变迁的过程。数字技术重塑了组织构架和管理过程，组织结构越来越扁平化和网络化，管理技术也越来越数字化和智能化。通过人工智能、大数据等技术的使用，管理控制技术可以更好地实现对个体劳动者的监督和考核。数字技术带来的管理变革提高了组织能力和管理效率，有利于更好地组织资源进行社会扩大再生产。数字劳动过程中，数字化的知识和信息正在取代传统的土地、资本等，成为核心生产条件。数字化的知识和信息，尤其是大数据，不仅本身具有劳动对象的属性，同时也是实现劳动者与劳动对象之间快速联系、劳动者之间密切合作、生产者与销售者之间沟通的重要载体。数字经济时代，通过大数据产权的界定、定价和交易等可以实现数据要素的经济价值，同时创造新的数字财富。

数字经济时代，劳动对象、劳动资料和劳动者等实体性要素数字化的创造效应，以及数字科技、数字化管理、数字化信息和知识等渗透性要素的组合效应，可以进一步促进数字生产力的快速发展。目前，从世界范围看，数字生产力实现了极大发展。截至 2021 年底，数字经济发展较好的 47 个国家的数字经济规模为 38.1 万亿美元，占 GDP 的比重 45.0%[①]。就中国而言，中国已经成为全球第二大数字经济体，2022 年数字经济规模达到 50.2 万亿元，占 GDP 的比重达 41.5%[②]。新发展阶段，要实现中国经济高质量发展，就需要形成新的发展动力。新动力的来源在于科技创新、产业创新、模式创新等。数字生产力是适应新科技革命和产业变革，形成的新的改造自然和创造新财富的能力，理应成为中国经济高质量发展的动力。当前，通过改革和创新，进一步解放和发展数字生产力，做强做优做大数字经济，是实现中国经济转型升级和高质量发展的重要途径。

二　数字分配力的普惠效应可以优化收入分配结构

数字经济时代的分配关系正在发生改变，数字分配力已成为影响收入分配方式和结构的重要变量。数字分配力是基于数字技术、数字要素和数字生产过程形成的对社会财富分配的参与能力和实现能力。正如马克思所言的："所谓的分配关系，是同生产过程的历史地规定的特殊社会形式，以及人们在他们的人类生活的再生产过程中互相所处的关系相适应的，并

① 中国信息通信研究院：《全球数字经济白皮书（2022 年）》，2022 年 12 月 7 日，http：//www.caict.ac.cn/kxyj/qwfb/bps/202212/t20221207_412453.htm。

② 国家互联网信息办公室：《数字中国发展报告（2022 年）》，2023 年 5 月 23 日，http：//www.cac.gov.cn/2023-05/22/c_1686402318492248.htm。

且是由这些形式和关系生产的。”① 随着数字化生产方式的变革，以及由此导致的生产关系的局部变化，使得收入分配关系也发生了局部调整。这种调整涉及两个方面，一是客观和主观生产条件的数字化趋势，二是收入分配的普惠性可以有条件地实现。

马克思的收入分配理论涉及两个层次：生产资料或生产条件的分配，以及收入分配②。关于物质资料再生产过程中需要的生产条件的分配涉及两个方面："一方面是物的生产资料，客观的生产条件，另一方面是活动着的劳动能力、有目的地发挥出来的劳动力，主观的生产条件。”③ 数字经济时代，数字化的知识和信息，尤其是数据，已经成为越来越重要的生产资料或生产条件。谁占有这些数字化生产要素谁就可以在财富创造和财富分配中处于有利地位。目前，数字化生产要素的确权、交易、定价和经济价值实现还处于研究探索阶段，但是数据要素按照贡献参与收入分配已经在党的十九届四中全会公报中明确了，这将有利于进一步完善中国在社会主义初级阶段中按劳分配为主体，多种分配方式并存的收入分配制度。除了客观的生产条件，数字技术创新和产业变革也对主观的生产条件，即劳动者提出了新要求。数字经济时代，劳动者必须具备数字知识和技能，尤其是从事数字经济领域的研发者，必须具备高度的创新思维、完整的数字知识体系、过硬的数字技能操控能力等。因此，数字经济时代，从主观的生产条件来看，谁最先掌握了数字知识和技能，谁就能在劳动力市场竞争中处于有利地位，获得超过一般劳动者平均工资的高工资。尤其是数字科学家、工程师等已经成为数字经济时代最为关键的主观生产条件，他们的平均工资已经成为各个行业最高的工资之一。可见，客观生产条件和客观生产条件的变化，都在一定程度上影响或者改变着收入分配的方式和结构。

数字经济中存在收入分配的普惠效应。普惠效应是指通过数字连通、数据共享、产业数字化和收入分配均等化，使得数字经济发展的成果由全体参与者共享。普惠效应发挥作用的前提是不存在较大的“数字鸿沟”。以数字经济中发展较快的数字金融为例，得益于互联网革命，使得中国实现了数字经济和数字金融的快速发展，研究发现中国的数字金融不但在落后地区的发展速度更快，而且显著提升了家庭收入，尤其是对农村低收入

---

① 马克思：《资本论》第 3 卷，人民出版社 2018 年版，第 999—1000 页。

② 洪银兴、葛扬主编：《〈资本论〉的现代解析》，经济科学出版社 2011 年版，第 437 页。

③ 《马克思恩格斯文集》第 8 卷，人民出版社 2009 年版，第 458—459 页。

群体而言①。数字经济中，要发挥收入分配的普惠效应，需要关注几个作用机制。一是高质量和均等化的互联网等数字基础设施。目前，中国已经拥有网民超过10亿，互联网普及率达到了75.6%，形成了较好的互联互通的数字基础设施和庞大数字消费市场②。这样就有利于消除地区之间和不同群体之间的数字鸿沟，通过产业数字化和数字产业化等创造新财富，实现共享发展。二是顺畅的数字要素参与收入分配的机制。数字化的知识和信息，尤其是数据，如何参与收入分配，必须建立一整套完善的收入分配机制，重点是要完善数据要素的确权、定价、交易和收入分配等相关制度。三是收入分配中的机会均等和过程公平问题。数字要素参与收入分配，要统筹兼顾效率和公平，让市场在数据要素配置中起决定性作用，同时要发挥好政府的调节作用，让不同主体的要素所有者依据在数字财富创造中的贡献获得相应的收入。

三　数字流通力提升了资本周转与价值实现的效率

数字经济时代，技术创新、场景创新、组织创新和模式创新，带动了数字流通力的快速发展。数字流通力是利用大数据、人工智能、云计划等技术实现信息流和数据流的快速聚合、提取和挖掘，进而整合各个流通环节，缩短流通时间，降低交易成本，提高流通效率的能力。在工业化时代，铁路、公路、飞机和船舶的使用加快了商品的国内流通和国外流通。在数字经济时代，互联网等数字信息技术加快了信息和数据的流通，优化了传统的流通网络，创新了组织形式，形成了强大的互联互通能力，提高了经济运行的整体效率。数字技术改变了流通的内容。工业社会中，可以贸易的主要是实体性商品，而凭借数字存储技术和互联网的连接功能，很多之前受限于空间距离不可贸易的服务也变得可以在全球范围内进行交易。在全球的数字贸易中，服务贸易占比不断增加，可贸易的范围不断扩张，贸易的方式不断创新，已经成为全球贸易的主要发展趋势之一。

平台经济正在成为数字经济领域发展的新趋势，它依靠数据收集、数据传输、数据处理和数据挖掘等形成了商品流和信息流的集成，正在形成跨越时空的全球性生产和销售网络体系，影响着全球范围的生产、分配、

① 张勋、万广华、张佳佳等：《数字经济、普惠金融与包容性增长》，《经济研究》2019年第8期。

② 中国互联网络信息中心：第51次《中国互联网络发展状况统计报告》，2023年3月2日。

交换和消费等活动①。平台经济的崛起，已经改变了传统的商品流通方式，使得产销者和消费者通过网络平台实现交易，然后通过现代物流和仓储系统实现精准配送，形成了新的商业生态体系。平台经济极大地缩短了流通时间，有利于价值的实现。正如有学者指出的，流通产业的双重功能包括延续生产的价值生成过程和媒介交换的价值实现过程②。一方面，流通过程中的生产性劳动创造了新价值，使得专业化和分工效应进一步发挥，有利于产业结构向高附加值领域的转型升级，有利于创造更多的社会财富。另一方面，数字流通力助力媒介交换体系的转型，由传统的相对静态体系转化为跨越时空的相对动态体系，由一元的简单交换体系转型为以互联网平台为基础的多元复杂交换体系，衍生出了更多的新行业和新部门，创造了更多的就业岗位。

马克思指出："资本不能从流通中产生，又不能不从流通中产生。它必须既在流通中又不在流通中产生。"③ 数字流通力改变了流通体系，促进了资本周转和价值实现，但是除生产性劳动以外，它自身不能创造新价值。新价值的创造必须依赖于获得劳动力这种特殊的商品。在数字经济时代，强大流通能力的形成离不开互联网等数字基础设施的支撑，以及具有数字化技能的劳动者的支持。所以，要更好发挥数字流通力的积极作用，必须充分重视数字基础设施建设和数字劳动者的教育培养问题。

四　数字消费力助推产业转型升级和进一步扩大内需

马克思主义理论认为，消费力就是消费者的消费能力，一般由个人消费力和社会消费力两部分构成④。数字经济时代，它是基于数字技术、数字产品和服务、数字消费形成的一种新的消费能力，同样包括个人的数字消费力和社会的数字消费力两个部分。马克思认为："消费的能力是消费的条件，因而是消费的首要手段，而这种手段是一个人才能的发展，一种生产力的发展。"⑤ 数字经济时代，数字生产力创造了越来越丰富的数字消费资料和数字生产资料，为数字消费提供了坚实的财富基础。同时，数字

---

① 谢富胜、吴越、王生升：《平台经济全球化的政治经济学分析》，《中国社会科学》2019年第12期。

② 王晓东、谢莉娟：《社会再生产中的流通职能与劳动价值论》，《中国社会科学》2020年第6期。

③ 马克思：《资本论》第1卷，人民出版社2018年版，第193页。

④ 洪银兴：《马克思的消费力理论和扩大消费需求》，《经济学动态》2010年第3期。

⑤ 《马克思恩格斯文集》第8卷，人民出版社2009年版，第203页。

消费中的新业态、新模式正在引领消费新方向，形成新消费力。

数字经济时代，个人消费的内涵和外延都发生了新变化。消费的内涵由传统的物质主导型消费转向精神享受型消费。消费的内容更加多元化，不仅包括衣食住行等生存型消费资料，还包括教育、医疗、养老、文化、娱乐、新闻、资讯等发展型和精神享受型生活资料。其中，随着互联网、大数据、人工智能和云计算等新技术的发展，以及新业态、新模式和新产品的出现，很多消费内容逐渐实现了网络化、数字化和虚拟化。基于数字产品和服务的新消费成为一种趋势，正在改变着人们消费观点和消费方式。消费的外延不再局限于物理场所，而是通过现代化的数字基础设施、仓储物流系统和平台经济等实现了线上线下消费的互动、国内国际消费的结合。由于互联网等数字基础设施的全球性普及，消费正在突破传统地域的限制，一国消费者可以通过谷歌等国际性的互联网搜索引擎浏览其他国家的新闻资讯，通过亚马逊和淘宝等跨国电子商务平台购买他国生产的各类商品，通过微信和推特等在线交流平台与其他人建立联系并产生互动，通过去哪儿和爱彼迎等商旅服务平台订购其他地区或国家的酒店服务，等等。

数字经济时代，社会消费的内涵和方式也在发生新变化。马克思主义政治经济学中社会消费也被称为公共消费。通过社会扩大再生产形成社会总产品以后，一部分用于积累，另一部分用于消费。其中消费包括个人消费和社会消费两部分。社会消费主要用于一国的国防安全、政府运转、科学研究、文化教育、医疗保健、社会保障、环境保护、城乡公共设施和服务等方面的耗费。随着数字生产方式的变革，公共消费领域的数字化倾向日益明显，例如国防建设的信息化数字化要求采购信息化数字化新装备，社会治理数字化要求政府在信息技术使用和大数据管理等方面发挥示范作用，教育、医疗、社会保障和文化服务的数字化也要求全社会必须加大投资力度支持数字基础设施和数字公共服务的高质量发展。信息化和数字化是新技术变革推动的结果，也是社会需求转型的需要，因此，党的十九届五中全会进一步提出要加快“数字中国”建设。当前，必须通过大力发展数字生产力和加大政府投资力度等培育社会消费力，通过高质量的数字基础设施和公共服务体系，更好地服务经济社会的高质量发展。

数字消费正在引领产业转型升级。为了适应数字消费内容的多样化、虚拟化和个性化，以及消费方式的数字化和平台化发展趋势，产业转型升级的步伐被迫加快。为了适应数字产品和数字服务发展的新需求，数字技术不断渗透和融合到三大产业中，三大产业都加快了产业数字化转型。农业数字化就是用现代数字技术与农产品的生产、加工和销售等各个环节紧密结合，提高农产品品质和售卖速度等。制造业通过采用人工智能和大数据等技术，不仅提高了生产效率，还满足了市场的多样化、个性化需求。服务业数字化的发展速度最快，范围最广，已经在教育、医疗、体育、资讯、娱乐、住宿、旅游、出行、零售等众多领域实现了数字化改造，创新了很多新业态和新模式，极大地便利了居民的生产和生活。数字消费正在促进市场的转型升级。消费内容的数字化和消费方式的数字化已经成为消费市场转型发展的新特征。尤其是线上线下消费已经成为一种常态化的消费模式。2022 年，中国实物商品网上零售额 119642 亿元，比上年增长 6. 2%，占社会消费品零售总额的比重为 27. 2%①。数字消费促进了企业实现管理的数字化转型。企业数字化转型是大势所趋，通过管理数字化进一步促进技术数字化，提升企业运行效率，攀升价值链中高端。尤其是一些传统企业通过数字化改造，增加了活力，增加了竞争力，找到了新市场和利润增长点。

数字消费成为扩大内需的关键途径。当前，为了应对中华民族伟大复兴的战略全局和世界百年未有之世界大变局②，统筹国家安全和经济发展，以习近平同志为核心的党中央审时度势提出了加快构建以国内大循环为主体、国内国际双循环相互促进的新发展格局。扩大内需是构建新发展格局的战略基点。扩大内需的重点是充分利用好国际国内两个市场、两种资源，发挥好投资和消费的作用。其中消费是扩大内需的关键。目前，最终消费对中国经济增长的贡献率已经超过了 60%，但是与美国等发达国家相比，我国的消费对经济增长的贡献率还有 20 个百分点左右的提升空间，中国超大规模市场红利有待进一步释放。数字消费赋予了消费新内涵，创造了新模式，正在成为扩大内需的关键。因此，必须通过加快数字基础设施建设、营造良好消费环境和收入分配改革等，进一步形成数字消费力，充分发挥数字消费对扩大内需的重要作用。另外，也要不断扩大公共领域的数字消费，重点加强国防安全、政府运转、科学研究、文化教育、医疗保健、社会保障、环境保护、城乡公共设施和服务等领域的数字化建设力度，为高质量发展提供良好的基础设施和公共服务保障。

---

① 商务部：《2022 年中国网络零售市场发展报告》，2023 年 2 月 20 日。

② 习近平：《习近平谈治国理政》第 3 卷，人民出版社 2020 年版，第 77 页。

第二节　培育数字经济竞争力助力经济高质量发展

世界范围内，数字经济已经成为驱动经济高质量发展的新经济形态。中国作为世界第二大数字经济体，可以在反垄断、“四化”建设和科技创新体系建设等方面做出有益探索，进一步培育数字经济竞争力。

一　强化反垄断保持数字经济活力

当前，基于平台经济的规模效应、交叉网络效应、利用算法和算力导致的“监管脱敏”使得平台经济领域出现了垄断问题[①]。其中，封杀竞争对手产品、虚假评论、对竞争者的恶意差评、平台要求商家“二选一”、大数据“杀熟”、捆绑销售、利用混合经营模式规避监管等是平台经济中不正当竞争和垄断中比较常见的形式。

2020 年中央经济工作会议提出，将“强化反垄断和防止资本无序扩张”作为八大重点任务之一。反垄断和防止资本无序扩张已经成为保障数字经济健康发展，保持市场经济活力和创造力的重要措施。国家市场监管总局对涉嫌垄断的京东、天猫、优品会等进行了反垄断调查和处罚。国家市场监管总局调查组进驻阿里巴巴集团提取相关证据资料，相关部委还对蚂蚁金服进行了约谈。随着平台经济不断做大做强，监管部门对数字经济领域的垄断问题由过去以发展为目的的“放任与宽容”态度转向了现在以公平发展和共享发展为目的的“严格监管”新态度。

当前，随着数字经济的蓬勃发展，跨国数字巨头公司的规模越来越大，数字经济中的反垄断成为各国政府关注的焦点之一。例如，美国司法部对微软、亚马逊、脸书等公司的反垄断调查，欧盟对微软、谷歌等公司垄断行为开出的巨额罚款等。同时，在国际社会中，主要国家已经就数字经济领域的垄断问题和数字税等问题开展国际协调和谈判。中国对平台经济等的反垄断是基于世界范围内的反垄断趋势、保障数字经济健康发展、释放市场经济活力和创造力的战略格局出发作出的重大决策部署。

数字经济中的垄断破坏了市场竞争秩序，抑制了其他市场主体的创新，损害了广大消费者的权利和利益。因此，加强反垄断是势在必行。具

① 熊鸿儒：《我国数字经济发展中的平台垄断及其治理策略》，《改革》2019 年第 7 期；杨东：《论反垄断法的重构：应对数字经济的挑战》，《中国法学》2020 年第 3 期。

体而言，需要根据数据经济，尤其是平台经济的特点重新界定“相关市场范围”“滥用市场支配地位”“经营者集中”“达成垄断协议”的内涵。相关市场界定是反垄断的首要条件，不同的界定标准会导致相关市场的范围大小不一致。对于平台经济，必须考虑到供给侧和需求侧两端的规模效应，明确界定其市场范围。平台经济的竞争中，借助于互联网、人工智能、大数据和云计算等技术，以及嵌套型的市场结构，容易形成市场支配地位。判断大型平台企业是否存在滥用市场配置地位的行为，需要针对平台经济技术和组织特点重新考虑其滥用市场支配地位的表现。平台经济的竞争也容易形成大平台的垄断竞争格局和跨界混业经营格局。在跨界混业经营中如何界定是否存在“经营者集中”问题，需要考虑平台组织的核心业务多元化问题。借助于发达的算力和算法，平台经济可以形成隐形的垄断协议，这就需要提升反垄断监管中的技术识别能力，建立适应平台经济组织特点和大数据技术特点的新监管模式。当前，强化数字经济领域的反垄断和防止资本无序扩张，最终目的就是要保持数字经济活力，维持公平的市场竞争秩序，激发市场主体的创新活力，进一步释放数字经济红利。

二　通过“四化”建设培育数字经济竞争力

数字经济已经成为各国激发经济增长动力的新经济形态。为了在数字经济领域创造更多的财富，形成国际竞争力，各国都加快了数字技术研发、数字组织创新、数字基础设施建设、数字市场培育和数字技术人才培养的战略布局。尤其是美国、日本、欧盟等发达国家和地区，制定了战略性的数字经济发展远景规划。印度、马来西亚等发展中国家也试图通过财政政策、产业政策和贸易政策的支持来形成数字经济中的竞争力。中国作为世界第二大数字经济体，具有数字经济发展的规模优势和一定的竞争优势。尽管，中国的数字平台公司主要凭借中国超大市场规模优势成长为巨型公司，其国际化水平和营收规模与美国公司相比还有很大差距，国际竞争力有待提高。《2022 全球市值 100 强上市公司排行榜》显示，2022 年亚马逊的市值为 16590 亿美元，Alphabet 的市值为 18420 亿美元，而腾讯控股的市值仅为 4590 亿美元①。谷歌、脸书等美国公司通过国际化成为跨国数字公司，其营业收入和利润大部分来源于美国以外，而中国数字公司的营业收入和利润主要来源于国内。因此，在深耕国内市场的同时，中国的数字公司需要加快实现区域化和国际化，需要在激烈的国际竞争中保持数

① 普华永道：《2022 全球市值 100 强上市公司排行榜》，2022 年 6 月。

字经济的国际竞争力，需要从产业数字化、数字产业化、治理数字化和数据价值化四个方向大力推进数字经济高质量发展。

产业数字化、数字产业化、治理数字化和数据价值化是数字经济发展的四大新方向。我国在数字经济的“四化”发展过程中，有一定的优势，也存在一定的短板，因此必须“扬长补短”，不断提高数字经济发展的竞争力。产业数字化是将三大产业与数字技术进行有机融合，提升产业发展的质量，提高经济运行的效率。目前我国的第三产业，尤其是商业、仓储、物流、娱乐、咨询等服务行业与数字经济融合发展较好，新业态和新模式不断出现。但是第一产业农业、第二产业制造业和建筑业与数字技术的融合，与美国和德国等发达国家相比，还存在融合度低，创造的数字经济价值相对较低等问题。考虑到经济发展的可持续和安全性，应该重点提升第一、第二产业与数字技术的融合度，加快发展数字农业，实现制造业的数字化转型升级等。数字产业化主要涉及信息技术、网络技术、人工智能等数字行业的发展问题。从国际比较来看，中国的数字产业化发展具有一定的规模优势，但是在发展质量上还存在较大差距。尤其是对于芯片等核心技术和前沿产业还存在“卡脖子”等问题，这需要加大自主创新力度和科学布局前沿产业等方式来弥补短板。治理数字化是数字技术在经济社会治理领域的重要运用，是国家治理体系和治理能力现代化建设中的关键环节。经过改革和发展，中国的数字化治理水平已经处于较高水平，但是仍然存在治理短板。这些短板既表现在微观组织中的治理碎片化等问题，也表现在宏观层面数字化治理中多元主体的冲突和标准不统一，以及大数据安全等问题。数据价值化是数字经济发展的新方向，主要是基于经济社会运行中产生的海量大数据，经过大数据挖掘等实现大数据的经济价值。数据是数字经济时代的核心资源，必须高度重视数据经济价值的实现和分配问题。党的十九届四中全会已经将数据列为新要素，要与其他劳动、土地、资本等要素一起参与收入分配。但是，现实经济社会生活中，数据产权的界定、定价、交易、经济价值的实现和分配等问题仍然需要在实践和理论上的探索。

三　形成“四位一体”的科技创新体系提高数字经济创新力

当前，大国之间的竞争是以经济、政治、科技、国防和文化影响力为内容的综合国力的竞争。数字经济时代，科技创新的作用更加凸显。尤其是大国之间关于数字技术的竞争日趋激烈，美国等霸权国家为了保持自身的科技竞争优势，动用国家力量打击华为、中芯国际、TikTok 等中国数字技术公司。中国的数字技术正在快速发展，在应用技术层面实现了较大突破，通过相对完善的基础设施、超大规模市场优势和相对宽松的数字经济发展环境，形成了一批具有影响力的数字技术公司。但是，在数字技术的基础研究、应用基础研究领域，我国与先进国家还有一定差距，尤其在支持数字技术的核心产品领域，如芯片等领域还存在“卡脖子”问题。数字经济时代，科技创新是战略支点，业态创新是活力来源，模式创新是盈利增长点。

中国要进一步形成数字经济竞争优势，关键是构建企业—市场—国家—国际“四位一体”的科技创新体系。企业是市场经济中从事科技创新的主体。从中国数字技术发展的情况来看，中国数字企业抓住了全球数字技术创新的发展机遇期，利用中国的人才优势和超大规模市场优势，在数字技术的应用基础研究和市场应用研究方面形成了发展优势。但是，与美国等国家的数字企业相比，中国数字企业在支持数字技术发展的核心物理技术和操作系统等方面还存在一定的差距。因此，政府可以通过税收、研发补贴、转移支付等方式激励企业加大数字技术研发力度。在社会主义市场经济中，市场在资源配置中发挥决定性作用。数字经济发展必须依靠市场力量，将核心要素配置到价值最大的地方，通过专利市场、科技成果转化市场构建，形成支持科技创新的市场体制机制。在基础研究、应用基础研究领域，中国需要发挥新型举国体制优势，加强国家战略科技中心布局，解决芯片等“卡脖子”的技术问题，强化科技自主创新能力，实现高科技和战略性新兴行业自主、安全和可控。在全球化时代，科技要素逐渐实现了全球化配置。科技发展中的国际交流和合作的作用日益加强。为了更好发展数字科技和数字产业，我国必须统筹利用国际国内两大市场和两种科技资源和智力资源，更好地形成数字科技创新体系，助力经济高质量发展。

第七章　主要结论与未来研究展望

第一节　主要研究结论

数字技术和数字经济正在深刻地改变着人类的生产方式、生活方式和治理方式。数字经济的创新发展解放了社会生产力，促进了社会生产关系的局部变革。本书基于马克思主义政治经济学视角研究数字经济社会生产和再生产中的“生产—分配—交换—消费”四个环节的新现象、新规律与新趋势，并做出理论阐释。

第一，数字经济发展的典型事实。从世界范围看，数字经济的发展呈现了蓬勃发展的势头，数字经济在 G20 国家中已经占有越来越重要的地位。当然，由于数字基础设施和数字终端使用等的差别、数字技术创新能力等的差别，“数字富国”与“数字穷国”之间已经产生了较大的数字鸿沟。这需要通过全球治理体系来实现数字经济的均衡发展。就中国而言，我国已经是世界上第二大数字经济体，在世界排名前 30 的网络数字大型公司中中国公司占有约 1/3 的席位。为了加快推进中国产业数字化和数字产业化的发展，需要加快数字基础设施的建设，加大数字人才的培养力度，鼓励企业和研究机构进行数字技术创新，大力推动“数字中国”建设。

本书利用“解剖麻雀”的方法来分析数字经济中的关键领域人工智能，重点研究人工智能对经济增长和就业的重要影响。以人工智能为核心的数字技术作为一项突破性的技术创新将对经济增长产生重要影响。由于人工智能是一种偏向性的技术进步，因而会对经济增长的多个方面产生异质性影响，导致经济增长在不同群体之间、不同行业之间以及不同国家之间产生不平衡性影响。对于中国而言，人工智能将是进一步促进经济增长的有力工具，我们既要大力发展和应用人工智能产业，也要解决好人工智能可能带来的负面冲击，如失业和收入分配等问题。研究发现，人工智能对就业具有破坏性的替代效应、创造性的补偿效应和跨期的时间效应。要正确认识人工智能对就业的消极影响和积极影响、短期影响和长期影响。结合中国实际，提出加快人工智能产业的扩大再生产，创造更多就业岗位；加强职业培训和再就业培训，提高劳动者适应新技术变革的劳动技能；普及人工智能等新技术教育，培养适应人工智能时代的复合型人才；建立健全以社会保障和工资保险为核心的劳动者保护制度体系，降低劳动者可能面临的生存风险，以便积极应对人工智能发展和应用对中国就业的影响。

第二，数字经济中的劳动过程与新现象。数字经济背景下，传统的劳动过程正在向数字劳动过程转变。这种转变将会深刻影响雇佣关系、劳动的控制过程和劳动报酬支付形式等。根据劳动过程特征差异性的大小，可将数字劳动过程划分为传统雇佣经济领域下的数字劳动过程、互联网平台零工经济中的数字劳动过程、数字资本公司技术工人的数字劳动过程和非雇佣形式的产销者的数字劳动过程四种类型。这四种不同形式的数字劳动过程即表现出一定的共性，如在劳动组织架构上都从纵向科层式结构向扁平化方向发展。

“去劳动关系化”是数字劳动过程中出现的新趋势。“去劳动关系化”界定为用人单位通过各种方式来规避与劳动者签订法律意义上的劳动合同而“去雇佣关系”的行为。“非雇佣制”“众包”“共享”和“零工”等是“去劳动关系化”的具体形式。随着劳动对资本的形式隶属向实际隶属转向，“去劳动关系化”成为资本追求更多剩余价值的介质和工具。“去劳动关系化”带来的直接后果是增加了就业的不稳定性，使得数字劳动者在劳资冲突中处于劣势地位。要让数字劳动者共享数字经济发展成果，需要发挥基本经济制度的优越性，建立健全数字劳动过程中的风险识别机制、权利保障机制、社会保险机制和政府规制机制，努力构建中国特色和谐劳资关系。

数字劳动中的“共享员工”也是一种新现象。数字劳动过程中的“共享员工”将成为未来雇佣模式发展的一个重要趋势。“共享员工”类似于“共享经济”下企业与消费者之间的线上匹配、线下交易、线上支付和反馈的互动模式，“共享员工”也体现出线上找人、线下交易、线上反馈的合作特点。“共享员工”是数字化生产方式下企业内部分工向社会分工的转变的结果，也是个体工人向社会总体工人的转变结果。“共享员工”模式给企业带来灵活用工方式，也给劳动者带来弹性就业形式，但是也使得劳动者面临更大的收益不确定性和劳动权利弱化等问题。因此，需要加快“共享员工”问题的治理机制构建。

第三，数字经济中的数字化新生产要素与收入分配。数字经济时代，数字化的信息和知识作为新生产要素，正在成为生产条件的重要部分。数字化信息和知识广泛渗入价值生产和价值实现过程，其归属和占有关系影响着最终的价值分配。新生产要素的加入不仅促进了社会生产力的极大发展，还对旧的生产关系进行调整，改变了原有的生产条件分配，从而影响到了最终的收入分配环节。对于中国而言，要加速各行各业的信息化和数字化，促进生产力的进一步发展，抓住新一轮科技革命中数字经济蓬勃发展的机遇，实现更多的经济价值；还要从源头处调整实现更加合理且均衡的生产条件分配，促进更为合理且均衡的收入分配。

第四，数字经济中的交换：平台经济全球化与数字税新挑战。平台经济的发展拓宽了生产力的范畴，改变了生产过程中生产资料与劳动力的结合方式，但是却没有根本改变它所处的生产关系。平台经济的崛起，使得信息社会的生产关系变革趋势更加明显，如日益多元化和社会化的所有制结构、日益网络化和民主化的组织管理形式和日益多元化和知识化的分配方式。它仅仅是通过数字技术体系、市场组织形式和国际化的分工协作体系进一步调整了生产关系的部分内容，适应了新生产力发展的需要。总的来说，平台经济的发展为生产社会化提供了新的途径，也为实现马克思讲的人类社会发展三大社会形态理论关于“以物的依赖性为基础的人的独立性”的第二阶段向“个人全面发展”和“自由人联合体”的第三阶段演进奠定了生产力和生产关系基础。

数字税是平台经济全球化过程中不平衡发展带来的新挑战。数字税表面是国际税收利益的分配问题，深层次原因是国家之间的经贸利益的博弈。面对数字税的挑战，作为世界第二大数字经济体，中国对外要争取数字税的国际规则制定权和主导权，对内要实现传统企业与数字企业的赋税公平，探索建立中国特色数字税体系。

第五，数字经济中的消费新内涵与数字消费力。数字经济中的消费与生产同样具有互相适应和互相制约的辩证关系。数字技术正在改变我们的消费内涵，一方面实现了传统消费模式的数字化和智能化，另一方面则创造出了新的消费需求。当前中国要进一步扩大消费需求，需要不断发展数字生产力，培育数字消费力，形成新的经济增长点。

第六，数字经济已经成为推动中国经济高质量发展的新动力。数字生产力为高质量发展提供了新动力，数字分配力的普惠效应可以优化收入分配结构，数字流通力提升了资本周转与价值实现的效率，数字消费力将助推产业转型升级和进一步扩大内需。当前，要大力支持、鼓励和引导各类市场主体参与“数字中国”建设，推动我国数字经济不断做强做优做大，形成较高的国际竞争力。

第二节　未来研究展望

数字经济正在蓬勃发展，从马克思主义政治经济学视角对数字经济发展过程中的新现象、新规律、新本质等进行总结研究是一项长期的工作。由于时间限制和研究能力限制，对数字经济的政治经济学的研究并没有完全开展，未来的研究可以从以下几个方面开展。

第一，数字经济全球化背景下的数字贸易。随着数字经济的创新与发展，以及全球化生产网络、创新网络和价值网络的形成和扩张，数字贸易正在成为全球化的新焦点。数字贸易是指通过数字通信技术来发挥作用的新型贸易形势，既包括通过网络数字平台进行广告宣传、在线交易和数字化结算的传统实物贸易，也包括通过大数据、云计算、人工智能等数字经济形成的新产品和新服务跨境交易的贸易新形式。数字贸易将推动全球贸易由物理空间向数字空间转变，也会改变传统的国际贸易分工体系和规则体系。对于中国而言如何把握数字贸易的内涵，采取有力措施推动数字贸易的发展显得非常重要。

第二，数字经济中的数据产权与收入分配。数据作为新生产要素加入使用价值形成的过程中，在形成数字产品和服务中，数据要素具有重要的贡献，所以数据要素也要参与收入分配。一种要素要参与收入分配，首要的任务就是合理界定数据的产权。数据产生的来源有多种途径，包括数字公司有目的有组织产生的数据信息，以及私人产生但是被企事业单位所收集到的各类数据。在数字经济时代，通过数据发掘和利用可以产生较好的经济价值。所以合理界定数据产权，包括所有权、使用权、处分权和收益权等是调动数据要素所有者积极性，实现数据要素高效配置和使用的首要任务。产权清晰和保障充分的数据要素在参与使用价值的创造过程中，如何获得合理的要素报酬，是需要研究的新课题。

主要参考文献

中文期刊

习近平：《不断做强做优做大我国数字经济》，《求是》2022 年第 2 期。

蔡跃洲、牛新星：《中国数字经济增加值规模测算及结构分析》，《中国社会科学》2021 年第 11 期。

曹静、周亚林：《人工智能对经济的影响研究进展》，《经济学动态》2018 年第 1 期。

常庆欣、张旭、谢文心：《共享经济的实质——基于马克思主义政治经济学视角的分析》，《马克思主义研究》2018 年第 12 期。

陈斌开、林毅夫：《发展战略、城市化与中国城乡收入差距》，《中国社会科学》2013 年第 4 期。

陈秋霖、许多、周羿：《人口老龄化背景下人工智能的劳动力替代效应——基于跨国面板数据和中国省级面板数据的分析》，《中国人口科学》2018 年第 6 期。

陈彦斌、林晨、陈小亮：《人工智能、老龄化与经济增长》，《经济研究》2019 年第 7 期。

陈子烨、李滨：《中国摆脱依附式发展与中美贸易冲突根源》，《世界经济与政治》2020 年第 3 期。

成学真、龚沁宜：《数字普惠金融如何影响实体经济的发展——基于系统 GMM 模型和中介效应检验的分析》，《湖南大学学报》（社会科学版）2020 年第 3 期。

程恩富、鲁保林、俞使超：《论新帝国主义的五大特征和特性——以列宁的帝国主义理论为基础》，《马克思主义研究》2019 年第 5 期。

邓洲：《基于产业分工角度的我国数字经济发展优劣势分析》，《经济纵横》2020 年第 4 期。

董慧、李菲菲：《大数据时代：数字活力与大数据社会治理探析》，《学习与实践》2019 年第 12 期。
樊轶侠、王卿：《数字服务课税模式比较研究及其启示》，《财政研究》2020 年第 12 期。
方芳：《疫情之“危”凸显数字经济之“机”》，《人民论坛》2020 年第 S1 期。
菲利普·斯塔布、奥利弗·纳赫特韦：《数字资本主义对市场和劳动的控制》，鲁云林译，《国外理论动态》2019 年第 3 期。
封帅：《人工智能时代的国际关系：走向变革且不平等的世界》，《外交评论》（外交学院学报）2018 年第 1 期。
冯向楠、詹婧：《人工智能时代互联网平台劳动过程研究——以平台外卖骑手为例》，《社会发展研究》2019 年第 3 期。
韩海雯：《人工智能产业建设与供给侧结构性改革：马克思分工理论视角》，《华南师范大学学报》（社会科学版）2016 年第 6 期。
韩文龙、刘璐：《数字劳动过程及其四种表现形式》，《财经科学》2020 年第 1 期。
韩喜平：《马克思的信用理论及我国信用制度的构建》，《当代经济研究》2000 年第 7 期。
何大安、许一帆：《数字经济运行与供给侧结构重塑》，《经济学家》2020 年第 4 期。
何文彬：《全球价值链视域下数字经济对我国制造业升级重构效应分析》，《亚太经济》2020 年第 3 期。
何玉长、宗素娟：《人工智能、智能经济与智能劳动价值——基于马克思劳动价值论的思考》，《毛泽东邓小平理论研究》2017 年第 10 期。
何宗樾、宋旭光：《数字经济促进就业的机理与启示——疫情发生之后的思考》，《经济学家》2020 年第 5 期。
洪银兴：《马克思的消费力理论和扩大消费需求》，《经济学动态》2010 年第 3 期。
洪银兴：《中国特色社会主义政治经济学财富理论的探讨——基于马克思的财富理论的延展性思考》，《经济研究》2020 年第 5 期。
洪银兴、刘伟、高培勇、金碚、闫坤、高世楫、李佐军：《“习近平新时代中国特色社会主义经济思想”笔谈》，《中国社会科学》2018 年第 9 期。
胡鞍钢、周绍杰：《新的全球贫富差距：日益扩大的“数字鸿沟”》，《中国社会科学》2002 年第 3 期。
胡鞍钢、周绍杰：《中国如何应对日益扩大的“数字鸿沟”》，《中国工业经济》2002 年第 3 期。
胡磊：《网络平台经济中“去劳动关系化”的动因及治理》，《理论月刊》2019 年第 9 期。
贾根良、陈国涛：《经济民族主义与马克思主义：比较与启示》，《马克思主义研究》2013 年第 9 期。
江小涓、罗立彬：《网络时代的服务全球化——新引擎、加速度和大国竞争力》，《中国社会科学》2019 年第 2 期。
蒋南平、邹宇：《人工智能与中国劳动力供给侧结构性改革》，《四川大学学报》（哲学社会科学版）2018 年第 1 期。
焦勇：《数字经济赋能制造业转型：从价值重塑到价值创造》，《经济学家》2020 年第 6 期。
荆文君、孙宝文：《数字经济促进经济高质量发展：一个理论分析框架》，《经济学家》2019 年第 2 期。
李滨：《马克思主义的国际政治经济学研究逻辑》，《世界经济与政治》2015 年第 7 期。
李海舰、李燕：《对经济新形态的认识：微观经济的视角》，《中国工业经济》2020 年第 12 期。
李晓华：《哪些工作岗位会被人工智能替代》，《人民论坛》2018 年第 2 期。
李晓华：《数字经济新特征与数字经济新动能的形成机制》，《改革》2019 年第 11 期。
李允尧、刘海运、黄少坚：《平台经济理论研究动态》，《经济学动态》2013 年第 7 期。
励贺林、姚丽：《法国数字服务税与美国“301 调查”：经济数字化挑战下国家税收利益的博弈》，《财政科学》2019 年第 7 期。
梁萌：《技术变迁视角下的劳动过程研究——以互联网虚拟团队为例》，《社会学研究》2016 年第 2 期。
刘方喜：《共享：人工智能时代社会主义分配关系的新探索》，《甘肃社会科学》2018 年第 2 期。
刘航、伏霖、李涛等：《基于中国实践的互联网与数字经济研究——首届互联网与数字经济论坛综述》，《经济研究》2019 年第 3 期。
刘皓琰：《信息产品与平台经济中的非雇佣剥削》，《马克思主义研究》2019 年第 3 期。
刘皓琰、李明：《网络生产力下经济模式的劳动关系变化探析》，《经济学家》2017 年第 12 期。

刘军、杨渊鋆、张三峰：《中国数字经济测度与驱动因素研究》，《上海经济研究》2020 年第 6 期。
刘璐璐：《数字经济时代的数字劳动与数据资本化——以马克思的资本逻辑为线索》，《东北大学学报》（社会科学版）2019 年第 4 期。
刘湘丽：《第四次工业革命的机遇与挑战》，《新疆师范大学学报》（哲学社会科学版）2019 年第 1 期。
刘晓光、张勋、方文全：《基础设施的城乡收入分配效应：基于劳动力转移的视角》，《世界经济》2015 年第 3 期。
刘永伟：《税收主权与税收专约的解释依据》，《中国社会科学》2013 年第 6 期。
鲁品越：《生产关系理论的当代重构》，《中国社会科学》2001 年第 1 期。
鲁品越：《资本逻辑与当代中国社会结构趋向——从阶级阶层结构到和谐社会建构》，《哲学研究》2006 年第 12 期。
陆正飞、杨德明：《商业信用：替代性融资，还是买方市场?》，《管理世界》2011 年第 4 期。
路广通：《解析数字税：美欧博弈的新战场》，《信息通信技术与政策》2020 年第 1 期。
吕荣杰、郝力晓：《人工智能等技术对劳动力市场的影响效应研究》，《工业技术经济》2018 年第 12 期。
马克·珀迪、邱静、陈笑冰：《埃森哲：人工智能助力中国经济增长》，《机器人产业》2017 年第 4 期。
马名杰、戴建军、熊鸿儒：《数字化转型对生产方式和国际经济格局的影响与应对》，《中国科技论坛》2019 年第 1 期。
马香品：《数字经济时代的居民消费变革：趋势、特征、机理与模式》，《财经科学》2020 年第 1 期。
马艳、严金强、李韵：《马克思内生增长理论的界定及其微观机制》，《经济学动态》2017 年第 9 期。
马昀、卫兴华：《用唯物史观科学把握生产力的历史作用》，《中国社会科学》2013 年第 11 期。
毛捷、吕冰洋、马光荣：《转移支付与政府扩张：基于“价格效应”的研究》，《管理世界》2015 年第 7 期。
茅孝军：《从临时措施到贸易保护：欧盟“数字税”的兴起、演化与省思》，《欧洲研究》2019 年第 6 期。
孟捷：《复杂劳动还原与马克思主义内生增长理论》，《世界经济》2017 年第5期。
牟俊霖、闫里鹏：《中国财政政策、货币政策的就业效应——基于面板向量自回归模型的研究》，《人口与经济》2017年第3期。
穆怀中、吴鹏：《城镇化、产业结构优化与城乡收入差距》，《经济学家》2016年第5期。
潘文轩：《人工智能技术发展对就业的多重影响及应对措施》，《湖湘论坛》2018年第4期。
裴长洪、倪江飞、李越：《数字经济的政治经济学分析》，《财贸经济》2018年第9期。
戚聿东、刘欢欢：《数字经济下数据的生产要素属性及其市场化配置机制研究》，《经济纵横》2020年第11期。
钱海章、陶云清、曹松威等：《中国数字金融发展与经济增长的理论与实证》，《数量经济技术经济研究》2020年第6期。
乔晓楠、郗艳萍：《人工智能与现代化经济体系建设》，《经济纵横》2018年第6期。
乔晓楠、郗艳萍：《数字经济与资本主义生产方式的重塑——一个政治经济学的视角》，《当代经济研究》2019年第5期。
邱峰：《数字税的国际实践及启示》，《西南金融》2020年第3期。
邱泽奇、张樹沁、刘世定等：《从数字鸿沟到红利差异——互联网资本的视角》，《中国社会科学》2016年第10期。
邱子童、吴清军、杨伟国：《人工智能背景下劳动者技能需求的转型：从去技能化到再技能化》，《电子政务》2019年第6期。
任保平：《数字经济引领高质量发展的逻辑、机制与路径》，《西安财经大学学报》2020年第2期。
任洲鸿、王月霞：《共享经济下劳动关系的政治经济学分析——以滴滴司机与共享平台的劳动关系为例》，《当代经济研究》2019年第3期。
沈炳珍：《制度与技术协同演化：马克思经济增长理论及其启示》，《演化与创新经济学评论》2009年第1期。
沈文玮：《论当代人工智能的技术特点及其对劳动者的影响》，《当代经济研究》2018年第4期。
施生旭、郑逸芳、石礼忠：《技术进步对经济增长的效应分析及实证研究——基于马克思经济增长模型》，《理论月刊》2014年第3期。
孙杰：《从数字经济到数字贸易：内涵、特征、规则与影响》，《国际经贸探索》2020年第5期。

谭顺：《生产力与消费力矛盾运动——马克思解析人类社会发展规律的第五种视角》，《社会科学辑刊》2019 年第 3 期。
谭铁牛：《人工智能的历史、现状与未来》，《求是》2019 年第 4 期。
唐永、范欣：《技术进步对经济增长的作用机制及效应——基于马克思主义政治经济学的视角》，《政治经济学评论》2018 年第 3 期。
田洋：《互联网时代劳动过程的变化》，《经济学家》2018 年第 3 期。
王彬彬、李晓燕：《互联网平台组织的源起、本质、缺陷与制度重构》，《马克思主义研究》2018 年第 12 期。
王君、张于喆、张义博等：《人工智能等新技术进步影响就业的机理与对策》，《宏观经济研究》2017 年第 10 期。
王梦菲、张昕蔚：《数字经济时代技术变革对生产过程的影响机制研究》，《经济学家》2020 年第 1 期。
王甜：《人工智能产业发展问题及其对策研究》，《中国商论》2018 年第 26 期。
王维国、刘丰、胡春龙：《生育政策、人口年龄结构优化与经济增长》，《经济研究》2019 年第 1 期。
王文：《数字经济时代下工业智能化促进了高质量就业吗》，《经济学家》2020 年第 4 期。
王晓东、谢莉娟：《社会再生产中的流通职能与劳动价值论》，《中国社会科学》2020 年第 6 期。
王晓晖：《劳动过程的内涵及研究方法》，《山东社会科学》2016 年第 10 期。
魏灿秋：《互联网企业赢利困境的分析》，《财经科学》2002 年第 1 期。
闻翔、周潇：《西方劳动过程理论与中国经验：一个批判性的述评》，《中国社会科学》2007 年第 3 期。
吴汉洪、王申：《数字经济的反垄断：近期美国反垄断领域争论的启示》，《教学与研究》2020 年第 2 期。
吴欢、卢黎歌：《数字劳动与大数据社会条件下马克思劳动价值论的继承与创新》，《学术论坛》2016 年第 12 期。
吴锦华：《扩大内需与马克思主义的消费理论》，《马克思主义研究》2000 年第 4 期。
吴清军、李贞：《分享经济下的劳动控制与工作自主性——关于网约车司机工作的混合研究》，《社会学研究》2018 年第 4 期。
吴晓怡、张雅静：《中国数字经济发展现状及国际竞争力》，《科研管理》

2020 年第 5 期。
吴宣恭：《论作为政治经济学研究对象的生产方式范畴》，《当代经济研究》2013 年第 3 期。
吴易风：《论政治经济学或经济学的研究对象》，《中国社会科学》1997 年第 2 期。
夏杰长、刘诚：《数字经济赋能共同富裕：作用路径与政策设计》，《经济与管理研究》2021 年第 9 期。
肖红军、阳镇、姜倍宁：《平台型企业发展："十三五"回顾与"十四五"展望》，《中共中央党校（国家行政学院）学报》2020 年第 6 期。
肖巍、钱箭星：《从美国不平等扩大看政府的作用》，《复旦学报》（社会科学版）2017 年第 5 期。
谢芳芳、燕连福：《"数字劳动"内涵探析——基于与受众劳动、非物质劳动、物质劳动的关系》，《教学与研究》2017 年第 12 期。
谢富胜：《当代资本主义劳动过程理论：三种代表性表述》，《马克思主义与现实》2012 年第 5 期。
谢富胜：《资本主义劳动过程与马克思主义经济学》，《教学与研究》2007 年第 5 期。
谢富胜、黄盛：《全球生产网络的政治经济学分析》，《教学与研究》2015 年第 8 期。
谢富胜、李安：《回归马克思主义——欧美学术界劳动过程理论争论的新动向》，《马克思主义与现实》2009 年第 5 期。
谢富胜、宋宪萍：《资本主义劳动过程研究：从缺失到复兴》，《马克思主义研究》2011 年第 10 期。
谢富胜、吴越、王生升：《平台经济全球化的政治经济学分析》，《中国社会科学》2019 年第 12 期。
谢莉娟、王晓东：《数字化零售的政治经济学分析》，《马克思主义研究》2020 年第 2 期。
熊鸿儒：《我国数字经济发展中的平台垄断及其治理策略》，《改革》2019 年第 7 期。
徐金海、夏杰长：《全球价值链视角的数字贸易发展：战略定位与中国路径》，《改革》2020 年第 5 期。
许宪春、张美慧：《中国数字经济规模测算研究——基于国际比较的视角》，《中国工业经济》2020 年第 5 期。
严成樑、龚六堂：《资本积累与创新相互作用框架下的财政政策与经济增长》，《世界经济》2009 年第 1 期。
杨东：《论反垄断法的重构：应对数字经济的挑战》，《中国法学》2020 年第 3 期。
杨慧玲、张力：《数字经济变革及其矛盾运动》，《当代经济研究》2020 年第 1 期。
杨继国：《对扩大再生产模型的“扩展”研究——从马克思主义经济学视角看宏观经济均衡增长条件》，《厦门大学学报》（哲学社会科学版）2002 年第 2 期。
杨圣明、王茜：《马克思世界市场理论及其现实意义——兼论“逆全球化”思潮的谬误》，《经济研究》2018 年第 6 期。
仰海峰：《马克思资本逻辑场域中的主体问题》，《中国社会科学》2016 年第 3 期。
姚伟：《人工智能的广泛应用与收入分配制度的创新》，《学术界》2018 年第 4 期。
尹蕾、王让新：《人工智能发展的喜与忧》，《人民论坛》2018 年第 35 期。
于金富：《知识经济条件下资本主义生产方式的新特点》，《当代经济研究》2003 年第 5 期。
余菊、刘新：《城市化、社会保障支出与城乡收入差距——来自中国省级面板数据的经验证据》，《经济地理》2014 年第 3 期。
余文涛、吴士炜：《互联网平台经济与正在缓解的市场扭曲》，《财贸经济》2020 年第 5 期。
袁珩：《美智库探讨人工智能对国家实力的影响》，《科技中国》2018 年第 10 期。
张春颖：《法国理论界对资本主义剥削问题的阐述——以〈今日马克思〉杂志为中心》，《马克思主义与现实》2019 年第 6 期。
张鹏：《数字经济的本质及其发展逻辑》，《经济学家》2019 年第 2 期。
张勋、万广华、吴海涛：《缩小数字鸿沟：中国特色数字金融发展》，《中国社会科学》2021 年第 8 期。
张勋、万广华、张佳佳等：《数字经济、普惠金融与包容性增长》，《经济研究》2019 年第 8 期。
张泽平：《数字经济背景下的国际税收管辖权划分原则》，《学术月刊》2015 年第 2 期。
张志勇、励贺林：《数字经济、价值创造和财富分配——基于税收视角的分析》，《国际税收》2021 年第 9 期。

赵智兴、段鑫星：《人工智能时代高等教育人才培养模式的变革：依据、困境与路径》，《西南民族大学学报》（人文社会科学版）2019 年第 2 期。

郑吉伟、张真真：《评西方学者对数字劳动的研究》，《经济学家》2019 年第 12 期。

周绍东：《资本主义生产方式的基本矛盾：基于社会分工的再考察》，《当代经济研究》2011 年第 6 期。

中文图书

《马克思恩格斯全集》第 21 卷，人民出版社 2002 年版。

《马克思恩格斯文集》第 1、2、3、5、8 卷，人民出版社 2009 年版。

《马克思恩格斯选集》第 2、3 卷，人民出版社 2012 年版。

马克思：《哥达纲领批判》，人民出版社 1992 年版。

马克思：《资本论》第 1—3 卷，人民出版社 2004 年版。

马克思、恩格斯：《共产党宣言》，人民出版社 2018 年版。

习近平：《高举中国特色社会主义伟大旗帜　为全面建设社会主义现代化国家而团结奋斗——在中国共产党第二十次全国代表大会上的报告》，人民出版社 2022 年版。

习近平：《习近平谈治国理政》，外文出版社 2014 年版。

习近平：《习近平谈治国理政》第 3 卷，外文出版社 2020 年版。

《习近平关于网络强国论述摘编》，中央文献出版社 2021 年版。

[阿根廷] 劳尔·普雷维什：《外围资本主义：危机与改造》，苏振兴等译，商务印书馆 2015 年版。

[法] 托马斯·皮凯蒂：《21 世纪资本论》，巴曙松译，中信出版社 2014 年版。

[美] 丹·席勒：《数字资本主义》，杨立平译，江西人民出版社 2001 年版。

[美] 哈里·布雷弗曼：《劳动与垄断资本：二十世纪中劳动的退化》，方生等译，商务印书馆 1979 年版。

[美] 克雷格·兰伯特：《无偿：共享经济时代如何重新定义工作?》，孟波等译，广东人民出版社 2016 年版。

[美] 伊曼纽尔·沃勒斯坦：《现代世界体系》第 1—4 卷，郭方等译，社会科学文献出版社 2013 年版。

何盛明主编：《财经大辞典》，中国财政经济出版社 1990 年版。

洪银兴、葛扬主编：《〈资本论〉的现代解析》，经济科学出版社 2011 年版。

刘灿、王朝明、李萍等：《中国特色社会主义收入分配制度研究》，经济科学出版社 2017 年版。

刘诗白主编：《政治经济学》（第四版），西南财经大学出版社 2014 年版。

邱海平：《21 世纪再读〈资本论〉》，人民邮电出版社 2016 年版。

饶扬德主编：《劳动关系与劳动法》，西南师范大学出版社 2012 年版。

张卓元：《政治经济学大词典》，经济科学出版社 1998 年版。

周延云、闫秀荣：《数字劳动和卡尔·马克思——数字化时代国外马克思劳动价值论研究》，中国社会科学出版社 2016 年版。

英文期刊与图书

Adler P. S. , "The Future of Critical Management Studies: A Paleo-Marxist Critique of Labour Process Theory", *Organization Studies*, 2007, 28 (9) .

Christian Fuchs, *Digital Labour and Karl Marx*, Routledge, 2014.

David Harvey, *The Limits to Capital*, New York: Verso, 2006.

Gary Clyde Hufbauer and Zhiyao Lu, "The European Union's Proposed Digital Services Tax: A De Facto Tariff", Peterson Institute for International Economics, 2018.

Irma Adelman, David Loren Sunding, "Economic Policy and Income Distribution in China", *Journal of Comparative Economics*, 1987, 11 (3) .

Kochan T. A. , "The Changing Nature of Employee and Labor-management Relationships", *Annual Review of Organizational Psychology and Organizational Behavior*, 2019 (6) .

Kücklich J. , "Precarious Playbour: Modders and the Digital Games Industry", *The Fibreculture Journal*, 2005 (5) .

OECD, *Action Plan on Base Erosion and Profit Shifting*, OECD Publishing, 2013.

OECD, *Addressing the Tax Challenges of the Digital Economy: Action 1-2015 Final Report*, OECD Publishing, 2015.

Ritzer G. , Jurgenson N. , " Production, Consumption, Prosumption: The Nature of Capitalism in the Age of the Digital 'Prosumer' ", *Journal of Consumer Culture*, 2010, 10 (1) .

Rob McLean, "These Companies Plan to Make Working from Home the New Normal", https: //edition. cnn. com/2020/05/22/tech/work-from-home-companies/index. html.

Rowlinson M. , Hassard J. , "Economics, Politics, and Labour Process Theory", *Capital & Class*, 1994, 18 (2) .

Rowthorn R. , "Neo-classicism, Neo-Ricardianism and Marxism", *New Left Review*, 1974, 86.

Rozelle Scott , "Rural Industrialization and Increasing Inequality: Emerging Patterns in China's Reforming Economy", *Journal of Comparative Economics*, 1994, 19.

Sandro Mezzadra et Brett Neilson, "Entre Extraction et Exploitation: Des Mutations en Cours Dans L'organisation de la Coopération Sociale," *Actuel Marx*, 2018 (63) .

Shi Xinzheng, Terry Sicular, and Yaohui Zhao, "Analyzing Urban-rural Income Inequality in China", Paper Presented at the International Symposium on Equity and Social Justice in Transitional China, Beijing, Jul. 11-12, 2002.

Sicular, Terry, Ximing Yue, Bjŏrn Gustafsson and Shi Li, "The Urban-Rural Income Gap and Inequality in China", *Review of Income and Wealth*, 2007, 53 (1) .

Terranova T. , "Free Labor: Producing Culture for the Digital Economy", *Social Text*, 2000, 18 (2) .

The Economist , "The World's Most Valuable Resource", *The Economist*, 2017, 423 (9039) .

Theotonio Dos Santos, "The Structure of Dependence", *American Economic Review*, 1970, 60 (2) .

Thompson P. , "Postmodernism: Fatal Distraction", *Postmodernism and Organizations*, London: Sage, 1993.

Tobias Husing, Hannes Selhofer, "A Study of Measurement Models for Digital Divide", 2004 International Conference on Management Science & Engineering (13th), Lille, France, October 5-7, 2004.

Toffler A. , *The Third Wave*, New York: Bantam Books, 1980.

"Big Data: The Next Frontier for Innovation, Competition, and Productivity", http: //www. mckinsey. com/insights /mgi /research /technology_ and_ innovation /big_ data_ the_ next_ frontier_ for_ innovation, 2017. 9. 7.

后　记

习近平总书记在党的二十大报告中指出，“加快发展数字经济，促进数字经济和实体经济深度融合，打造具有国际竞争力的数字产业集群”。随着大数据、云计算、人工智能和量子信息技术等数字技术的创新与发展，数字经济正在深刻地改变着我们的生产方式、生活方式和治理方式。在生产方式数字化转型中，社会生产和再生产过程中的生产、分配、交换和消费四个环节都出现了新变化。在数字经济蓬勃发展大背景下，分析生产方式数字化变革中生产、分配、交换和消费四个环节的新现象、新规律和新趋势，有利于进一步丰富和发展马克思主义政治经济学和中国特色社会主义政治经济学的一些基本理论，也有利于更好把握和应用数字经济规律，进一步解放和发展数字生产力，不断提升我国数字技术创新能力，加快推动各产业全面数字化转型，着力构建数字治理体系，以数字经济与实体经济的全方位深度融合助推我国经济实现高质量发展。

为进一步探索新科技革命背景下数字经济发展规律，为实现中国的产业数字化和数字产业化提供经验借鉴，助推中国数字经济高质量发展，我们课题组以“数字经济的政治经济学研究”为主题，基于马克思主义政治经济学视角研究数字经济社会生产和再生产过程中“生产—分配—交换—消费”四个环节的新现象、新规律与新趋势，并做出理论阐释。由于文献资料和研究能力限制，本书成果还存在一些瑕疵，我们也虚心求教于各位读者，请大家批评指正！

本书作为国家社科基金后期资助项目的成果，在研究和出版过程中，得到了国家社科基金委、中国社会科学出版社、西南财经大学全国中国特色社会主义政治经济学研究中心等的支持和资助，也得到了谢璐、刘璐、陈航、朱杰、陈煮、晏宇翔、张瑞生、庞博文等老师和同学的帮助，在此一并表示诚挚的感谢！

2023 年 8 月于柳林